推动教育变革

榜样力量

中原教育崛起丛书

教育时报社 编著

教育科学出版社
·北京·

中原教育崛起丛书编委会

顾　　问：蒋笃运　王艳玲　訾新建
主　　任：高治军
副 主 任：唐泽仓　刘　肖
编　　委：张　舢　郭炳德　侯　薇　李　若
　　　　　侯军锋　张红梅　王占伟　杨　磊

本书主编：刘　肖
执行主编：李　若
执行编委：王占伟　于　刚　黄　杰　赵　鑫

丛书序

做中原教育崛起的发言人

中原崛起，教育为基；中原要崛起，首先教育要崛起。

2007年，《教育时报》在创刊20周年纪念特刊上首次提出了"中原教育崛起"的概念，意即河南教育事业快速、健康、科学发展，为经济社会发展提供强有力的智力支持和人才支撑，助力河南由教育大省向教育强省跨越。5年之后，《教育时报》创刊25周年之际将推出首套丛书，顺理成章地名之为"中原教育崛起丛书"。

《教育时报》创刊于1987年。25年来，这份河南省唯一的教育专业报，围绕省教育厅的中心工作，在河南教育报刊社的统一领导下，始终以高度的责任感和使命感为教育的科学发展鼓与呼，尤其是在近两年的办报实践中，更是明确地将自身定位于"中原教育崛起的发言人"，立足河南、面向全国，立足教育、面向社会，报道教育重大事件，评述教育改革新事，剖析教育热点难点，推出教师先进典型，营造良好舆论氛围，促进教育科学发展。报纸的这一定位得到了各级领导的高度肯定和广大读者的普遍认可。

既然是"发言人"，就一定要发好言，既要及时发言，还要准确发言，充分发挥教育主流媒体的舆论引导作用。在这方面，《教育时报》策划的"三平精神"主题报道无疑是最好的代表。

2010年全国"两会"期间，河南省委书记、省人大常委会主任卢展工提出了最能体现河南人特点的"三平精神"：平凡之中的伟大追求、平静之中的满腔热血、平常之中的极强烈责任感。《教育时报》旋即邀请教育系统的专家，以笔谈的形式在报纸上整版推出了《弘扬"三平精神"，为中原崛起提供智力支持》系列文章。随后，又创造性地提出了"三平教师"的概念，并在新闻版的头版醒目位置开设了《我们身边的"三平"教师》专栏，连续刊发一线教师献身教育、筑基育人的先进事迹。

"三平精神"主题报道开展一个月后，卢展工书记对《教育时报》作出重要批示:"教师是一个崇高的职业,这种崇高就是体现在'三平精神'之中。《教育时报》能够从'三平精神'切入,开展对教师这个群体的宣传,以利教育事业的发展和教育对中原崛起的支撑和基础作用的发挥,希望能够持续下去。"不久,一年一度的河南省教育系统师德主题教育活动启动,主题就来自《教育时报》评论员文章的标题——学三平精神,做三平教师。目前这项活动仍在如火如荼地开展,本丛书中《讲台高于一切》一册对其阶段性成果进行了总结。

为了更好地满足读者的专业需要,《教育时报》先后创办了《课改导刊》和《管理周刊》。面向一线教师、教研员的《课改导刊》以"做教师专业成长的助推器"为宗旨;而以教育管理者、校长、班主任等为主要读者对象的《管理周刊》则致力于"做校长和班主任的新智囊"。两张专刊在办好报纸的同时,通过举办一系列活动,在打造中原教育创新发展的中坚团队、构建本土教师脱颖而出的推广平台方面作了许多有益的尝试。

2007年,《管理周刊》提出了"学校新文化"的概念,倡导构建具有转型意义、重塑教育生产关系、解放教育生产力的教育新秩序,因之而生的"学校新文化发展论坛"迄今已经举办五届。《课改导刊》2008年启动的"河南最具成长力教师"评选,已经成功举办了三届,不遗余力地把本土那些具有成长潜力的教师推到前台。为纪念改革开放30周年而策划的"寻找河南教育变革榜样力量"活动,意在召唤变革精神、普及变革理念、推动教育转型,影响深远。这三项品牌活动的成果,分别在本丛书的《学校新文化解码》《谁是最具成长力教师》《推动教育变革榜样力量》三册中得到了充分的展现。

就这样,《教育时报》在"做中原教育崛起的发言人"的理念引领下,"一体两翼",立体开发,通过一系列独具专业价值的报道在业界赢得了口碑,同时靠一系列特色活动延伸了服务链条,实现了社会效益和经济效益的双丰收。蝉联三届"河南省十佳报纸",连获八届"河南省一级报纸",2011年4月又再次在全国教育类报纸综合质量评比中获得第二名,这些荣誉可以说是对《教育时报》办报质量和发展水平最有力的肯定。

河南之于中国,犹如中国之于世界,因而这套"中原教育崛起丛书"对河南这个全国第一人口大省的教育所做的"一斑窥豹"的梳理和展现,无疑有着样本的研究价值和典型的借鉴意义。

2012年元旦,《教育时报》将迎来25周岁的生日。烛光点亮之际,把前行路上的一些脚印收藏在这套丛书中吧,作为年轻的"80后",我们深感任重道远,自会风雨兼程。

编　者

2011年11月

目 录

安阳市人民大道小学　济源市五龙口镇实验小学　博爱县松林小学
　　　新乡市育才小学　陕县第二实验小学　河南少年先锋学校
　　　　　原阳县南街中学　濮阳市油田第十九中学　商丘市实验中学

序
001　新时代需要新教育

小学变革的示范路线图
003　让每个孩子都成为"最佳的我"
011　由珠心算到"优因数学"
017　教也快乐　学也快乐
023　三重力铺筑育才之道
029　一项救治"德育无力"的实验
033　传统教育的使命与再出发

初中教改的转型突破之路
043　为学生的一生奠基
055　一所初中的"典型"教改
062　以"实验"为核心的学校发展路径
069　学校管理变革的新走势
076　一所中学的转型突破之路
094　"走班制"的六年探索
099　求解初中教改难题

目 录

三门峡市第二中学　濮阳市油田第十三中学　鹤壁市淇滨中学
漯河市郾城实验中学　沁阳市第一中学　孟津县第一高级中学　新安县第三高级中学
洛阳市第十二中学　洛阳市第二中学　郑州市第一中学

高中教育的核心发展力

- 109　解构一所高中崛起的文化 DNA
- 114　一个精神立校的高中样本
- 121　高中持续发展攻略样本解析
- 126　薄弱学校的蜕变与增值
- 132　让学习成为教师的生活常态
- 138　修复学习的欲望和快乐

教育管理创新报告

- 155　学校管理转型趋势报告
- 164　学校常规管理：危机下的策略重构
- 173　德育新象：以生活实践塑造时代君子
- 187　课程创新：让教材回归"教学材料"
- 196　教学创新：让课堂焕发生命活力

后记

- 205　见证本土教改新势力的崛起

序

新时代需要新教育

许锡良

与《教育时报》结缘已经有好几年时间了。但是，成为这份报纸真诚的读者与专栏作者，是最近两三年的事情。我是从这里读懂中原地区的基础教育的，常常会有意外收获。

河南虽然是内陆省份，不是改革开放的前沿阵地，但是，中原地区各省依托于《教育时报》这个平台，汇聚了从国内到国外的先进教育思想与管理理念。在这里，视野开阔，思想解放，头脑活跃，敢闯敢干，在教育改革的过程中，不时涌现出教改新人。《推动教育变革榜样力量》这本书就是近几年来，从教育一线、从基础教育改革的过程中精选出来的教改案例。榜样的力量是无穷的，探索的过程也是没有尽头的。从事教育工作，就是一个永无止境的探索过程。

教育自人类诞生就诞生了，但是，不同社会的教育是不同的。人类在发展，社会在变化。中国的基础教育究竟应该办成什么样？这是一个根本问题。在教育方向上如果出现问题，那么，无论做出多大的努力，也是与教育的本质背道而驰的。许多人在基础教育工作中，忙忙碌碌，常常两头不见阳光，却过的是无主题的生活，只是成为烦琐事务的牺牲品，看不到自己工作的意义。然而我们却可以从本书中了解到看似平凡的基础教育工作原来是这么有趣味、这么有意义。

目前中国的基础教育面临几个严峻的问题，弄不好就容易出现教育的根本问题：

一是以人为本的教育观与传统的权力本位的巨大惯性之间的矛盾。教育是办给上级看的，还是围绕着孩子的成长而来的？前者常常将学校办成只有经济效益而没有教育效益的教育，实质上是将学校办成了养鸡场。其实，中央的精神早就定了，那就是以以人为本为目标，以科学发展观为指导，实现人性化的和谐社会，这是目前发展中国基础教育的大前提。但是，具体到实际工作中，因为管理体制上的原因，做起来常常会身不由己。要有所突破，必须要有教育的实践智慧。这是目前中国基础教育面临的一大困境。《推动教育变革榜样力量》所选的案例，都充分体现了以学生为本、以人为本，处处体现了人性化教育与管理的要求。

　　二是现代开放社会、特别是以互联网为标志的数字新媒体的出现，对学习、对知识、对学校的教育与管理，都是一个巨大的冲击。它既对传统的教育观念与教育手段提出了严峻的挑战，又是一次绝好的教育革新机会，因为传统的以记忆与背诵为主要标志的学习方式与应试方式，已经远远不能够适应现代开放社会中对一个人独到见解与创意的要求。很显然，在现代社会，见识要比知识重要，创造力要比记忆力重要。新课程与素质教育绝不是空穴来风，而是可触可感可知的时代要求。中国有着千年的科举考试传统，对权威答案的敬畏与服从，常常使得我们失去了自己的思考力。中国现代应试教育之害，确实是有根源的。只不过，以前没有条件解决这个问题，现在是到了解决的时候了。

　　三是追求真理还是追求特色的问题。好的教育，世界上是通用的，特色的东西并不会很多。这正如俄国文学家托尔斯泰所说的：幸福的家庭都是一样的，不幸的家庭各有各的不幸。这说明好的东西常常是有着共性的。也正如一个健康的人，其身体的各项指标总是在一个正常值范围内。只有不同的病人身体指标会出现异常。同样，好的学校，因为蕴涵着更多的真理因素，因此，它们的共性常常让人感觉有惊人的相似性。比较欧、美、日、韩等地的基础学校，常常难以感觉到有什么特色。开放式的学校，人性化的教学，小班制，在做中学，问题意识与体验式的知识等，是其学校的共同特点。中国的基础教育，目前重要的任务主要还是在开放中改革，在开放中学习。应该承认中国的基础教育相对还是落后了一些。特色只有在不违背真理的前提下，才值得倡导。目前世界的主流价值观是普适价值观与科学发展观。这两种东西，前者是追求人性化的社会，后者是追求逻辑工具理性；前者是价值理性，后者是工具理性；前者是目的，后者是手段。人性化社会与科学发展，缺一不可。这也是我们思考与实践中国的基础教育的前提条件。

　　以上问题能在这本书中找到答案吗？让我们一起翻开它吧。

　　是为序。

（许锡良：广东第二师范学院教授，信孚研究院研究员）

小学变革的示范路线图

在学校越来越同质化的今天,在硬件环境不够"硬"的情况下,软实力的提升就显得尤为重要。有这样一批学校,他们通过创造性地运作学校文化元素,形成了良好的学校文化力,进而实现了学校软实力的增长。

让每个孩子都成为"最佳的我"

中央教育科学研究所原副所长滕纯教授不止一次讲道:"在中国,真正土生土长出来的成功典型有两个:一个是江苏的洋思中学,另一个是河南的安阳市人民大道小学。"著名教育家、华中师范大学王道俊教授也曾动情地说:"我今年已经72岁了,假如时间能倒流65年的话,我愿意成为(安阳市)人民大道小学一名一年级的学生。"由此看来,安阳市人民大道小学(以下简称"人民大道小学")当是成功教育的典范。

什么是成功的教育?目前普遍的观点是,适合学生发展的教育才是成功的教育。

人民大道小学原校长、终身名誉校长姚文俊说:"学校要创造适合学生发展的教育,而不是选择适合教育的学生。"北京师范大学裴娣娜教授把人民大道小学誉为"现代教育的典范,新型教师的沃土,未来人才的摇篮"。

教育创新,唱响"德育四部曲"

"德是一个人的灵魂,在一个人的成长过程中起着保证方向和保持动力的作用。它以其导向性激励着智、体、美、劳的发展。对学校德育的任何忽视,都是重大的原则性错误,都必将造成人才素质上的更大缺陷。"这是姚文俊校长对其几十年德育探索的精辟论述。改革开放30年来,该校坚持"德育为首、全面发展"的办学理念,在小学生思想品德教育方面进行了卓有成效的探索,唱响了"德育四部曲",使德育化虚为实、化枯燥乏味为快乐有趣,走在了时代的前列。

第一部曲:首创《少年儿童思想品德教育提纲》。恢复高考后,全国上下掀起了积极学习科学文化知识的热潮。针对当时学校存在的"智育第一"、"德育是软任务"的倾向，为了保证德育在学校的应有地位，1979年，人民大道小学在全国率先编写出了第一个《少年儿童思想品德教育提纲》，开始了德育内容系列化、途径网络化、评价科学化的研究探索，并将全校纪律和学习最差的五（2）班作为试点。经过一个阶段系统的思想品德教育以后，该班班风有了明显好转。1982年，国家教委要求全国小学普遍开设思想品德课，并颁布了由该校参与制定的《全国小学思想品德课教学大纲》。1984年3月，时任团中央书记处书记的胡锦涛同志到学校视察，并挥笔为少先队员题词："立志做祖国的小主人、学习的小主人、少先队的小主人"，"多读书，读好书，立志做有知识的人，做对人民有用的人"。

第二部曲：构建学校教育、家庭教育、社会教育相结合的德育网络。为了努力探索德育工作覆盖少年儿童全部生活的途径，把学校的系统教育与良好的家庭教育和社会教育紧密结合起来，1988年，该校制订了《学校德育社会化实验研究方案》，着力构建"全方位、全天候"的德育网络，被国家教委列为重点科研课题。同时，学校还成立了"家庭教育指导中心"，通过举办家长学校、编印《家教方法例谈》等途径，帮助家长解决在教育思想、教育方法上的疑难问题。在一次家教课堂上，谷冀豫老师根据家长普遍反映的一些问题，在"孩子是本书，需要我们细细品读"的讲座中精心设计了三个问题："孩子，你上课为什么不专心听讲呢？""孩子，你为什么听不进别人的意见呢？""孩子，你为什么不快乐呢？"这种"家长点菜，老师下厨"的方式深受家长们的欢迎。有位家长感慨地说："小时候老师教读书，工作后师傅教技术，可从没人教我们如何做家长。想不到做家长还有这么多的学问，真得好好感谢学校。"学校还把附近的在职党政领导干部、离退休老干部、英雄模范人物、当地驻军的指战员、科技专家等社会各方面力量的代表组织起来，根据他们各自的优势，分别组成"教育协调委员会"、"关心下一代协会"、"英雄事迹报告团"、"兴趣活动辅导站"等组织，开辟了几十年不同主题的教育阵地，开展了一系列丰富多彩的教育活动。1991年，姚文俊所著的《德育新路》一书，作为《河南小学教育十年改革》丛书之一正式出版。1992年，学校德育社会化实验获"全国德育科研成果优秀奖"，并由中国教育电视台拍成专题片向全国播放。

第三部曲：开展以"三五"教育为载体的做人教育。"千教万教，教人求真；千学万学，学做真人"，这是著名教育家陶行知的名言。为了进一步加强德育的针对性，对学生进行做人的教育，1993年年初，学校开始进行"继承传统，学做真人"的"三五"教育实验，即以"五爱情感"（爱惜生命、孝敬父母、关心他人、热爱集体、报效祖国）为重点的思想教育、以"五好习惯"（勤学好问、勤劳节俭、文明礼貌、遵纪守法、整洁健身）为重点的养成教育和以"五自能力"（独立自主、自觉自理、自我表现、自我调控、自我评价）为重点的品德心理教育，被列为河南省重大科研课题。试点班班主任张桂英老师说，"三五"教育的内容，情感是基础，能力是核心，习惯是目的，三者互相联系、相互促进，形成了一个有机整体。学校还和北京师范大学联合编写了一部包括"三五"四字书、"三五"名言录、"三五"故事集在内的7万余字的《三五读本》，成为学校的德育实验教材。六（5）班学生冯卉说："《三五读本》像一把神奇的金钥匙，打开了我们的心灵之窗，教会我们怎样做人。"学生陈某的家长说，《三五读本》是教育学生的好教材，孩子改掉了过去的毛病，养成了独立思考、认真专心的好习惯，自己的房间也整理得干净整齐。教育部专家组的同志对"三五"教育给予了高度评价，认为它是多年来小学德育研究和实践的成果和结晶。

第四部曲：开展以"提高学生道德认识，促进知、情、意、行和谐发展"为主题的德育实验。为纪念胡锦涛同志为人民大道小学题词以及学习胡锦涛总书记关于社会主义荣辱观的重要讲话，该校围绕"提高学生道德认识，促进知、情、意、行和谐发展"这一德育新格局的构建，制定了《小学生道德品质和谐发展教育大纲》和《各学科渗透社会主义荣辱观教育实施细则》，开展了"多读书，知荣耻，做主人"主题教育活动，尽可能为每个孩子提供表现、成功的机会，让"小鬼当家"。该校通过开展自主性组织、自主性活动、自主性评价的"三自"活动，充分发挥学生的主体作用，使学生的能力得到了全面发展。目前，这一素质教育模式已向各地小学推广。学校校长马丽娜介绍说，经过探索与整合，如今八大自主活动已经积淀凸显为该校的特色："小蜜蜂读书节"，"走进春天"春令营，"爱心阳光"行动，"爱家乡，做主人"夏令营，"科技节"，"时刻准备着"队列行进检阅式，"冬天到，跳跳跳"，"十星"小公民行动。如每年寒假到3月底的"小蜜蜂读书节"，其主题是"牢记胡爷爷教诲，做对人民有用的人"，活动内容是寒假开展"五个一"活动，即"逛一次书店、让长辈送一本压岁书、认真读一本好书、写一篇读书体会、做一件好事"。3月份的"书市"活动，学生们踊跃参加，通过拍卖、交换、捐赠等形式得到自己最喜欢的书。群星自主服务中心是由少先队组建的全校最大的自主服务机构，下设绿色回收站、失物招领处、小鲁班维修站、知心朋友服务台、小喇叭记者站、体育小天地、红十字会等部门。每个部门都由队员们自已选择负责人进行管理,活动内容由队员独立拟定,其过程由队员主持策划。许多学生说:"在群星自主服务中心,感觉自己明显长大了,过去同大人交往总是怯怯的,现在从容多了。"

"主体教育"打造"最佳的我"

20世纪90年代初,人民大道小学领导班子经过认真分析和深入思考后认为,中国教育要改革要发展,就必须重视培养学生的主体性。主体性是德、智、体、美、劳诸方面都得到发展的综合表现,抓住主体性教育也就抓住了素质教育的灵魂,中国面向21世纪的小学教育必须围绕这方面进行改革。于是,学校在全国率先提出了"少年儿童主体性发展教育实验研究"这个课题。

然而,发展学生的主体性是一个非常复杂的系统工程,要在一所小学进行这项探索性实验谈何容易。1992年年初,姚文俊赶到北京师范大学求援,得到著名教育专家王策三教授的大力支持。同年5月,人民大道小学与北京师范大学教育系联合成立了课题组,以裴娣娜教授为首的23名专家学者参与其中,围绕小学生主体性发展问题展开了理论研究和教育实验。1993年1月,该实验被列为"八五"国家级重点课题;"九五"、"十五"、"十一五"期间,该实验连续被列为国家级重点课题。

实施"第一工程",培养学习型、研究型教师。没有主体性的校长,不可能带出有主体性的教师;没有主体性的教师,不可能带出有主体性的学生。学校把教师队伍建设作为"第一工程",选派教师代表到北京师范大学、华东师范大学、北京舞蹈学院、中央美术学院等重点院校进修。学校把每周三定为"科研日",每周六定为"学习日",每月开展两次"主体漫谈",要求教师每月至少写4篇札记。教师们在孜孜不倦的探索中,在充分理解、关注学生的同时,品尝到了教师这一崇高而神圣的职业的快乐。他们运用自己的智慧,探索着、反思着、合作着、创造着、工作着、快乐着。仅近几年,该校就涌现出市管专家、特级教师、中学高级教师、小学高级教师16人,骨干教师15人。学校教师在国家、省、市级刊物上发表论文195篇,25位教师在国家、省、市优质课大赛中获奖。许多专家和学者对人民大道小学教师反映出的整体素质给予高度赞扬。有的专家说,"到人民大道小学,仿佛来到了一方净土","在这里仿佛看到了中国的苏霍姆林斯基"。

调整课程结构,形成"三大板块"。1994年9月,学校按照"加强基础、发展个性、优化结构、促进发展"的思路，对现有课程结构进行调整，形成学校课程的"三大板块"：大、小课相结合的学科课程，必修、选修相结合的活动课程，融思想道德、科学文化、自然等为一体的环境课程。学校引导学生"用眼睛去观察、用双手去操作、用头脑去思考、用智慧去创造"，先后涌现出一大批小发明家、电脑高手、故事大王、泥塑巧手、书画迷等。周林同学发明的小学生多功能健身器荣获全国小学管理专业委员会颁布的"小学生发明特等奖"，并且，他还有多项发明申请了国家专利。他因"潜心发明，富于成果"而被评为"全国十佳少先队员"。五年级学生尚家宝同学爱好戏曲，曾夺得河南电视台"梨园春"豫剧比赛金奖，还在中央电视台进行了演出。她带头在年级里组织了豫剧文艺团，现已发展到40多人，每星期都有校外专家辅导他们。教师们说：教育是一种氛围——如果学生是一只小鸟，那么教育就应该是那自由的天空；如果学生是一朵蓓蕾，那么教育就应该是那"吹面不寒"的"杨柳风"。

打开课堂的门窗，呈现"特色课堂"。课堂教学是发展学生主体性的主渠道。十几年来，学校每年都要举办"小学生主体性发展课堂教学策略研讨会"，邀请专家、学者亲临指导，使课堂教学异彩纷呈，不断显示出强大的生命力。如朱敏老师在讲《鲸》一课时，学生对幼鲸在大海中怎样吃奶很感兴趣，也很担心小鲸因无法吃奶而饿死。于是，她就设计了"幼鲸是怎样吃奶的"这个作文题，让每个学生写一篇想象作文。全班46份作文一经装订就是一本书，书名由学生自己设计，封面由学生自己构思。就这样，世界上独一无二的《奇思妙想——幼鲸是怎样吃奶的》一书就诞生了。美术课上，教师和学生一起利用废物制作工艺品，引导他们理解"世界上没有垃圾，只有放错地方的财富"这个道理。另外，还有体育课的"处方教学"、英语课营造全英文氛围、音乐课鼓励学生创作歌曲、自然课引导学生观察蚂蚁搬东西以及豆芽的生长……教师们深有体会地说："以前是老师带着知识走向学生，现在是老师带着学生一起走向知识。给学生创造表现的机会，他们定会还你一个个惊喜。"

从"秧田"到"茶馆"，让合作成为一种习惯。为改变突出教师权威、忽视课堂上学生交互作用的"秧田式课堂"，学校积极探索"茶馆式课堂"的新型教学组织形式，把所有课桌都组合成"T"的形状，以便于学生沟通交流，更重要的是构建了一个合作学习、开放式学习的空间。学生把小组当做自己的家，分别给小组起了一个个充满朝气的好听的名字：希望小队、一休小队、飞虎小队、智慧小队……如果全组学生在某一项作业或活动中都是优秀，老师会为他们的小组升"小红旗"、画"五角星"。每次小组活动,组内学生都会分工合作,向着一个共同的目标而努力。如在教学《24时计时法》一课时,有这样一道练习题:"一辆汽车早上6时20分出发,第二天下午4时10分到达目的地,这辆汽车一共行驶了多长时间?"对这类题一些学困生总是搞不明白。在小组互助学习中,有的小组同伴一边拨钟表一边讲解,有的小组同学画出示意图给同伴讲解,还有的小组自己解决不了就从别的小组请来"小老师"讲解。短短几分钟里,教师只作为指导者参与学生的讨论,但在全班交流时,学困生一个个显现出了成功的喜悦。学生正是在这种愉快的小组氛围中树立和强化了合作意识,锻炼和提高了合作能力。

因为有了你,我才喜欢当老师

"因为有了你,我才喜欢当老师。"这是人民大道小学的教师自己创造出来的"名言"。他们在心目中永远铭记着四句话:每一个学生都是特殊个体,需要充分理解、尊重和关怀;相信所有的学生都会学习,应给每一个学生提供思考、创造、表现及成功的机会;所有的学生都能学习,不存在绝对意义上的"差生",应尊重个体差异;实施有特色的教育,使每一个学生都能主动发展。老师们说,如同我们的每个手指头不一般长一样,每个学生都有与众不同的个性,也许这正是他们的可爱之处。差异就是财富。面对有差异的学生,我们要实施有差异的教育,促进学生有差异地发展。

走进心灵的书签。学生韦苇平时一向表现不错,新学期开学后情绪十分低落。老师没有直接批评她,而是选了一个精美的书签,上面写着:"曾经有一个苇同学,上课积极主动,解答问题从不满足于一种解法,独特的思维常令同学羡慕、令老师欣慰;可这一学期我很少见到她,你能帮我找到她吗?老师和班里的同学都十分想念她。"小小的书签传递着老师的期望和情意,韦苇的心灵受到了极大震动,她又重新振作起来,迎头赶上,后来还被评为"河南省十佳少先队员"。

"老师,您说的不对!" 学生康新思维敏捷而且有深度,课堂上经常打断老师的话谈自己的独特见解。一次公开课上,当老师讲到《生命 生命》一课中作家杏林子因医治无效而死去时,康新突然举起了手。在全校教师关注的目光中,这位老师并没有慌张,而是像往常一样让他畅所欲言。康新站起来说:"老师,您说的不对!我认为杏林子没有死,她失去的是题目中的第一个生命，而她的第二个生命却永远活在人们心中。"太棒了！他用孩子的语言深入浅出地道出了生命的含义。老师笑着点点头对康新说："济南有了趵突泉就占了济南一半的美，我们班有了你就多了许多的精彩。"康新美滋滋地笑了。他有了这种成功的体验，就拥有了向更优方向发展的基础和动力。

一颗初长成的珍珠。学生赵艳青，在班里成绩处于中游，因为经常处于被遗忘的角落，所以非常缺乏学习、活动的热情。老师看她心灵手巧，纸工做得好，儿童节联欢时，特意让她带领几个同学布置教室。结果，他们圆满地完成了任务。坐在自己亲手布置的教室里，听着同学们一声声惊叹佩服的赞扬，赵艳青的眼中流露出自豪的光彩……这位老师说，中等生就像一颗初生成的珍珠，只要每个教育者做有心人，引导他们在学习生活中相信自我，欣赏自我，发挥自己的优势，开发自身的潜能，有朝一日定会变得璀璨夺目。

举左手的男孩。学生夏峰课堂上举手很积极，却老是答非所问。每次当他懊丧地坐下，老师都替他着急。课下，老师问他："是不是认为不举手就是没认真听，所以不管会不会都举手？"他点点头。"想不想站起来就能说得很成功？""非常想。""这不怪你，怪咱们师生之间还没有达成默契。知道什么叫默契吗？就是说，老师的一个眼神、你的一个手势，双方都能明白。这样吧，咱们约好，当你还没想好又想举手呢，你就举右手，老师不叫你；当你想好了，你就举左手，老师再叫你。"孩子怔怔地看着她，流着泪说："老师，谢谢您的信任，我一定好好学习。"

珍贵的"百宝箱"。学生陈军强学拼音记得慢、忘得快。怎么办？老师没有责备他，也没有给他补课，而是在课堂上走下讲台，把他的小手拢成杯状，告诉他："这就是你的'百宝箱'，老师要给'宝贝'了，快接好。"然后，老师对着他的小手，轻轻念着今天所学的拼音。军强专注地望着老师，和全班同学一起跟着老师念。念完，老师把他小手合紧，嘱咐他"千万小心，别弄丢了"，然后继续上课。第二天，老师问军强昨天的"宝贝"还在不在，他小心地合着手说"在！在！"，然后背出了所学的拼音。这以后，军强再也不犯健忘的毛病了。

如果说，学生韦苇、康新的事例属于为优秀生"锦上添花"，学生赵艳青的事例是为中等生"加油鼓劲"，那么"举左手约定"、"百宝箱"教学法则是为后进生"雪中送炭"。其实，在学校每一位教师的心中，都镌刻着这样一条"金科玉律"——什么都可以等待，唯有学生的发展不能等待。一位实验教师说得好："对孩子来说，最有价值的财富莫过于一种积极的态度；对教师来说，最可贵的思想莫过于帮助每个孩子走向成功。"

变革，正在进行时……

人民大道小学"少年儿童主体性发展教育实验研究"课题至今已走过了十几年的探索历程，以选题立论高、理论构思较完善、实验研究方法较合理、实验研究范围广、研究队伍实力强、阶段性研究成果显著而受到国内教育界的广泛关注。该实验以马克思主义关于人的全面发展学说和辩证唯物主义的教学认识论为理论基础，自始至终贯彻"诚心诚意地让学生做主人，严肃严格地进行基本训练"两条基本原则，制定出《小学生主体性发展大纲》，在学生自主发展、全面发展方面取得了显著成效。河南省成立了由省教育厅领导挂帅的"主体教育"研究中心，向全省推广"主体教育"的成功经验；中国教育学会将"主体教育"作为六大素质教育成功模式之一，向全国进行推广。目前，"主体教育"实验已由最初人民大道小学的两个实验班，逐步扩展到北京、天津、广东、内蒙古、甘肃、吉林、河北、湖北等十几个省（自治区、直辖市）的7个区域性课题组、4个科研单位、14所高校和100多所中小学。"主体教育"实验产生的辐射效应，大大推动了我国实施素质教育的进程和步伐。

人民大道小学先后接待了来自美国、日本、俄罗斯等国家和地区的专家、学者的来访，并应邀派出代表到日本、美国、朝鲜等国家和地区进行考察和讲学。美国学者菲利浦·史密斯先生在参观学校后留言："首先请允许我对你们美好的学校表示感谢，这是我的中国之旅中见到的最好的学校，我喜欢这里的孩子们。"

人民大道小学首届"主体教育"实验班毕业生李妍说：从实验班毕业后，我一直在朝着成为"最佳的我"这一目标而努力。一位实验教师说：刚开始搞实验时，我们是摸着石头过河；现在，我们不仅知道石头在哪儿，还知道从哪儿能建起一座桥。马丽娜校长说："德育创新"和"主体教育"为学生的和谐发展与健康成长注入了活力、动力和创造力。今后，我们将坚持变革创新，谋求科学发展，让"主体教育"惠及更多的孩子，让每个孩子都成为"最佳的我"！

（原载2008年9月23日《教育时报》，作者：陈伟民、杨亚丽）

由珠心算到"优因数学"

六位数的加减法,并且是连续加减,在教师快如"行云"的出题之后,全班37名学生全部疾似"流水"般地心算了出来,齐刷刷地举起小手要求回答。当教师指定学生回答之后,其余的学生又异口同声地喊出来"对"或者"错"。以至于记者当场验证的计算器却往往"跟不上队",成了一个只能当"事后诸葛"的摆设。

这里既不是什么赛场,也没有人设置擂台,只是记者前往采访的时候,校长为了向记者介绍他们这项属于素质教育范畴的心算成效而"小试牛刀"。说起来令人难以置信,进行如此精彩表演的既不是城市学校,也不是初中、高中,而是一所山村小学——济源市五龙口镇实验小学。

由珠心算到"优因数学"——山村小学教学方法的嬗变

走进位于太行山腰的山口村才发现,这是个地道的山村。全村只有200来户人家,村民不足千口。但是令记者吃惊的是,就是这个小小的山村,却办起了一所拥有上千名学生的完全小学,不仅把数公里之外的五龙口镇、数十公里之外的济源市区的学生吸引来了,而且还把附近焦作市的孩子、山西省晋城市的孩子也吸引来了。

熟悉山口村历史的人都知道,这里原本是个穷得留不住人的地方。就是到了改革开放10年之后的1988年年初,山口村的群众仍然过着食宿在窑洞、吃水贵如油的生活,是远近闻名的穷山村。

1988年5月,随着交通条件的改善,山口村终于与外界"接轨"。村里群众抓住机遇，在晋煤外运上做起了增收的文章，山口人从此腰包渐鼓，走上了富裕的道路。

有了钱，村民开始从深山的窑洞里搬出来，在交通便利的山脚下盖起了一排排的小别墅，改善居住条件。1995年，村里投资500余万元建成了1.24万平方米的现代化学校，为山村的孩子们创造了一条走向成才之路的美丽起跑线。

住房条件改善了，生活质量提高了，教学楼房也盖起来了。可是，全村的适龄儿童也不过百人，有的还随着家长流动到了外地。

这么漂亮的学校，没有生源怎么办？

1998年年底，建校只有一年历史的五龙口镇实验小学开始尝试特色教育。他们试图借助国家大力提倡的素质教育的东风，办一所对学生具有吸引力的学校。

于是，珠心算教学便成为五龙口镇实验小学的第一项课题。

需要神童般敏锐思维能力的快速心算，在山村小学推行，能行吗？

看出来记者有点将信将疑，已有30年教龄的杨烈全校长作出如下叙述：

进行珠心算教学，我们也经历了从简单到复杂、从课外小组到进入数学课堂的过程。回想起来，在进行教学的开始，我们只不过是在教学加、减、乘、除的计算方面，用珠心算的方法代替笔算方法，这充其量也就是解决了数学教学中的计算问题。即便如此，也解决了我们在数学教学中的一大难题。因此，在小学阶段尤其是低年级段，珠心算的作用十分显著。

但是，几年后我们发现，到了高一级学段（如小学高年级、初中），随着综合性知识的逐步增加和计算教学分量的逐步减少，珠心算的优势也随之减弱。而珠心算对学生的注意力、记忆力、观察力、想象力、毅力等各方面能力所带来的积极影响，又无法立竿见影地使人见到、承认。一方面，没有办法说明学习过珠心算的学生的注意力、记忆力、观察力、想象力、毅力等各方面能力一定都比别人强，找不到如同计算能力强那样明显的事实；另一方面，别的学科也有开发智力、提高能力的作用，不能说都是珠心算的功效。

怎样使低年级珠心算的成果在高年级继续得到发挥与拓展呢？这成了我们研究的课题。为了不浪费优秀的教学资源，也为了进一步开发珠心算的教育功效，我们反复研究，不断思考，寻找新途径。我们一方面向河南省教育科学研究所汇报，请求专家们的帮助；另一方面，作为一项研究课题，我们拿出最棒的师资力量，成立自己的教学科研队伍。后来，省教科所为我们请来了知名专家郭启庶教授，他给我们讲了珠算、珠心算是举世无双的数学教学优秀基因、范式，运用珠算教学数学比运用笔算教学数学优越得多，可谓简易、高效而现代化，可以达到既减轻负担、又提高质量的教学目的，鼓励我们勇做第一个吃螃蟹的人。于是，从2002年9月起，我校开始了"优因数学"教学实验。

兴趣教与学，让孩子享受成功的喜悦

说起来"优因数学"教学的初衷，杨烈全似乎有很多话要说，但最后，他只简单地给记者概括了一句话："我们这是尝试着让山村的孩子真正尝到素质教育的甜头。现在，他们尝到了！"

杨烈全说，一所远离市区的山村小学，靠什么吸引学生，拿什么做资本、办让人民满意的教育？答案是：培养孩子的综合能力，让他们的一生真正"不输在起跑线上"。

一个人在小学阶段，甚至在整个的学业过程中，是不是考分越高就越有能力？古今中外的无数实例告诉我们，显然不是。真正对一个人的一生负责，还是要打好他的基础。

"科研兴校，为师生构建科研平台。"从1998年开始，这所山村小学就提出了这个令人惊奇而又振奋的口号。学校制定出了一系列有效措施，鼓励教师不断给自己加压，促进业务成长，提高业务素质。

在语文教学上，学校以"扶—放—收"为原则，以听、说、读、写为手段，以提高学生的语文素质为目标，让孩子们"做自己喜欢的作业"。记者在学生成绩展示中看到，四、五年级的学生，已经能够写出数千字乃至数万字的童话甚至小说了。从孩子们那有些稚嫩甚至不乏错误的语言中，记者高兴地看到，孩子们的涉猎范围相当广泛，可说是天马行空、无拘无束。数年前，五年级学生匡振京所写的《猴王》，甚至把爱挑剔的记者也深深地吸引住了。小作者的字里行间，把他的爷爷——王屋山上驯猴人——的个性、脾气、工作、生活以及与猴子们朝夕相处的深厚感情，把从猴王、猴王后到猴公主，乃至已被废掉、失意出走的前猴王，不得宠幸、郁郁寡欢的前猴王妃都写得活灵活现，跃然纸上。

多年后，这位已经走上工作岗位并且颇有成就的年轻人在写给老师的信中说："丰富多彩的小学生活不仅给了我丰富的知识，还给了我无尽的欢乐，为我的人生奠定了一块坚硬的基石。"

在语文教学中渗进了科研的元素之后，该校又开始在数学教学上寻找科研因子。经过反复的考察、引进与筛选,"优因数学"便成了这所山村小学引进的又一粒科研种子。

"优因数学"引进之初,学校是把珠心算作为特色进行数学教学的。如今,作为一个教学品牌,它已经经历了10个春秋,可以说是取得了10个丰收的年景。

"老师教得开心,学生学得快乐,家长心中满意。"学校副校长郭咸祥这样评价他们的教学体会。

郭咸祥介绍说,为了检验"优因数学"的教学成果,经上级批准,2008年中考时,五龙口镇实验小学六年级实验班的37名学生参加了数学考试,用的是初中升高中的数学试卷,全班平均分数超过了60分。为了跟踪实验这个项目,经镇中心校批准,这个班包括老师在内一起升入初中。五龙口镇实验小学的教育教学质量也稳中有升,在已过去的10个春秋里,每次教学质量调研总体成绩均居全镇之首,且与兄弟学校差距逐渐拉大。2008年六年级升初中考试,全镇前100名学生中该校占50名。

随着学校声誉的逐渐提高,这所山村小学的生源已由本镇扩展到了全市,进而辐射到周边的沁阳、博爱、孟州等县市,甚至还吸引了邻近的山西省籍学生前来就读。

为什么一个"优因数学"教学实验就把孩子们的学习积极性调动起来了呢?"优因数学"实验班教师史小娜说:"关键是让孩子们找到了一种科学的学习方法,使他们认为学习不再是一种负担,而是一种享受。"史小娜告诉记者,孩子们学得多了,练得多了,再拿起苏教版、人教版教材,反而觉得简单多了。如今,在她的班里,后进生也已经把人教版教材弄得烂熟。他们的班虽然是初中一年级,但是已经在学习初中三年级的数学课程了。如果上级同意,初中毕业时,他们这个班愿意参加高考数学的考试。

谈起自己的学习,来自五龙口镇上的郭梦琳说,经过三、四年级的训练,到五、六年级就基本上顺当了。现在,普遍感到教材上的知识不够学,不得不几本书合并起来,把那些比较难学的题目找出来。然后,就是在老师的指导下大量阅读课外读物。

"优因数学"究竟让孩子们得到了多大的收益,找回了多少自信?从济源市区慕名而来的四(1)班学生杨梦飞说,三年级时,她就常常帮助上五年级的姐姐解决数学作业中的难题。现在星期天回到家中,妈妈出题考她和上六年级的姐姐,她常常算得比姐姐快,并且是快得让妈妈吃惊。

"'优因数学'教学使孩子们在学习中找到了乐趣,因而他们的理解效果和记忆效果得到了最大的发挥,成为'中西数学融合的成功典范'。"记者在五龙口镇实验小学的留言簿上看到,中国科学院自然科学史研究所研究员、博士生导师郭书春作出了这样的评价。

专家的科研课题在山村小学开花结果

中国珠算协会原副会长、中国珠算协会算理算法委员会主任委员、河南财税高等专科学校教授郭启庶创立的"优因数学"法,是一种全新的数学教育理论,特指我们融合西方数学符号化思想方法、逻辑性,与中国传统数学之珠算符号、运算模型、珠图、率思想方法、机械化思想方法等,编织建构的简易、高效与计算机自然整合的现代化的数学教学知识结构。这个概念在郭教授的《数学教学优因工程》一书中有全面论述。简易是"优因数学"追求的目标,高效是必然的结果。为了达到这一目的,教材采取了一系列简化措施,旨在向中小学推广时确保简易明白、易学易记。

如何把高校教授的科研成果快速高效地嫁接到小学教学当中?

五龙口镇实验小学每年在3个一年级新生班中随机选取1个班做实验班(2007年一年级4个班,其中两个做实验班,现在已有一到六年级7个实验班)。为了保证实验效果,每学期开学前首先从教材内容、教学思想、教学方法等方面对教师进行教材培训;课题实验小组制订出切实可行的教学研究方案,实验教师定期集中,讨论解决教学中遇到的问题;学校制订出一系列激励实验教师的措施与方案。

6年来,全校各个年级、各班教学实验是顺利的,实验效果符合预期。这也可以说反复证明了实验教材(一年级教材已经重复了6遍)是可行的、有效的。三年级基本完成了常规数学6年的教学任务;六年级除完成九年级的数学教学内容外,还教学了一些高中(如任意三角函数)、甚至连高中也没有的内容(如连分数、近似分数,解高次方程,解同余式组,群、环、域等)。这正如群众所说的:"不看不知道,一看吓一跳!"就连该校的老师也是原来不敢想象的。学校的成果不仅赢得了家长的信赖,社会人士的赞誉,也得到了专家的肯定。2006年12月,海峡两岸专家在五龙口镇实验小学开了"优因数学"研讨会,与会专家对其做法给予了充分肯定,认为这是"有中国特色又适应现代化需要的数学教育创新"。著名数学家、中国科学院数学与系统科学研究院研究员李文林于2007年6月专程到这所山村小学,逐班听课,进行详细考察，之后予以高度赞扬和充分肯定。同年11月，他又在写给济源市教体局的信中指出："通过这次实地考察，我觉得五龙口镇实验小学进行的'优因数学'教学实验，力图将中国传统数学的优良元素与现代数学教学相融合，是一种有益的探索，特别是对于广大农村和城乡结合地区学校提高学生学习数学的兴趣、改善这些地区的数学教学质量，具有积极的意义……真诚希望这项教学实验能够继续得到鼓励与支持，以取得完整的经验，争取为建设有中国特色的数学教学体系作出独到的贡献。"

有专家评价说，五龙口镇实验小学进行的"优因数学"教学，引入了中国珠算符号、模型、率思想方法和西方的符号化思想等数学的优良基因，实行全方位的数学教学改革，具有无比的优势，开发了孩子们神奇的速算能力。

记者在采访中得知，在五龙口镇实验小学实验以来，"优因数学"因为简单明了而在教学中获得了极高的效率，在相同的教学时间内，达到了数学教学的较高层次。该校教科室主任侯丽介绍说："现在，我们居高临下来看常规的数学教学，就觉得十分容易，因而，用'优因数学'考常规数学也具有不可比拟的优势。从我们实验的情况看，掌握了'优因数学'知识的孩子，参加中考、高考，甚至所谓奥林匹克的数学竞赛都有优势。上个学期末，经过批准，我们尝试用市教体局按常规数学的统一命题，对学生进行考试，'优因数学'班成绩突出，六年级实验班的数学总平均分为97.3分，比常规班高出12~16分。"

杨烈全校长告诉记者，6年的"优因数学"教学实验，真实的实验结果，除内容达到较高层次外，特别令人折服的是学生的数学能力。如今，他更深地体会到：从优秀基因、范式层面，实行中西数学的融合，让珠心算的计算功能和优秀思想方法，融合于现行数学教材，定能释放出巨大的教育功能，对今后的数学教育会产生积极的影响。

（原载2008年11月22日《教育时报》，作者：郭炳德）

教也快乐　　学也快乐

2008年8月8日，博爱县迎来了3位韩国客人。一位名叫陈磊的13岁少年作为3位韩国客人的翻译，成了轰动博爱县的焦点人物。长达3个小时的有关风光、经济、物产、人情的介绍，小陈磊翻译得流畅自如，那绘声绘色的韩语交流，让远道而来的客人连连竖起大拇指。博爱县委宣传部部长李向红拍着小陈磊的肩膀说："今后有外国友人来还邀请你做翻译。"

陈磊小学曾就读于博爱县松林小学（以下简称"松林小学"），如今，除了英语，他的韩语、日语、俄语说得也都很流畅。

是什么原因让陈磊同学的外语达到如此娴熟的程度呢？记者采访了这位被誉为外语天才的少年。陈磊说："这是得益于上小学时，松林小学开展的英语特色教学。生动活泼的课堂，幽默诙谐的老师，丰富多彩的活动，让我对英语学习产生了浓厚的兴趣，深深地爱上了英语，并一发而不可收，还连带爱上了其他语言，比如中国的广东话、闽南话，还有韩语、日语、俄语，学习起来得心应手。"

带着对松林小学传奇性教学效果的探究心理，记者走进了这所英语特色学校。

嫁接英语特色

松林小学是2001年由博爱县政府创办的一所寄宿制学校。校长张景财介绍，2001年8月7日，当他来到松林小学时，所谓的学校仅是一座尚未完工的教学楼和45名刚刚毕业的师范生……一切工作的开展都迫在眉睫。在做好手头工作的同时，张景财把更多的精力放在确立办学思想上。怎样才能为社会提供优质的教育资源，为学生的一生发展奠定扎实的基础？必须走特色办学之路。那么，以什么为特色呢？经过反复论证研究，2002年11月，学校通过了"创办英语特色学校"的决议。张景财说，之所以走英语特色办学之路，是基于三个方面的原因：一、少年时期是学习外语的黄金时期；二、英语是对外开放与国际交流的重要交际工具；三、想从小学开始就让学生逐步养成良好的英语学习习惯，培养他们对英语的学习兴趣，让他们从小就喜欢上英语、不畏惧英语。

2003年1月，松林小学组织人员专程前往北京市现代教学研究所拜访英语教学专家马承教授，向他请教"马承英语教学法"。马承英语教学法是中国当代著名的教学法流派之一，"马承易进英语"通俗地说就是容易学的英语，是比汉语还好学的英语。其主要特色就是用智慧学英语，即把学习英语与汉语结合起来，把听说与认读结合起来，逐步培养学生"见其形读其音，听其音想其形"的能力，着眼于使学生产生自主学习英语的愿望与初步的自主学习能力，指导学生在听、说、读、唱、画、演、玩、做的过程中学英语，尤其关注学生的学习兴趣与自信心。在马承的推荐下，他们又实地考察了北京市的一所英语特色学校。该校富有特色的英语教学、丰富多彩的英语活动、浓厚的英语文化氛围更加坚定了松林人创建英语特色学校的决心。

2003年2月21日，全国"十五"规划课题"中小学英语一体化教学及三位一体教学法的实验与研究"开题暨揭牌仪式在松林小学举行。揭牌仪式上，马承应邀做了一场奇特的现场示范课。讲台上，马承教授手舞足蹈；讲台下，小学一年级的学生兴奋地拍着课桌。40分钟过去了，这些从来没有学过英语的一年级小学生，当场学会了26个英语字母在单词中的基本读音，当场认读出80多个英语单词，而且能够独立拼读所有规则发音的单词。示范课让学生产生的学习兴趣以及立竿见影的学习效果深深地吸引了每位听课者。一时间，上千名在场的老师、家长为之震撼、为之感染。家长们对孩子从一年级开始学英语的重重顾虑没有了，脸上都露出了放心的微笑。

什么原因使得小学生变得如此聪明，当场认读80多个英语单词呢？当天下午，老师们听了马承教授的专题报告后才明白，他是指导学生在发现、运用汉语拼音与英语发音的相同之处的同时，培养学生见其形读其音的能力，即"马承英语直呼式教学法"。人们忽然间发现，英语没有那么神秘了，竟是如此简单。

变革英语教学

为了实现既定目标,松林小学在英语特色教学中,扎扎实实走出了四步棋。

第一步棋:实行专业引领。请马承教授对学校全体教师进行"马承英语教学法"专题培训,并围绕"低年级直呼式教学法"和"中高年级以话题为中心教学法"进行示范教学,解决教师在英语教学中遇到的问题及困惑,为学校今后的发展指明方向。请北京市现代教学研究所编辑部主任、科普版《小学英语》编委安宏侠围绕新课标与易进英语、科普版小学英语教材教法、如何教语音、如何实施英语评价等对教师进行培训。此外,该校还聘请河南省教研室英语教研员陈留记、焦作市教研室教研员李金龙等担任顾问,定期来校听课、讲学、作报告,给教师以直接的指导,给教学以专业的引领。

第二步棋:开展课题研究。副校长刘永吉说:"在课题研究中,我们立足于'以人为本、激发兴趣、培养能力、打好基础、搞好衔接'的指导思想,利用每周二晚上一个半小时的教研活动,全体英语教师紧紧围绕承担的两个子课题,就各自课堂教学中出现的问题或困惑进行交流和研讨。比如怎样以话题为中心进行教学?教学中如何创设情境?在教学中出现的两极分化现象如何应对?课堂教学的成果怎样在日常生活中得到运用?就这样,我们一步一个脚印、踏踏实实地开展起了实验与研究。"

记者在采访中获悉,松林小学承担的三项课题已全部结题,低年级学生的直呼式能力与中高年级的话题交际能力均取得突出成效,获得多项研究成果:校长张景财撰写的《向英语特色学校迈进》一文在全国学习委员会第二届年会上被评为一等奖,孟琳老师撰写的《浅谈构建合理的英语校本课程体系》在全国新课标英语考级实验课题研讨会上荣获国家级二等奖,课题组成员编写了《松林小学日常用语100句》《松林小学英语特色工程汇编》,孟琳、侯玉仙、皇趁霞老师分别在焦作市小学英语学科优质课评选中荣获一等奖,6名英语教师评为焦作市教育科研先进个人。

第三步棋:加强队伍建设。2003年5月20日,在松林小学阶梯教室里有这样一节别开生面的英语课,执教的是教导处副主任孟琳,听课的"学生"是包括校长在内的学校领导班子成员和全体教师。这是学校利用"非典"学生放假期间举办的教师英语辅导班的授课现场,辅导的专题是英语日常用语和直呼式英语教学法。孟琳老师不失时机地点名"学生"试读,及时地进行纠正,不时有"学生"提出问题,教师耐心地进行讲解、示范……

松林小学把教师基本功的内容进行了一番大的改革与探索,即由传统的"三笔一话"变革为以英语与计算机水平为主的新型基本功,对全体教师的英语素质定期进行培训,请专家命题进行正规的业务考核,给合格者颁发等级证书。这样一来,教师们学英语、用英语的积极性格外高涨。

学校通过外出学习培训等方式,建立了一支实力较强的英语专业教师队伍。如今,该校英语课堂是全英教学,全体教师通过了常用英语达标测试,能够熟练运用英语组织课堂教学,全校形成了"特聘教授+英语教师+非英语教师"的英语教学群体。

第四步棋:拓展教学空间。2004年,松林小学借鉴兄弟学校的先进做法,进行了课时改革:每节课由40分钟改为35分钟,英语课时数由2节增至4节,增加了饭前25分钟的英语早读课。另外,学校还开展了每周一次的学生检测——由教导处组织,每班随意抽出10名学生,英语教师对调检测,检测内容是每周所学的常用语、单词、课文复述、儿歌四项,检测结果记入班主任和英语教师的年度目标考核;每周二、四下午第四节的英语时段——以班级为单位,学生全员参与,英语教师负责活动内容、形式的安排,班主任负责活动的组织实施,教导处负责督察。通过创设情境,学校把本周所学内容演化成话题、游戏或故事,让学生自编自写、自导自演、互相问答、互相交流,鼓励学生将英语学习应用于生活实践;在每个年级成立了阅读、会话、歌曲、写作英语兴趣活动小组,为英语特长生提供了更为广阔的发展空间。

生成英语文化

2008年5月31日,松林小学第四届英语节暨澳大利亚文化周文艺节目汇演如期进行。

在欢快的乐曲中,舞蹈《童年的春天》拉开了汇演的帷幕。之后,故事表演、课本剧、童话剧、诗朗诵、相声等英语节目纷纷闪亮登场。孩子们表演的英语课本剧《我给地球洗个澡》惟妙惟肖,英语故事表演《小狮子找食物》《一只可怜的猴子》童趣无限,英语相声《吹牛》诙谐幽默,英语歌曲《挥着翅膀的女孩》旋律优美,英语童话剧《美丽的校园》寓意深刻……

文化周期间,学校在校园里布置了中英文对照的澳大利亚文化长廊,用双语和图片向学生展示着澳大利亚的历史、地理、文化、教育、军事、科技以及风土人情等；举办了英语写作比赛、英语风采大赛、英语歌曲合唱比赛、英语课文复述比赛、英语考级比赛等一系列独具特色的活动。

"一所小学的学生，运用英语交际如此娴熟，表演的英语节目如此精彩，真是了不起！"许多来自外校的领导和教师观看完节目后作出这样的评价。

从 2005 年开始，学校借鉴江苏宝应实验小学的做法，每年五六月份举办一次英语节。截至目前，学校先后举办了英国、美国、加拿大、澳大利亚四个英语语言国家的文化周活动。

记者在采访中获悉，松林小学在举办首届英语节暨英国文化周活动之后，3 名五年级学生受焦作市教育局的邀请，在焦作外国语中学揭牌仪式上即兴表演了十几分钟的英语节目。学生的出色表演，令在场的该市四大班子领导、教育局领导及外国语中学全体师生称赞不已。

"给学生能力是教育的最大成功。"这是中外教育家的共识，松林小学英语节的举办，带来的不仅仅是学生英语水准的展现，更重要的是在活动中培养了学生的综合实践能力。"文化长廊"让学生们在了解异国的经济文化、风土人情的过程中，培养了收集信息、分类整理和文化沟通的能力；节目汇演增强了学生们的组织协调能力、会话能力、表演能力和合作意识；手抄报、电脑报的制作培养了学生们的想象力和创造力……在这些日子里，学生和老师们完全沉浸在英语环境之中，沉浸在学习英语的快乐之中。

一个学校不能没有文化，文化是推动学校发展的无形力量。松林小学开展英语特色教育最终是为了形成一种文化，让学生养成一种习惯、培养一种能力。记者感受到，千方百计为学生创设多种学英语、用英语的文化氛围，成了松林小学近年来的不懈追求。如今，浓浓的英语文化氛围正在这所小学校园里形成。

走进松林小学，浓厚的英语文化气息让记者目不暇接。校园里，到处镌刻着英汉双语的名人名言："Books are the stepping stones to human progress."（书籍是人类进步的阶梯。）"High expectations are key to everything."（远大理想是开启万物的钥匙。）……这些名人名言时刻提醒着学生们从小要树立崇高的理想，好好读书；教学楼每个楼层的台阶上印刷有英文数字"one, two, three, four, five, six……"，告诉孩子们学习要一步一个脚印、踏踏实实；学校的英语阅览室，每天向全体学生开放；每个班级开设有英语角；多数学生还有自己的英文名字；校园里师生见面时用英语打招呼……

"我们又获得了一等奖！" 2007 年 4 月 21 日，在河南省第四届"天仁杯"

小学英语短剧展评比赛中，松林小学派出 8 名学生表演《动物奥运》。他们以标准流利的口语、优美娴熟的舞台动作以及在演出中所表现出来的不屈不挠的精神，感染了现场所有观众，赢得了评委和师生的热烈掌声。这是松林小学第二次代表焦作市参加省"天仁杯"小学英语短剧展评，也是第二次荣获一等奖。此外，该校还承办了焦作市第三届小学英语短剧展评，博爱县第一届、第二届小学英语短剧展评；相继举办了英语歌曲比赛、英语会话比赛、英语写作比赛、个人风采展示等活动。

松林小学每学期都要举办一次英语特色工程汇演，以班级为单位，以节目展演的形式来展示英语教学取得的丰硕成果。如今，该校低年级学生认读单词达 150 个~220 个，唱英语儿歌、歌谣 16 首~20 首，演讲英语小故事 20 个~30 个，掌握日常用语 50 句~70 句；多数学生能自主认读和学习符合直呼规则的单词，并能进行简单的英语会话和日常交流。高年级学生单词量达到 1000 个~1200 个，唱英语歌曲、童谣 60 首左右，掌握日常用语 170 句~200 句，并能根据话题进行即兴的英语演说和表演，能自主编演英语节目。

松林小学的 6 年特色教育实践焕发出了强大的生命力，学生们学习英语的兴趣高涨，学习潜能得到开发，特长得到培养，个性得到展示，个个通过"英语最棒"成长为"全面最棒"，成为了全面发展的优秀少年；教师们的教学激情得以点燃，教学素养得到提高，专业水平得到增强，教学风格日趋形成，人人都在追求着一种"幸福而完整的教育生活"，快乐地书写着自己的教育人生，真正做到了"教也快乐，学也快乐"；学校也走出了一条"围绕先进理念求发展，创新特色教育促提高"的办学之路。

（原载 2008 年 12 月 20 日《教育时报》，作者：郭炳德、崔维俊）

三重力铺筑育才之道

策划力，实践力，学习力。

这是新乡市育才小学（以下简称"育才小学"）得以持续发展的三股动力源泉。

作为一所伴随着新中国成长的学校，育才小学默默耕耘在主题教育、自主教育和校本教研等软实力方面，在教育变革中保持着不竭的生长力。

策划力：点、线、面集结主题教育活动

敬爱的吴伯伯：

……我希望有关部门能在卫河两岸再多种些花草树木，这样不仅能使空气清新，而且会吸引更多的人来观游卫河。另外，我认为应该定期给市民讲些环境保护的相关知识，使人们懂得爱护环境是很重要的事情……

少先队员：孙颂智
4月18日

育才小学：

……孩子纯真善良的话语，让我看到了学校德育的成效，看到了孩子们环保意识的增强，也看到了青少年建设美好家园的热切期盼……

吴天君
4月25日

2006年4月18日，育才小学六（3）班的孙颂智同学给新乡市市委书记吴天君写了一封有关新乡市环保问题的信。他以真诚朴实的语言阐明了自己对

环保问题的建议，表达了广大少年儿童的心声。吴天君及时给学校回了信。

学校里像孙颂智一样具有较强环保意识的孩子还有很多。六（1）班的靳媛媛同学告诉记者："我以前无论到哪儿，总是垃圾、碎纸随便丢；现在，如果一时找不到垃圾箱，我就一直用手拿着，直到找到垃圾箱丢进去为止。"

孩子们具有较强的环保意识得益于学校多年来开展的"播种文明，养好习惯"主题教育活动。在这个总的主题教育活动的统领下，学校每学期会有分主题，如"文明标兵月月评"等；每月又会有不同的小主题，如"讲究秩序不拥挤"等。

这些形式多样的主题教育活动开展时间的长短，学校视情况而定。有的活动可能只持续一个学期，有的活动可能会持续两年，还有的活动甚至会长期开展。比如，育才小学以北京奥运会为契机，连续开展了两年的"迎奥运，倡文明，展风采，促和谐"主题教育活动。学生处主任柳艺萍介绍了2008年活动中的一个子项——"啄木鸟行动"的操作流程。

第一阶段：宣传发动

1. 在三、四年级学生中公布"啄木鸟行动"方案，使学生明确活动目的和主题。

2. 在三、四年级学生中征集讲卫生童谣、顺口溜和三字经等，评选出的优秀作品在校报《育才》上刊登，并在全校推广。学校将评比结果纳入班级量化考核分。

第二阶段：具体实施

1. 加强班级卫生检查，每周四大检查和不定期抽查相结合，每周公布评比结果。

2. 各班制定本班"啄木鸟卫士"评比细则，学校开展积极争当"啄木鸟卫士"活动，学生要严格规范自己的言行，以良好的行为迎接奥运。学校将加大对学生文明习惯的检查力度，及时公布检查结果。

第三阶段：评比表彰

1. 各班根据班级制定的评比细则和学校要求，推选出班级"啄木鸟卫士"。学校经过审查和考核，确定人选，在"六一"期间进行表彰。

2. 学校将根据平时考核结果评出"啄木鸟中队"。

"'啄木鸟行动'倡导学生规范自己的言行，做文明事，讲文明话，同时督促有不文明行为的同学及时改正。育才小学根据小学生的年龄特点，在一个学期重点训练一个好的习惯。这个学期养成教育的重点是训练学生不乱扔碎纸、见到碎纸就拾的好习惯。各中队可利用班队会时间讨论什么是文明行为、怎样使用文明用语，制定本中队评比细则。"校长李克兴说。

在主题教育活动的策划与组织中，育才小学关注更多的是如何促进学生主动健康发展，结合学生成长的点、线、面整体策划活动，目标清晰。

"点"，即作为道德基础性构成的几个基本元素对于不同年龄段学生的培养要求，比如"倡导学生规范自己的言行，做文明事，讲文明话"。"线"，即不同年级学生的年龄特点和成长需求，比如"这个学期养成教育的重点是训练学生不乱扔碎纸，见到碎纸就拾的好习惯"。"面"，即学生丰富多彩、逐步扩大的生活领域，比如"什么是文明行为，怎样说文明话"。

近年来，育才小学先后开展了一个又一个富有时代气息、教育性强、趣味性强而又贴近学生实际的丰富多彩的活动，诸如"争当合格小公民"、"妈妈，我用自己的方式爱您"、"我为中华而自豪"、"给洪战辉哥哥的一封信"等。

实践力：自主教育成就多彩童年

"能够成为学校大队部纪律部副部长，我的'上岗'过程充满了挑战。"韩冬同学说，"竞选由学生处组织，候选人为各中队推荐的优秀者，如果你自认为优秀但未被推荐也可自荐报名参加。选拔程序是：报名—竞选演说—民意调查—试用—就职演说。"

李克兴说："少先队大、中、小队委员实现了队员自动化管理，全部实行竞争上岗。少先队所有的常规工作和活动，大队委员会都交给队干部自己去管理、组织与开展。"

大队干部的具体工作一般有：组织召开每周队干部例会，组织各项常规检查（检查表格由队干部根据学校要求及检查项目自己设计、绘制，老师只作点拨引导），组织开展各项活动（比如一年级队前教育，由高年级队干部或队员到一年级各班为小同学讲队史、队章等）。各中队的自我管理与大队的大同小异。

每年冬天开展跳绳比赛是育才小学的传统。经过多年实践，他们摸索出了科学合理的比赛方式：一、二年级是单人跳绳，练习基本功和基本技能；三、四年级是两人一组合作跳绳；五、六年级是跳大绳（每班分为两组同时进行，计总成绩）。学校要求全员参加（个别身体情况不允许参加比赛的除外），让学生先学会两人合作，然后学会大家一起合作。因为只要有一个人做得不好，就会影响整个班集体的成绩。

2008年5月,育才小学组织开展了"我为学校设计校徽"活动,孩子们充分发挥自己的想象力,参与到为学校设计校徽的活动中。除此之外,学校还开展了"节水节电金点子"、"征集校园爱护花草树木标牌语"等活动。每个学生的合作意识、集体荣誉感就是在这些体验中获得的,从而达到了自我教育的目的。

李克兴介绍说:"与被动的说教相比,这些自我管理活动更贴近孩子的实际,更符合孩子的需要,孩子们会更乐于接受、更积极主动地参与,因此教育效果较好,孩子们的能力和道德水平也就有了明显提高。"

学生郭帼,全国公益小天使,擅长歌曲演唱,曾在"六一"前夕以特邀嘉宾的身份参与录制中央电视台少儿频道《成长在线》栏目《让爱伴随我成长》节目。班主任宋晓倩说:"学校从四至六年级每班挑选了一名代表,组成赴京团队,为我们的小郭帼助威。这次旅行不仅开阔了孩子们的视野,更重要的是使他们得到了一次深刻的爱的教育。"从北京回来后,郭帼在同学、老师和家长的鼓励下,在新乡市新星剧院举办了献爱心个人演唱会。这次演唱会的门票收入和社会捐款当场捐赠给新乡市希望工程办公室,作为救助失学儿童的专项资金。

学生孙悦入选了《今日说法》栏目"说法自护训练营"。她是入围选手中年龄最小的一个,也是河南省唯一的一名选手。面对主考官撒贝宁等人,她机智敏捷地回答出一个接一个的问题,大胆从容地展示自己的才艺……在节目录制中,面对"危险",孙悦以自己的聪明才智自护自救、远离伤害;面对困难,她以自己顽强的毅力不言放弃;在落后时,她更是不怯场、不服输,显示出奋勇拼搏的"小老虎"劲头。最后,孙悦一路过关斩将,击败了9名哥哥、姐姐,成为中央电视台年度"说法小勇士"。

像郭帼、孙悦这样的孩子,育才小学还有很多。这或许可以解释清楚家长们为什么都愿意让孩子在育才小学度过6年的童年生活。因为在这里,孩子们能得到适合的教育,能够养成良好的行为习惯,能够最大程度地发现、发挥自己的特长,从而拥有多彩的童年。

学习力:"个人反思+专业引领+同伴互助"的深度解读

有着近60年文化积淀的育才人深知:"个人反思+专业引领+同伴互助"

是开展校本研究和促进教师专业成长的三种基本力量，他们以此为抓手，扎实开展了一系列的教研活动。

在教学《秋天》一课时，我给孩子们补充了一些有关秋天的诗句，比如"秋色无远近，出门尽寒山"等。这些诗句要求学生能够了解，有个大概印象即可。但是从孩子们的反应来看，他们的理解有困难，教学效果并不好。那么，再次教学时，我会把古诗换成现代文。

这是记者从周晓丹老师的教学反思中看到的一段文字。育才小学要求教师每课要写教学随笔，每周作一次教学反思。每学期提供一个典型个案（片段或实录）、上一节研究课、确定一个研究的问题等，将反思的起点定位为自我实践中的"问题"，尤其是与课堂内的事件紧密相关的"问题"，包括课堂的行为选择、方法选择、多方互动策略选择等内容，使教师带着问题搞教研。

教务处主任尚小勇介绍："通过建立教师自我反思的教学制度，即通过教师撰写教学论文、课后小结、实践反思、教育叙事等多种形式，我们能够及时记录教师实施新课程的心路历程，记录教育教学的成败、启示和感悟，使教学反思逐渐成为教师的自觉行为，成为促进教师自我成长和专业发展的内驱力。"

学习教育专家的理论报告，观摩名师的课堂教学实录，举办专家报告，进行跟踪指导和个案研究等，这种专业引领的机制为教师走进学术前沿，寻觅新思路、新知识、新技术，提供了强有力的支持。"我们以开放的心态积极主动争取来自各方面的专业引领，就是希望教师们能够逐渐形成自己的教育特色、教学风格，成为学科带头人，成为本土学科教研的专业引领者。"副校长贾荣芳这样说。

针对低年级孩子上课思想不集中的情况，周晓丹在"集体教研日"发言说："我把字词教学变成很多小游戏引入课堂，比如'鼻子、鼻子，眼睛'等。我还改编了一些游戏，比如把'开火车'换成'下跳棋'、'弹钢琴'等名称。变换一下形式，低年级孩子的注意力很容易集中起来。"教师们以教研组为单位总结、交流、反思阶段教学情况，思考、研讨下阶段工作，开展教学反思与交流、案例分析、问题会诊、专题研讨等，他们在观念的碰撞与交流中达成新的共识，在实践摸索中找到解决问题的途径。

学校积极开展"师带徒"活动，通过教学互助，防止教师各自为战和孤立无助的现象发生。青年教师田华上课很有激情，但学生却不买账。尚小勇告诫她说："语文课一定要了解学生，激发学生的兴趣，不能盲目。"于是，在接下来的教学中，田华努力尝试着，体验着"趣"的魅力。在上口语交际课《说说广告》时，田华将《幸运52》和《绝对挑战》引入课堂，她摇身一变成了"田总",在课堂上举办一个招聘会,只要"会听"、"会说"、"有新意"的学生均会被"公司"录取,并当场颁发"小小广告人"的聘书。学生们不像在上课,更像是在参加一个娱乐节目。为了夺取桂冠,每个孩子都在踊跃表现自己,在比拼中不断超越自己,个个兴趣盎然。学生的学习"化苦为乐",教师的教学也"变累为享"。

这种注重教师个人的自我反思、专业研究人员的专业引领和教师集体的同伴互助三种力量有机整合的方式,使得学校拥有源源不断的教科研动力。

(原载2009年1月24日《教育时报》,作者:梁金蓝)

一项救治"德育无力"的实验

"新三好教育"是陕县第二实验小学的名片。

新三好教育的具体内容是：在学校做文明礼仪好学生，在家庭做善良孝顺好孩子，在社会做诚实守信好公民。

天天孝亲的德育转身

三好并重，一好侧重，交叉推进，滚动发展，是陕县第二实验小学新三好教育的实施方略。

自 2005 年以来，该校的新三好教育活动在整体推进的基础上，每学期突出一个主题：2005—2006 学年上学期为在家庭"做善良孝顺好孩子"，下学期为在学校"做文明礼仪好学生"；2006—2007 学年上学期为在社会"做诚实守信好公民"，下学期为在家庭"做善良孝顺好孩子"；2007—2008 学年上学期又转为在学校"做文明礼仪好学生"，以此类推。

张焕兴校长认为，采取这样分期推进、滚动发展的教育措施既避免了顾此失彼，又能有条不紊，及时调控。

为取得教育实效，陕县第二实验小学将新三好教育内容条例化、细微化，具体量化为"善良孝顺好孩子十做到"、"文明礼仪好学生十做到"、"诚实守信好公民十做到"，使之成为学生的行动指南。比如，"善良孝顺好孩子十做到"的内容就是每天给父母长辈倒一杯水，每天给父母长辈捶一次背，每周给父母长辈剪一次指甲等，要求具体，便于操作。

在"做善良孝顺好孩子"主题教育活动中，陕县第二实验小学以班为单位在全体学生中开展孝敬小明星申报、竞选活动。学生可根据实际，自愿在班级申报孝敬小明星。

在申报的基础上,学校组织开展了善良孝顺好孩子系列教育评选活动。学校为每位学生印发善良孝顺好孩子评选表,学生按要求去做的,家长奖励红星。学生所得红星的多少是评选善良孝顺好孩子和孝敬小明星的重要指标。

为达到家校互动、共建的目的,陕县第二实验小学每学期都要举办家长报告会,由家长介绍孩子的行为变化及对家人和邻居所产生的积极影响。

据介绍,学期末,各班通过竞选在申报小明星的学生中产生"新三好教育十大标兵",并评选出一定数量的养成教育小明星,以激励更多同学进步。在班级推荐的基础上,评选出全校"十大新三好教育标兵"。

"当我给妈妈剪指甲的时候,看到妈妈粗糙的手,我感受到了妈妈的辛苦;当我给爸爸洗衣服的时候,发现爸爸的衣服已经有了小破洞,我感受到了爸爸的节约。父母的辛苦、节约已经化做我学习的动力,我一定会尽全力来孝敬父母。"杨子晨的感受是学生们孝亲体验的一个缩影。

陈佑珺同学的妈妈李瑞丽说:"自从学校开展新三好教育后,女儿积极响应,自己要求遵照表格上内容执行并请我们监督,不能包庇。我和她爸看在眼里,喜在心头,孩子一下子变得懂事了。半年来,陈佑珺不仅在倒水、夹菜、端饭等简单的事情上养成了好习惯,而且还学会了洗衣服、炒鸡蛋。孩子独立生活的能力增强了,对长辈的关注意识也提高了。"

在陕县第二实验小学,除了申报、竞选孝敬小明星外,还有申报、竞选环保小明星和礼仪小明星活动,其开展方式与孝敬小明星活动相似。

人人自治的机制创新

自治是陕县第二实验小学的管理特色。从 2006 年 3 月开始,陕县第二实验小学推行文明礼仪特色班级授牌制。第一步由班主任根据学生的共同心愿,确定特色班的名称,如善良孝顺班、团结和谐班、诚实守信班、清洁高雅班、彬彬有礼班,等等,确定特色班的自治宣言,确立创建标准及达标措施;第二步由政教处、大队部根据班队学生的日常行为和班队的成果汇报展示确定是否授牌;第三步根据班队的成果稳定情况进行复验。目前学校共有 27 个班被命名为文明礼仪特色班级。

文明礼仪特色班须每日四诵自治宣言,即在每天上午、下午第一节课前的教室里,以及上午、下午放学的路队里,通过自治宣言展示出各班独特的自治思想和自治文化。每日四次的自治宣言诵读大大激发了学生们的自律意识和集体意识，形成了一人掉队全班帮、一人违纪集体耻的自治教育局面。

在自治教育中，校队、班队、组队三级督导队形成了三级三层的管理网络，成了实施文明礼仪教育的有效载体。督导队成员主要由各级学生干部组成，他们督导的对象不仅包括学校领导、教师，还包括同学、家长；他们督导的范围从教室到校园，从家庭到社区。

"自治教育的目的是把教育权返还给学生，让学生不仅仅是受教育者，更重要的是教育者，在自治教育过程中变被动为主动，逐步完成由客体还原主体的角色归位，成为自治教育的决策者、管理者和践行者。"政教处主任张爱萍说，"自治管理为学生和班主任的成长搭建了平台，还使各班形成了人人有事做、事事有人做、人人有事管、时时有人管的良好教育局面。"

陕县第二实验小学特别重视仪式，因为在张焕兴校长看来，仪式是文化观念的行为展演，在文明礼仪教育中有着不可替代的作用。

文明礼仪宣誓、升旗仪式和放学路队，被称为陕县第二实验小学文明礼仪教育的三大亮点。

"文明礼仪，灿烂人生的第一次启蒙；文明礼仪，健康成长的第一门课程；文明礼仪，走向成功的第一张签证……"这是该校的礼仪宣言，全校性集会时，全体师生集体文明礼仪宣誓是一道亮丽的风景线。

升旗仪式时，全校1500多名师生人与人间距一米，队列标准横平竖直，斜排成线；台下队旗猎猎飘舞，台上督导队员庄严肃立；升旗手面向朝阳，行标准队礼，正步前进；全校师生同唱国歌；国旗下讲话围绕每个学期的教育主题，以班队新闻发布和主题演讲的形式进行……气势恢弘、运作标准、教育多效，是学校升旗仪式的要求。

校园内宣言阵阵、排山倒海，校园外"三条长龙"歌声如潮、此起彼伏，是对放学路队的经典描述。护送老师是学生们安全的保护神，安全、纪律督导队员是校规校纪的忠诚卫士。放学路队践行了安全第一的教育管理理念，也用无私的关爱兑现着学校"您选择了我，我就选择了您"的郑重承诺。

社区文明的策源地

"07:00吃饭，08:00清除隔壁楼道垃圾，12:00午饭后复习功课，15:00去幼儿园整理儿童寝室，16:20去敬老院打扫卫生，17:30回家。"这是马婵同学的一张周日作息表上的内容。她是一个在社区人人称赞的孩子。

双休日以学生小队为单位进行公益活动,打扫社区居民楼道、照顾孤寡老人等,是陕县第二实验小学新三好教育的一个常规项目,也是新三好教育向社会辐射延伸的又一途径。

在此基础上,陕县第二实验小学还在学校附近开辟了三条红领巾文明路,学生平日以护路为主,周五以班级为单位进行彻底清洁……

新三好教育使陕县第二实验小学的学生逐步完成了从"小皇帝"、"小公主"、"小霸王"到善良孝顺好孩子的心理转变和情感归位,使更多的伤情家庭变成了和谐家庭。孩子的孝行引起了家庭强烈的情感震荡,辐射到家长群体的心灵深处,并产生了隔代教育效应。

学校对全体家长的问卷调查显示,在孝亲教育的10项要求中,10%的学生能做到10项,50%的学生能做到7~8项,40%的学生能做到3~4项,活动效果良好,家长反应强烈。

一位家长在给学校的感谢信中写道:"学校开展的孝亲教育活动,比空头说教的效果好一万倍。孩子为家长倒一杯水、端一碗饭、夹一口菜,似乎是一些微不足道的小事,而实际上,孩子知道孝敬父母,比多考几分更令人感动。"许多家长由孩子的孝行反思自己的孝行:"孩子的孝顺令我惭愧内疚,我对年迈的父母还不如孩子孝顺……"

"新三好教育架起了学校、家庭、社会之间的桥梁,增强了孩子们的责任意识、合作意识和环保意识。当他们的行为受到邻里和行人的赞誉时,他们又将好公民的自觉行动辐射到其他生活空间。"张焕兴在为新三好教育欣喜的同时,也对德育转型充满了忧虑,"我看到一则学雷锋活动的漫画:一个小学生伸出脚,说'奶奶快帮我穿鞋,我们今天学雷锋'。我想这是现实教育的苍白写照。所以,德育单纯靠学校教育是很难的,必须要转型。"

(原载2009年3月7日《教育时报》,作者:王占伟)

传统教育的使命与再出发

2008年9月,一位家长将自己的孩子从一所优质公办中学转到了河南少年先锋学校(以下简称"先锋学校")。孩子在公办学校已经学习了一年,成绩一直名列前茅,但这位家长发现孩子并不快乐,按照孩子的话说,"因为学习上的不正当竞争,同学们之间很难真诚相处,这让我很痛苦"。如今,孩子来到这所民办学校刚一个学期就有了很大变化,并感到很开心。让孩子感触最深的是,同学们之间没有太多的攀比与竞争,相反在学习上都互帮互助,学校的环境很容易让人平静下来专心学习,学习很轻松,没有太大的学习压力。"几年前,我就开始关注这所学校了,学校的教育理念和方式与很多学校明显不同,学生们表现得很儒雅。"学生家长说。

与社会上很多学校的学生相比,先锋学校的学生似乎很单纯,家长们担心孩子们将来走上社会后会不会受到欺骗与伤害,但面对孩子健康成长的心态、品质与成绩的进步,家长们这样的担忧渐渐消除了,与先锋人一样,他们也坚信:自己的孩子在未来的发展中会走得更远。

传统教育需要被再发现

在河南省会郑州,先锋学校的诞生和发展具有标志意义。11年前,与她同时期出现的贵族学校有10余所。11年后,经过重新洗牌的郑州民办基础教育,已经没有了往日的繁荣,众多民办学校受教育储备金制度的冲击纷纷被迫出局,唯独先锋学校一步步滚动发展,日益壮大。

有人说,先锋学校的成功得益于一批有志于教育事业的求道者,得益于他们对教育理想和教育现实的求证。当记者与先锋学校督教任晓林进行了多次促膝长谈后,其何以成功的答案越来越清晰了。

作为先锋学校的创办人,任晓林痛斥现代教育的失道现象。他认为,中国的教育多年来形成了以应试教育为主导的学校教育体系,这种教育从教学的角度很好地解决了知识性的传授与学习问题,但学生在道德品质方面存在缺憾。与此同时,当下偏重知识学习的教育让学校越来越封闭,教育功能也相对单一,教育开始变得功利与短视。

"当人们照本宣科,借用同样的方法,按照同一目标培养孩子时,所谓的教育便是扼杀天才。"在《先锋宣言》里,任晓林写道,"教人先教己,没有有问题的学生,只有有问题的教育。"

在对教育的认识上,先锋人达成了高度共识:教育不是贩卖知识,而是一种人格教育,是一种对心灵的"终极关怀",而现有的课程体系、教育理念与方法,解决不了当下的教育困境,教育在当下需要被再发现,需要从传统文化与现代教育的结合中寻找出口。

早在办学之初,先锋学校就曾在学生家长中广为宣传这样一项科学研究成果:儿童的后天智力和性格在0岁~3岁完成60%,3岁~6岁完成80%,到13岁左右,大脑发育及性格内化敏感期就结束了。经典诵读这种简易的教学方式可以融文化认知、道德品质养成、思想精神发育、全脑智慧开发为一体,提升学生的综合学习力。先锋人不仅将诵读视为一种学习方式,更视为一种教育方式。他们认为,13岁前集中大量的中西经典诵读,并配合以中国传统的体智修炼,可以有效促进大脑神经元之间的快速链接,形成全脑发育网络。

"经典诵读教育模式就是把复杂的教育简单化。"任晓林在与业界人士交流时常常强调这一观点。这种教育的直接结果可以让学生轻易突破现代的应试教育。与此同时,经典的思想积淀和心性教育又可以促进生命智慧的生发和性格的完善,共同促进综合素质和学习力的提升,从根本上解决孩子青春期初、高中阶段表现出来的厌学、学困、网瘾、逆反等不良行为。

先锋学校将这样的教育培养方式定义为"大才教育"。大才教育体系强调学校教育、家庭教育、社会教育的综合作用,教师和父母不再是单纯的知识传授者和道德说教者的角色,而是一个精神上的传道者、道德上的力行者、行为上的演示者、素质上的表率者。这样教育的根基才会更牢,同时反过来也会促进家庭、社会的和谐与进步。

为孩子提供适合发展的课程

先锋学校自成立之日起便在业界创造了众多第一：全国首家把中西圣贤经典诵读纳入学校常规课程；引入世界最前沿的丹麦课堂机器人项目，并将此定为全体学生的选修课程；将欧洲心理和潜能评估开发理念、软件引入学校，并以学生"心理、潜能测评"基础作为因材施教的依据；将奥尔夫音乐教育体系搬入课堂；采纳中国传统身心同修的科学观念，将少林武术、太极、瑜伽等纳入体育普修课程；成立国内第一家"国学启蒙馆"；引入前沿"优因数学"课程，并拥有数项独立开发带有知识产权性质的课程体系和教学模式……

从幼儿园到初中，先锋学校的学生，每天都有 40 分钟到 1 个小时不等的中、英文诵读时间，中国传统经典如《大学》《论语》《弟子规》等，西方经典如莎士比亚作品、《伊索寓言》等分别进入各年级常规课堂。这样的系统诵读，可以使 4 岁~6 岁的儿童，两年里诵读和记忆中国经典 2 万字以上，英语经典 8000 个单词以上。

每天 1 节英语课，每周 1 次课间疯狂英语活动，每周 2 小时英语俱乐部活动，先锋学校轻松和谐的美式课堂深受学生欢迎。正是这些独具特色的英语课使先锋学校的英语普及程度远远超过 2010 年全国小学英语普及标准。

在处理常规教材的学习与诵读的关系上，先锋学校已经探索出了一套有效的方法。先锋学校的语文和英语两门学科，每学期只利用 1/3 的课时来学习常规教材，剩下 2/3 的时间用来进行经典诵读。这样的时间安排丝毫没有影响学生的考试成绩。

由先锋学校自编的教材，字号要比常用的教材字号大很多倍，这样既便于阅读，也更有利于保护孩子的视力。从最初使用社会通行读本发展到诵读自己编注的读本，先锋学校经历了漫长的实验过程。

先锋学校的数学教学引进了容纳中西数学优秀数理基因的"优因数学"，以易驭难，使现行的数学教育提前 3 年~4 年。

2003 年，先锋学校把奥尔夫音乐教育体系搬入课堂，当时这在河南省尚属首例。这一体系选择游戏作为授课的主要手段，将知识与训练编设在游戏中，能使学生视野开阔，学习兴趣倍增。

先锋学校的学生人手一份《知行合一手册》，它要求每个学生都要明白"修身齐家治国平天下"的道理。每班以导师为主、专职教育助理协助，培养孩子从自己身边事做起，从小处着手，学会感恩师长、诚实守信、踏实做学问的做人之道。

先锋教育的校外延伸

2007年7月9日，先锋学校30名8岁～14岁的孩子从郑州出发，历经10天，徒步300公里到达老子故里——周口市鹿邑县。这是先锋学校组织的暑期"小脚行天下"活动。

谈起活动策划的初衷，任晓林说，十几年前，由中日儿童共同参加的一个夏令营引发了关于"中日儿童的较量"的讨论，结论是中国孩子不是日本孩子的对手，尤其是在自理、毅力、环保等素养方面差别很大。

这件事对任晓林的触动很大："我们的孩子，我们的民族文化的软实力是什么？它有没有根基？我们的祖先和先哲是否已经给我们点亮了一盏灯？"在任晓林看来，中国孩子最大的敌人和对手不是日本孩子也不是美国孩子，而是自己。"小脚行天下"活动，让孩子们住帐篷，自己做饭，锻炼了坚强的意志和独立生活的能力。而参观沿途的名胜古迹，了解中原历史文化，则让孩子们的爱国热情得以激发。

10天300公里的文化苦旅，让孩子们感悟到了很多。13岁的韩莎莎在日记中写道：

这是一次历练心灵的文化苦旅。7月10日：到达开封，我们连吃奶的劲儿都用完了，到饭店看着一桌丰盛的饭菜，我直流口水，迫不及待地吃了起来。7月14日：……雨越下越大，我的鞋和裤子全湿了，整个身体都潮潮的，特难受，这是我第一次顶着风、冒着雨，在望不到尽头的马路上疯一般狂走。这就是人生，不能退缩，要勇往直前……

先锋学校每年暑期的主题夏令营，都以全新的教育视角和独特的教育行为演绎素质教育的标志性探索，体现了先锋学校把教育融入社会的广度认知。像"小脚行天下"这样的活动在先锋学校有很多。如"挑战极限"、"少儿原始森林探险"、"少儿网络生存训练"，通过这一系列生存教育活动，让层层保护下的孩子独立面对困难，学会生存、学会求知、学会相处；"当一天报童，送母亲一个惊喜"活动，让孩子懂得感恩，懂得回报；"怀念私塾，走近圣贤"活动，向社会倡导经典教育；"牵手少林，传承民族元典文化"，弘扬中国传统武术，把体、智修炼融合为一；"点击农村"、"走进太行"等活动，让城乡孩子互助互动，丰富生活体验，感受自然界的雄浑、博大，增强学生的环保意识。这些活动已成为先锋学校独特的文化现象。

任晓林说:"现代家长给孩子更多物质关怀的同时,不自觉地使孩子的很多能力退化了,而教育不能成为隔绝学生与社会的围墙。先锋学校的孩子不仅能在课堂上获得知识、能力,更有机会参与专家综合设计的、模拟未来社会及生活的各种教育实践活动,真正提高学生的素养。"这正是先锋学校举办一系列素质教育活动的初衷。

先锋学校的第二课堂项目有50多种,涵盖了美术、舞蹈、体育、音乐、科普等。每学期每个学生可以报两项专长课,每周参加两次专长培训。这是很多学校所做不到的。

先锋还在路上

也许有人会提出质疑,先锋学校开发了这么多的学习和活动内容,会不会加重学生的负担?会不会影响学生的学习成绩?这种教育实践能否与社会学校的"应试"充分对接?对于"减负"问题,先锋学校有自己的加减法则。先锋人认为,作业负担确实要减下来,但关键是课堂效率要提高。

办学10余年来,先锋学校的教学成绩受到了教育行政部门和社会的一致认可。一项统计数字显示,每年先锋学校有60%的学生能升入省、市示范性高中。

先锋学校的教育实践不仅促进了学生的发展,对家长的影响也很大。有一批铁杆家长是先锋学校教育理念的追随者。副校长侯超说,全校有1/3的家长与学生一起同步参与经典诵读。

先锋学校的教师团队没有停留在专业技能成长层面,更重要的是心灵的成长。在先锋学校的教师培训会上,督教任晓林常常会告诫全体教师要反思这样的问题:新的一年里,你是否已经走进了孩子的心灵,触摸到了隐藏在孩子心底里最柔软的部分?你和你的孩子共同经营着怎样的课堂,又有何种精彩的生成?在课堂上,你和孩子以何种方式进行着心灵的接触和灵魂的对话?你是否已经成为影响你学生的重要的人?你是否用自己的行为捍卫了生命的尊严,保卫了孩子的童年,保护了孩子的好奇心和求知欲?你是否更加关注了孩子的生存状态和情绪体验?

先锋学校为每一位教师的成长提供足够的空间。无论是"五一"、"十一"假日或是暑假,学习都是老师们最主要的"休闲"生活。在先锋学校工作6

年以上的教师，均可申请3~6个月甚至1年的封闭式学习，或叫学术休假。任晓林认为，这种时间相对集中的学习方式更有利于教师的专业成长。

在先锋学校已经工作了10年的白雪，刚刚结束自己半年的学术休假。谈到学校、谈到督教，她心怀感激。如今已成长为学校学术骨干的她正在对传统文化进行系统研究，为先锋学校的再出发积蓄智慧。

先锋人关注国内国际教改经验和教育理论的发展趋势，关注教育学及其相关科学的发展动态，始终站在学术发展的前沿。2004年，先锋学校设立了先锋教育学术中心，这一机构的设立营造了浓厚的学术研究氛围。

10余年来，先锋学校不仅收获了学生的成长、家长的认同和社会的认可，更推进了先锋人办学理想的实现。先锋学校先后成立了"国学馆"和"中和书院"，进一步面向社会推广"国学"。2006年，开始了以中原炎黄文化为核心的教育研究机构——黄帝文化研究院——的筹备工作。同年6月，与刚刚恢复的郑州文庙达成协议，建立先锋学校郑州文庙国学教育基地，在全国率先恢复2000多年来"前庙后学"的传统教育模式。2007年9月，首届中国传统文化教育师资班在文庙开办，面向全国招收有志于中国传统文化承传的初、高中毕业生，为社会培养传统文化教育师资。2008年8月，师资班搬迁至郑州黄河游览区桃花峪三皇文化苑，成立大同文化师资修学中心。

"先锋还在路上。"已经积累了11年办学文化的先锋人常用这句话警醒自己。而在先锋建校10周年时督教任晓林提出的"先锋十年，高度为零，重新开始"，让我们又一次领略了"先锋"重新出发的理想与价值。

记者手记：

跟踪了解先锋学校3年有余，但始终不敢轻易动笔，总担心自己有限的视角和拙劣的文字无法准确记录或描述其改革轨迹。因为，先锋学校的教育创新实践让我们对传统文化的现实价值有了新的认识，给了我们重新审视已经推行了8年的新课程改革的勇气。

先锋学校的教育创新实践，改写了应试教育下学校教育的行走方式

当众多学校的学生家长还在校外寻找特长教育时，先锋学校已经引入了50余项特长培训；当减负行动使学生负担越减越重时，先锋学校早已开始通过开发学生的学习力，激发学生的学习兴趣与动力来提高学习效率，从根本上破解"减负"难题。

在花样翻新的教改现象中，先锋人始终保持清醒的认识和独立思考的姿态，从不跟风，从不盲目崇拜，对教育现象、教育规律都有自己的解读。这样的精神难能可贵。

督教任晓林是一位孜孜不倦的教育创新者和探索者。他将自己定位于新儒学实践者，他从国内外的文化遗产中，觅得了从国学经典诵读到西方经典诵读再到"优因数学"、音乐、健身等第一手资料，并进行了新的解读，为先锋大才教育体系的构建奠定了理论基础。

先锋教育的主要特征是，从课程设计到校园文化、班级文化、校外教育，逐渐营造了一种适宜学生发展的教育生态系统，培养了学生阳光、向善、自信、智慧的特质，这是学生未来走向成功的精神之本。

先锋学校的教育创新实践，给了我们再认识中国文化和现代教育的启示

创新，总是显得有些另类和特立独行。但如果仅仅是为制造"卖点"、吸引人眼球的话，这样的教育创新是走不远的。先锋学校的教育创新曾引起媒体争相报道，其中不乏冷嘲热讽，甚至掀起了是先锋还是复古的讨论。但是，今天看来，先锋学校的种种创新举措所带来的深刻启示，在经过时间的沉淀后显得更加明晰。11年来，这么多学生家长将自己的孩子托付给先锋学校，相信不是一个草率的选择。

先锋学校的教育创新实践，已不仅仅是学校特色建设的努力，更是一种为中国基础教育革新作出探索的责任担当。这种创新为我们提供了一种有价值的学校教育改革样本，让我们在教育改革的迷失中，看到了多元教改的行走方式，看到了教育走出同质化竞争困境的希望。

在我们改革传统教育方式、重建教育秩序的同时，也许我们该回过头来，从传统经典文化中寻找出口，对传统教育进行新的解读。我们期待在未来教育改革框架中，为传统文化与体制内教育完美融合提供制度空间。

先锋学校的教育创新实践，让人们重新认识了民办教育存在的价值

先锋学校是一所民办学校。她一方面在努力应对着政策变化的冲击；另一方面在鼎力革新，寻求教育理想的达成和学校的可持续发展。先锋学校的教育实践证明了民办教育存在的价值——民办教育不只是政府公共财政投入不足和教育资源不够的"拾遗补缺"，更应该是可提供多元选择的优质教育的一种形态。

  我一直期待在民办教育群体中出现这样一所学校：学校硬件高端，理念新颖。办学者注重公益价值，多一点理想主义，少一些功利色彩；多一点文化气息，少一点匠人之累。这应该是一种理想的民办教育形态，我想先锋学校应该符合这样的标准。先锋学校有一个秉承教育理想和朴素教育情怀的领军人物，有一支有思想的教师团队，他们在执著地践行着自己的教育理想。先锋人视教育为自己的一种生活方式，努力追寻一种幸福完整的教育生活。我坚信，在对中国传统教育的再寻找过程中，任晓林和他的先锋学校不会是独行者。

    （原载 2009 年 3 月 14 日《教育时报》，作者：褚清源）

初中教改的转型突破之路

转型意味着变革,变革意味着发展。单纯靠拼时间换分数,已经是一条没有前途的危险之路。在教育转型的大背景下,这些学校成为这一转型的见证者和参与者。正是他们的探索与实践,使学校发展的理念创新和管理创新以及文化创新成为可能。

为学生的一生奠基

一所创办不到 7 年的民办学校,在"两免一补"政策尚未完全惠及的时候,在众多民办学校面临生源危机的时候,2008 年计划招生 480 名,报名者接近 3000 人。

一所没有一名本科学历教师的农村中学,连续 6 年获得全县的中招冠军。全县初中 69 所,2007 年仅此校进入县一中和实验高中的学生比例就占全县的 1/5。

"入口"人气如此高涨,"出口"形势如此喜人,让我们不由得去关注、去探究其间的"过程"。

记者的关注从一本评价手册开始。

一堂生动的评价课

2007 年 6 月 15 日下午 2 点 30 分。新乡市原阳县南街中学九年级 3 班教室。

上课铃声一落,全班学生每人拿出一本粉红色封面的册子——《南街中学学生综合素质评价手册》。

班长黄晓站到了讲台上:"请翻到第 2 页,大家齐声朗读《南街中学学生日常行为规范》(以下简称《行为规范》)。"整齐的声音响起:"一、自尊自爱,注重仪表……"

"下面我们来检查上次评价中的第 33 条至第 40 条,家长是否填写,手册上有没有家长的签名。"看到每位同学都很好地完成了作业,黄晓说:"接下来我们逐条对照《行为规范》标准,反思自己近两周的行为,然后进行自我评价。自评之后请同学们谈谈自己感受最深的地方。"

10 分钟后，学生们全部完成自我评价。

张俊源第一个举手要求发言："《行为规范》第 17 条中的'勇于发表见解'我做得不够好，我最近发言不太积极，所以给自己打了个 B。"

王文秀发言："第 20 条中的'认真值日'我执行得不好，上周值日，本组打扫卫生不认真，这一条自评为 B，以后要改正。"

王修杰说："我本周有一次把没吃完的饭菜倒了，违反了第 23 条中的'爱惜粮食'，所以本条自我评价为 C。"

卢银希说："第 11 条中规定'要讲普通话'，自己最近没有坚持说普通话，自评也为 B。"

……

自评结束，进入第二个环节——互评。学生们纷纷离开座位，和自己最信任、认为最能发现自己缺点的同学互相交换评价手册。

互评完毕，全班学生 4 人为一小组，讨论交流彼此的评价是否公正，此为第三环节。一直坐在旁边静静观察的班主任祝兴玲，此时也参加到了小组讨论中。

记者旁听了王万举这个小组的交流。《行为规范》第 24 条要求："生活有规律，按时作息，珍惜时间，合理安排课余生活。坚持锻炼身体。"王万举认为自己都做到了，所以自评为最高等级——A，但互评的同学认为他不吃早餐，是生活没有规律的表现，因此给他打了个 B。王万举不服："我一直都不吃早餐，已经成为一种生活规律了！"听了他的狡辩，几位同学哈哈大笑。王万举的脸红了。记者悄悄问王万举："认可同学对你的评价吗？"他点点头。

接下来进入第四个环节：班长分别请互评时为对方打 B 或 C 的同学起立发言，说明原因。每位同学说明后，班长随即问被评价的同学"你对这个评价认可吗"或"以后准备怎么做"。被评价者都真诚地表示要改掉缺点。有几位同学得了全 A，大家报以热烈的掌声。

第五个环节：自由发言，谈谈执行评价手册给自己带来的变化。学生们争着发言——

"我以前常故意制造垃圾、乱踩草坪，现在懂得爱护环境了，也知道主动干家务，主动和父母沟通了。"

"我刚入学时连袜子也不会洗，脏衣服都送校门口的洗衣店，评价时得了 C 之后，感觉很羞愧，就下决心改变自己，现在生活能自理了。"

"评价手册像一位老师，时时刻刻提醒我，什么是对，什么是错，让我懂得了在班里要团结互助，在学校要遵守纪律，在家中要关心长辈，很感谢评价手册……"

这是一本怎样的评价手册？

它的效力真的如此神奇吗？

评价手册中的新理念

记者随手拿起一本《南街中学学生综合素质评价手册》。

第1页的上半部分为学生"个人基本情况"，以及"我的座右铭"和"本学期奋斗目标"等；下半部分为"家庭与学校联系卡"，班主任及各科任课老师的姓名、联系方式都非常清楚。

从第2页起为《行为规范》，内容分5大项共40条。紧随其后的是《南街中学学生综合素质评价办法》——

根据南街中学学生综合素质评价内容的要求，逐条对照每位学生的执行情况，按A、B、C、D进行等级评价，落实规范优秀的学生评A、良好的评B、较好的评C、需努力的评D。

评价分为学生自评、同学互评、老师参与指导和家长评四个步骤，每两周评一次，全学期共评8次。学生在周末把在校的评价结果带回家，让家长具体指导，同时家长也要对学生在家两天的情况进行评价，返校时学生把评价手册交给老师，使家长能经常了解到学生在学校的情况、老师了解学生在家的情况，做到家校联手共同教育。

学校（班主任）每月对学生执行手册情况进行一次综合评价，评语为优秀、良好、合格、需努力4个等级。

学生毕业时，凡综合素质评价不合格的学生，不发毕业证，只发义务教育证。

翻到后面，评价表的每一栏里都填满了字迹稚嫩的A或B，偶尔也可以看到C的影子。

这样一本评价手册是如何诞生的？南街中学校长牛永枝、业务副校长郑文祥介绍说，经过多年的教学实践，他们发现，对于一名学生来说，成长比分数更重要；对于一所学校来说，教育比教学更重要。教育做好了，学生真正成长了，就会主动发展，爆发出惊人的能量，整体精神面貌发生巨大的变化，学习成绩的提高也是水到渠成。因此，南街中学创办不久，便提出了"以德为首，育人为本"的教育理念，并通过入校军训、德育讲座、"日学一语、日行一善"等活动，把学生的思想品德教育放在了整个学校工作的首位。一系列的德育活动产生了良好的结果，但他们并不满足，始终在探寻着更加有效的教育方法。

教研员出身的郑文祥常常思考：学校采取何种措施才能将国家制定的《中学生日常行为规范》落到实处？怎样才算是实施真正的素质教育？如何在课堂之外挖掘教育的潜能？什么样的学校教育才可以让学生受益终生？……

《中学生日常行为规范》启发了他，这其中几乎包含着对学生进行素质教育的全部内容啊！可不少学校还只是将它停留在口头或纸面上。如何把它落实在具体的学校工作中？本着因地制宜的原则，南街中学的管理者制定了《行为规范》。其中充分考虑了本校学生、师资、环境、设施等方面的具体情况，更加贴近学生和学校的实际，比如在"讲究卫生"的条款里，增加了"主动捡校内、室内垃圾"的内容；比如在"遵守宿舍制度"一条中，增加了"寝室达到文明、守纪、整洁'三星'"的要求。

特别需要指出的是，南街中学将新乡市教育局要求的学期末评价一次调整为两周评价一次，从而将终结性评价变成动态性评价，"变中评，评中变，最终使A越来越多，C、D越来越少"。

同时，南街中学规定每周三下午第三、第四节课，单周为总结课，双周为评价课，从而为评价手册的执行和落实提供了时间上的有力保证。

记者饶有兴趣地问：有没有学生因为综合素质评价不合格而拿不到毕业证？郑文祥说：目前还没有。其实那也不很重要，重要的是这样一种教育的方法和过程。像我们这样每周、每月、每学期都要评价，三年坚持评下来，谁要想不合格也不容易啊！

从南街中学的评价手册以及评价课中不难发现，南街中学正努力将评价的方向从甄别和选拔转向激励、反馈与矫正，将评价的内容从单一注重学业成绩转向注重多方面的发展，将评价主体从学校和教师的单一主体转向由学生、教师、家长等构成的多元主体，将评价的角度从终结性转向过程性、发展性。这样的综合素质评价更加关注学生的个体差异，更多地关注学生的现状、潜力和发展趋势。这其中渗透的不正是新课程的理念吗？

评价手册带来了什么

A. 教师：评价手册让班主任不累了

祝兴玲（九年级3班班主任）：到这个期末，我已做了11年的班主任，前

10年的班主任经历给我的感觉只有两个字——"很累",这也是众多的班主任同行的共同感受。调到南街中学任班主任的这一年多时间,我感觉比以前轻松多了。因为教育理念变了,教学方式也变了,最重要的是班主任工作"有法可依"了,这个"法"就是《南街中学学生综合素质评价手册》。

执行评价手册后,在近一年的时间内,我们九年级3班没有出现一例打架斗殴、抽烟喝酒、翻墙上网等较大的违纪现象。说实在的,和学生一样,我们这些班主任也是评价手册的直接受益者。

曹亚娟(七年级3班政治教师):现在很多学校都采用"校信通"来与家长联系,我认为有两个弊端:一是只有移动用户能使用;二是家长每个月得缴3元短信费,有些家长对此有意见。评价手册就是我们南街中学的"校信通"——一个不用家长花钱就能保持家校联系的便捷、实用的方式。

B. 学生:评价手册让我们长大了

潘雪琴(八年级4班学生):我是一名插班生。刚来时老师给我们发了一本薄薄的评价手册,并讲解了它的作用。我听了不以为然,心想:不过是走走形式,谁会真的重视它?由于这种心理,第一次上评价课时,我"光荣"地得了好几个B。但我仍然不把它放在心上。第二次,我的B又增加了,特别刺眼。这下我才认识到,不重视评价手册看来是不行的,否则这三年初中生活可怎么过!

可是,我没耐心,坚持不下去,往往是第一周做得比较好,到第二周就"原形毕露"了。怎么办?为了改掉爱骂人的毛病,我和一个平时也爱骂人的同学约定,互相监督,如果谁触了"高压线",对方要严肃地提醒。这样坚持了几个星期,我们都有了明显的进步,我以前常得B和C的第4条,已经连续得了3次A!

张天苍(八年级4班学生):评价手册第38条要求,体贴、帮助父母长辈,主动承担力所能及的家务劳动。以前这方面我做得不够。为了这一条能得A,那天,我第一次为父亲洗脚,看到他打工时脚底留下的一条很深的伤疤,我的眼里含满了泪水。和母亲打草绳时,看着母亲粗糙的手,心想母亲为我们受了多少苦啊,而我到现在才意识到……

C. 家长:评价手册改变了孩子的一生

毛绍红(公务员,七年级6班学生周斌鑫的母亲):我和鑫鑫他爸工作一直很忙,鑫鑫上小学时就被送进外地的寄宿学校。由于管理不严,他五年级就学会了抽烟、喝酒,经常打架、逃课上网,成了让人头疼的"问题学生"。回到本地上初中后,转了几所学校,他都不安心上学。

来到南街中学后，鑫鑫每次回家，都带着评价手册，我们可以清楚地了解他在学校的情况。同时，我们认真对照要求，在家做得不好，我们就不给A，看你怕不怕丢人。所有的情况都反映在手册上，评价有理有据，学生信服，我们家长也认可。

鑫鑫来南街中学一年了，他彻底变了，几乎所有的坏毛病都改掉了，学习成绩也提高了不少。可以说评价手册改变了鑫鑫。南街中学的教育是金钱买不来的，它不仅教育好了我的儿子，也让我自己认识到了家庭教育的重要性。原来，我想，孩子这辈子是不会有啥出息了。现在，我对他的未来充满了信心！

让评价手册伴随一生

在九年级3班的黑板上，写着几个有力的大字：评价手册永远伴我行！

在教室的北墙上，记者看到一块精心布置的"园地"——"评价手册执行秀"，里面贴着几个学生的照片，并配有文字说明。走近细看：马梦娇——全面发展的典范，黄晓——老师的好助手，赵超萍——道德文明的标兵，张元——善解人意的孝子，胡文强——自强不息的奋斗者，裴秀丽——优秀寝室长……

祝兴玲老师说，这是他们班的一个创意，每月的最后一堂总结课上，根据评价情况，集体评出当月执行规范在某一方面特别突出的学生，入选"执行秀"。"执行秀"一个月评选一次，只要这一个月执行规范做得好的，就有机会进入"执行秀"。"执行秀"展示时间虽然不算长，但让学生们体验到了被尊重和成功的快乐。

类似的创意，在南街中学还有很多。郑文祥介绍，自2005年秋季开始，评价手册已经执行整整两年了，效果是明显而喜人的。但时间一长，总担心评价陷入千篇一律的模式。于是，学校鼓励各个班级在执行的过程中不断进行创新。有的学生把行为规范编成了诗歌，有的班级则根据评价手册的内容举办晚会……通过不同的形式，让日常行为规范深入学生的心灵、化为实际的行动。记者在采访中随意向几个学生问起：第××条是什么内容？得到的回答无一不是准确而流畅的。记者又问："40条内容不算少，怎么会记得这么清楚？"他们回答："每次评价都要一条一条地对照，不用背也记住了！"

再有几天就要中招考试了，这是南街中学九年级3班学生本学期、同时也是在母校上的最后一次评价课。转眼到了下午4点10分，要下课了。

这时，一位男生站了起来："我们已经离不开评价手册了。我有一个请求：毕业时，能不能再给我们每人发一本，让评价手册在进入高中后继续为我们的进步保驾护航？"

旁听的牛永枝校长有些激动，她大声地说："没问题！送几本都行，让评价手册一直跟着你们！"

学生们纷纷站了起来，掌声热烈、持久。有的学生眼睛湿了。

坐在教室后排的记者也被深深地感染了。相信即便没有评价手册相伴，这些孩子在走出南街中学后，也一样能自觉地遵守行为规范，成为社会需要的栋梁之材。因为在南街中学的学习经历，已经在他们的心灵深处刻下了一本评价手册，为他们未来的健康成长奠定了坚实的基础。

记者确信，这本无形的评价手册，是会伴随他们一生的。

日学一语、日行一善——养成教育从入校开始

不论是在学生的心得随笔、教师的教育叙事中，还是在家长评教调查问卷中，记者看到的，都是对南街中学综合素质评价制度的高度肯定，许多学生热情地把评价手册喻为"良师益友"、"知心爱人"、"启明星"……"进入南街中学后，我发生了翻天覆地的变化"——这是在学生的心得随笔中出现频率最高的一句话。进一步深入探寻，记者发现，促使学生发生这些变化的，除了综合素质评价制度外，还有南街中学一系列着眼于为学生一生的健康发展奠基的德育举措。

入校军训，是南街中学送给七年级新生的见面礼。2000年秋，学校首届招生，学生来自全县，素质参差不齐。如何使学生安心地投入全新的学习生活中？作为刚刚起步的民办学校，怎样才能增强自身的凝聚力？如何给刚入校的新生上好纪律和规范的第一课？经过认真探讨，南街中学的管理者一致同意，让新生的生活从接受军训开始。初中生军训，这在原阳县是第一例。

在探索素质教育的过程中，南街中学把关注的焦点放在了德育上。他们清醒地认识到，一个人在知识上的缺陷，或许会影响他的人生；而在做人方面的缺陷，却可能毁掉他的一生！因而，德育是育人的根本，要提高学生的综合素质，首先要提高他们的道德品质。

开展美德教育，是南街中学行之有效的一种德育举措。根据"由浅入深、由远及近，古今结合"的原则，南街中学建立了由全校语文、政治教师参加

的中华美德教育科研组，定期举办传统美德专题讲座，如"礼貌待人"、"尊老敬贤"、"锲而不舍"、"信义为本"、"精忠报国"等，使学生"知荣辱，明是非，辨善恶"。在此基础上，南街中学还长期坚持开展传统美德主题演讲比赛，每月确定一个主题，每班推选学生代表参加全校比赛，为学生的自我教育营造良好的氛围。

2001年3月，《南街中学开展"日学一语、日行一善"活动的意见》出台，要求全体学生争取每天学一句激励人的名言，做一件力所能及的好事。"日学一语、日行一善"活动开展后，全校学生的道德品质和社会责任感逐渐得到提高，互相谦让、团结互助的风气日益浓厚。更为重要的是，让学生每天坚持做一件哪怕是极小的好事，本身就是对其毅力的一种考验和促进。为使"日学一语、日行一善"活动进一步引向深入，2002年年初，南街中学又发出了"手拉手、心连心"活动倡议，全体学生积极行动，生活上结贫富对子，学习上结优差对子，思想上结交流对子，送温暖和讲奉献成为学校的主流，非课堂教育显现出巨大的潜力。

每年入校的新生中，都有相当一部分学生缺乏自理能力和合作意识。为了让学生真正地"学会认知，学会做事，学会生存，学会共同生活"，把学生培养成为素质全面、个性鲜明、适应社会、适应未来的人才，南街中学从学生宿舍管理入手，通过学校德育办公室、班主任、宿舍管理老师及学生骨干的综合作用，引导学生规范行为，养成习惯，自理自立。

整洁、守纪、文明，如果一个寝室的学生能做到这三条，那么这个寝室将被评为"三星"寝室。有"三星"，自然就有"二星"、"一星"，三条都做不到的是"无星"。这是南街中学独辟蹊径的学生生活管理举措，它不仅使南街中学学生寝室内整洁有序、和谐文明，更大的意义在于，它使学生养成了许多令他们受益终生的好习惯。"能把被子叠成豆腐块的，肯定是南街中学的学生！"原阳县教育局的几位同志到该县第一高中调研时，无意中听到一名学生宿舍管理老师的感慨，"从南街中学升上来的学生，明显和别的新生不一样。他们的生活习惯好，作息有规律，床铺整洁，衣物摆放有序，自理能力普遍比较强……"

不以分数论英雄——特色学生评选琢璞成玉

在南街中学教学楼的墙壁上，分别排列着一些学生的大幅照片，照片下还有他们的事迹和与其对应的简洁的颁奖词，十分醒目。享受此等明星待遇的，可不全是中考状元之类的尖子生，而是南街中学2006年评选出的十大特色学生。

让我们看看这些颁奖词——

花季少女倡导寝室同学捡废品换取生活费，并长期坚持着。一个塑料瓶5分钱，在一次次弯腰的过程中，她体会到了挣钱的不易。常慧欣，勤俭自立的模范！

银玉萌，305寝室长。她让温暖递增，让真诚会聚。她懂得了爱，也在创造着爱，她为南街中学的宿舍楼里带来了令人感动的春天！

奔跑中，不畏严寒；锻炼中，不惧酷暑。为了一个体育梦，她每天坚持锻炼，持之以恒。张佩佩，风一样的女生！

家境不宽裕，父母也要送姐弟二人到南街中学求学。深知父母的艰辛，她课余到学校餐厅卖饭，以减轻家庭的负担。曹玉芳，我们为你喝彩！

……

南街中学十大特色学生的评选，始终坚持师生共评的原则：每班推荐一名学生在全体师生大会上演讲，介绍自己的事迹；学校组织评委当场评出15名左右的候选人，然后将候选人的事迹材料在校内公示数日；最后由全体学生投票，从中评出当年的十大特色学生。

评选十大特色学生，是综合素质评价制度的一种延伸，是对新课程理念的具体实践。它真正关注了学生的个体差异，让每个学生都看到了希望，不同层次的学生都被激发出进步的内在动力，确立了不断进步的信心。特别是对很少有机会体验成功的后进生而言，十大特色学生的评选更是具有非同一般的意义——尽管学习成绩不拔尖，只要肯努力、有特长，就会成为某一方面的楷模，受到大家的肯定和尊重。正像牛永枝校长说的那样："在南街中学，优秀生是宝，后进生也是宝，后进生也能成为榜样！"

那么，在南街中学，后进生是如何由"璞"变成"玉"的？2006年十大特色学生之一杨腾的经历，生动地展示了琢璞成玉的过程。

进入南街中学前，活泼好动的杨腾在原来的学校"劣迹斑斑"：抽烟，三天两头打架，上课时在教室后面打扑克、下棋。最让班主任烦心、家长头痛的是，他上网打游戏成瘾，经常待在网吧彻夜不归……

转入南街中学后，杨腾受到班主任姚照亮老师的格外关注。他积极去发现杨腾身上的闪光点。杨腾喜欢打篮球，发现这一特点后，姚老师及时在全班同学面前肯定了杨腾积极锻炼身体的做法，并赞扬了杨腾的球技，这给了杨腾很大的鼓励。经常上网的杨腾电脑操作很熟练，姚老师就让杨腾帮助一些老师制作课件，发挥了特长的杨腾受到了姚老师和其他老师的表扬，也进一步激发了他努力上进的自信心。姚老师和杨腾的父亲保持着密切联系，一周左右通一次电话，两三周面谈一次，互相交流杨腾在学校和在家里的表现情况，这样既在教育方式上达成了共识，又让家长建立起了对孩子的信心。

种种的努力造就了一个新的杨腾，他的自尊心强了，是非观强了，集体荣誉感强了，再没进过网吧，学习成绩也有了很大进步，还被同学们推选为学生会干部。第二学期开学不久，杨腾对父母说："今后我再也不玩游戏了，以前我太对不起你们了！"杨腾的父亲在给学校的信中说："过去杨腾让我伤透了心，我们父子见面如同仇敌。这话从杨腾口中说出来，我很惊讶，流着泪怔了好长时间。原来想着他能上高中就不错了，现在他自己也希望能上大学。我想，即使他考不上大学，也会成为有用的人，至少是可以成为让社会和家庭都放心的人……"

在南街中学教育工作者的眼里，转化一名后进生胜过培养一名优等生。南街中学的后进生转化工作做到了"六有"：有对象、有计划、有记载、有检查、有考核、有效果。在老师们的后进生转化工作总结中，记者还看到了不少后进生转化方法，如谈话法、关注法、检验法等。最重要的是，老师先有了一颗仁爱、公平的心和允许后进生进步有反复的宽广胸怀。姚老师就经常鼓励杨腾："不要以为一次吸烟，就终身为 B 了；只要你接下来两周能保证不吸烟，那么你的评价手册里就多了一个 A！"

七年级 6 班的周斌鑫和杨腾有着相似的经历。进入南街中学后，班主任陈学付老师专门帮他制订了进步计划，要求他每天写反思日记，记录当天的所作所为，晚自习第一节下课后到陈老师办公室交流思想。做得好的，会得到陈老师的鼓励；做得不足的，会被及时指出。周斌鑫已被陈学付老师作为下一届十大特色学生候选人来培养。像这样一对一的帮助，在南街中学的每个班级里都有。

记者问陈学付："你在周斌鑫的身上倾注了这么多的精力，会不会影响到对其他学生的关注？"陈老师自信地说："那不会，重点培养的都是班里最弱的学生。连周斌鑫都能成为十大特色学生，何况其他学生呢？"

先做父母，再做老师——爱的教育创造奇迹

"先做学生的父母，再做学生的老师"，南街中学宣传栏上的一排大字格

外醒目。在这个硬件设施极为普通的中学校园里，是爱的教育，创造着一个又一个奇迹。让我们来看看两位普通老师的故事吧——

2007年上学期开学后不久，焦兰兰老师班里的插班生小韩把同学的手机弄丢了。为了还账，他偷了另一个同学价值2000多元的手机，跳墙跑出学校，把卡扔掉了，手机以500元钱卖给一个手机店。得知情况后，焦老师非常吃惊。但她很快镇定下来，问清手机卡是被扔在学校围墙西边的小路上之后，就带上小韩和丢手机的学生，在那条小路上找了几趟，终于从草丛中找到了手机卡。然后，她拦了一辆出租车，直奔那家手机店："老板，我是他妈妈。孩子不懂事，请您一定要谅解……"看着焦兰兰焦急的神情，老板同意退还手机。可是，卖手机的钱，小韩已花了一些。焦老师就自己掏腰包，补足了款，赎回了手机。

小韩的父母闻讯赶到学校，见到小韩就打，并对焦老师说："这个孩子我们不要了，学校想怎么处理都行！"在这样的情况下，焦老师想：有时家长可以不负责任，但学校和老师不能这样，不然这个孩子就毁了。她既没把小韩逐出校门，也没有放弃对小韩的教育，而是用一颗爱心，苦口婆心、细雨和风地温暖小韩已然灰冷的心。小韩终于认识到了自己的错误，"偷摸"的毛病没了，学习也能安下心了……

在张成海老师的教育随笔中，有着如下的内容：

"老师，张昊又抽烟了。"

听了这句话，我的脑袋"轰"的一声，愤怒、失望的情绪充斥了全身。昨天我刚给他做了一番思想工作，他满口承诺不再抽烟，可今天……

"老师，别管他了。学校不让开除，可以劝他转学，省得再生他的气。"有学生劝我。

我又生气又失望，真想放弃他。这时我想起了张昊妈妈说过的话："他一再犯错误，是因为自控能力太差，他曾对我说自己也不想抽烟，可就是管不住自己。请您千万别放弃他，否则孩子就毁了。"

愤怒的心情渐渐平静下来，冷静想想，张昊妈妈的话深深触动了我，我仿佛看到了那一双求助的眼睛。是呀，我不仅是一名老师，也是一个父亲，张昊如果是我的孩子，我会放弃他吗？作为老师，我为什么不能再宽容他一次呢？只有先做学生的父母，才能做好学生的老师。诸葛亮有七纵孟获之情，我就不能有七容张昊之心？

于是，我下定决心，找张昊倾心长谈一次。当我把自己的想法告诉张昊的时候，这个总是不服管教、很少流泪的孩子泪流满面，他扑通一声跪下来：

"老师，啥也别说了，我不敢保证永远不抽烟，但我敢保证一个月内不再抽烟，您监督我吧！"

一个月过去了，张昊没有食言。

王星梅老师负责八年级7班赵少帆同学的转化工作。跟赵少帆谈话的时候，王老师根本不提"转化"二字，而是亲切地对他说："在两个班的同学中，我选择了特别关注你，是因为我觉得你很可爱。"

冬天里，赵娟娟老师发现，学生们一下课就飞快地跑向饮水机，恐怕接不到热水。可是，学生那么多，而水的加热需要时间，怎么也不能保证每个学生都在课间喝到热水啊。于是，她开始每天为学生们烧水，学生们再也不用担心课间喝不着热水了。一位女生对赵老师说："原来我以为，只有妈妈才会为我们考虑得这么细……"

在南街中学采访的过程中，记者认识了许许多多的老师：给学生缝衣服的老师，深夜送生病的学生上医院的老师，买奶粉给学生增加营养的老师，陪学生一起睡在寝室的老师，给贫困生垫学费的老师……在讲台上，他们是老师；走下讲台，他们更像这群寄宿孩子的爸爸和妈妈。很难在这里一一列举这些老师的名字，就让我们记住他们共同的名字——爱。

付出着爱，也收获着爱，更加深刻地理解了爱，是许多教师在南街中学的教育实践。

在综合素质评价中发现了自己，在爱的教育中看清了未来，是学生们在南街中学的成长规律。

也是在南街中学，记者从一位老师的笔记本上抄下了苏联教育家别林斯基的一段话：教育者是多么伟大、多么重要、多么神圣，因为人的一生幸福都操纵在他的手中。

（原载2007年6月20日、27日《教育时报》，作者：刘肖）

一所初中的"典型"教改

如果未来的某一天,有人要写一部"初中教学改革史"的话,那么有几所学校将会被浓墨重彩地描绘一番:江苏的洋思中学、东庐中学和山东的杜郎口中学。这几所中学无一例外地在全国范围内掀起了学习热潮,每天都有成百上千的"教改渴望者"前去"取经",但是能够取得"真经",也成功进行教改的学校却微乎其微。因此,不少人感叹,这些学校是"非典型"学校,其教改是"非典型"教改,其经验"别人学习不来"。

然而,在河南有一所薄弱初中,并没有加入取经大军,而是选择立足本校,默默地进行着自己的教改。10年时间里,他们不声不响,却一点一点地使学校发生了质的变化。这所学校就是濮阳市油田第十九中学(以下简称"油田十九中")。

十年之变

油田十九中的前身是中原油田特种车辆修造总厂附属子弟学校。1996年,由于中原油田生产形势的改变,油田的学校进行了撤并。油田十九中就是在这个背景下由三所"差校"合并组成的。后来,又有一所小学被并入。

学校校长贾建设在描述油田十九中"建校"之初的情景时用了"荒凉"、"寒酸"、"狼狈"等几个词。破烂的校舍,满地的荒草,少得可怜的人数,构成了人们对油田十九中的第一印象。有人开玩笑说,到了油田十九中就像进了烈士陵园。然而最大的麻烦或压力还不是学校环境、条件的恶劣,而是"人心惶惶"。

"学生流失了1/3还多,都是中上等水平的学生;老师也走了不少,但凡有点门路的都走了。"贾校长说,"连续3年时间,我的办公室门口川流不息,都是要求学生转学的。学生家长都当着面指责我:你们学校这么差,孩子在这儿能考上学吗?你们不是误人子弟吗?真是坏良心,不知道你这校长是怎么当的……"

虽然家长们不断来找麻烦,但是贾建设并不怨恨家长,反而十分理解家长:"油田十九中当时是'三流'学校,位置偏、师资薄、'差生'多,教学质量在油田倒数第一,家长要给孩子转学合情合理。这种情景不断激励我,必须把学校办好,把教学质量提上去。"

2000年以前,每年中招油田十九中能考上高中的学生只有几个人。学校写给家长看的"喜报"总是把字写得粗粗的、大大的,目的是为把一张纸给撑满。2000年,油田十九中的升学率一下子上升到了63%,引起了人们的关注。此后,学校的升学率节节攀升,连续6年都在95%以上,学生考不上高中只是极个别现象。"我们的升学率不是靠'减分母'换来的。学习成绩再差的学生我们也一个不嫌弃,一个不放弃,一个不丢,一个不赶,总能让他们如期参加升学考试。我们10年来没有因学生学习差赶走过一名学生。"贾校长说。

油田十九中面积不大,只有两栋三四层高的教学楼、一排两层的办公楼和一个"天然"的操场。校园简单、朴素,位于略显沧桑的居民楼中间显得很协调,与"城乡结合部学校"的身份也很匹配。一切都很平常,让人吃惊的是学校的干净、整洁程度。从教学楼到办公室,再到操场,没有一点纸屑、塑料袋、烟头等垃圾,也没有看到一块痰迹和口香糖残渣。再就是学校里四处可见的墙面标语。这些标语中有一类展板形式很引人瞩目,标语语言在简单、朴实中流露出一些"哲理",上面还有学生的姓名、照片。贾校长说,学校10年来没有新建什么建筑,但是学校最大的变化却还是体现在校园环境的改变。原来的校园里废纸、烟头、痰迹随处可见,虽然卫生工作天天搞、天天强调,但是不见有好转。现在学校有卫生、整洁的环境,是"三省教育"的成果,墙面上的标语则大部分是学生在"三省教育"中的体会和感言。

三省教育

油田十九中副校长赵永建告诉笔者,虽然"三省教育"是2006年才在中央教育科学研究所立项的重点教科研课题,但是实际上他们对于这一课题的探索早就开始了。也可以说，这是他们多年来解决学校面临的实际问题的思考与实践的结晶。

油田十九中最低谷的时候，学校只有200多名学生，而且大多是所谓的"双差生"，学校处于"生死存亡"的危急时刻。为了生存，贾建设在教师中统一思想，提出"不让一个学生掉队，不让一个学生辍学，不让一个学生流失"的管理目标；1997年新学年又提出"全力抓后1/3的学生，不放弃任何一个学生"，"要让每一个学生都有所进步"等管理口号。贾建设在老师们中间做了大量的思想工作，引导老师们进行换位思考，增强对学校工作的认同感。他告诉老师们，学生差实际上不是他们的问题，而是家长的问题、（以前的）老师的问题；要改变这些学生，必须改变我们的工作方式，要"不说大话，干实事"。很快，学校开始实行"一帮一"结对工作，即每一位教师至少要"承包转化"一名"差生"，学校领导也不例外。

这种工作方式一直持续了3年，虽然教师们异常辛苦，却换来了学校形势的好转，换来了学生家长的感激与信任。教师们在与"差生"近距离、深层次、长时间的接触中也都逐渐认同了学校"紧抓'差生'不放"的管理理念，而且深切地体会到，学生"差"的根源是行为习惯差，转化这些学生，必须研究如何纠正他们的不良习惯。

"三省教育"的雏形就是对学生的种种不良行为习惯进行分析研究，把它们三条三条地列出来，分解到不同的时间段内逐一引导学生进行自我反省、逐步纠正。

"'修身克己'是中国传统文化中的一个重要思想，而'修身克己'的起点是'内省'。孔子、曾子以及一些大教育家都专门论述过内省，'三省教育'汲取了中国传统文化的思想精髓。"赵永建说，"'三省教育'的提法就源于曾子所说的一句话，'吾日三省吾身为人谋而不忠乎？与朋友交而不信乎？传不习乎？'"

"三省教育"的具体实施就是引导学生每天要提醒自己做好三件小事，以规范自己的言行举止。比如，针对校园内的垃圾、痰迹遍地，学生经常丢东西的现象，学校最先设计第一个每日"三省"，即不随地吐痰、不随手丢脏物、不随便拿别人的东西。这一内容要求学生每天都要自我对照反省。第一个"三省"内容形成了习惯，就做第二个"三省"、第三个"三省"……

学校针对不同年级学生的实际，分别设计不同的"三省教育"内容。一至六年级是习惯养成的最佳时期，因此一至六年级的"三省"侧重于对学生的日常行为习惯方面的培养；七年级是学生的学习出现两极分化的非常时期，因此，七年级的"三省"侧重于对学生良好学习习惯方面的培养；八年级的"三省"侧重于学生的意志品质、感恩、孝敬父母方面的教育；九年级的"三省"侧重于学生诚实守信、理想前途方面的教育。

学校在每天早上上课之前设置了 10 分钟的"三省晨会"。晨会的一项任务是在班主任的引导下，学生背诵熟记"三省教育"的内容，另一项内容是在各个小组组长的负责下，学生围绕昨天的行为进行反省、评价。学校领导每天都要到各个班级参加晨会，对各班的晨会情况进行考核评价，并公布评价结果。

学校要求学生每天写"三省"日记。班主任要批阅学生的"三省"日记，从日记中发现亮点和问题，并把亮点和问题收集起来，通过晨会、班会、校广播站、宣传板报、升旗仪式等，及时反馈出去，影响教育学生，让更多的学生"见贤思齐"，"见不贤而内自省"（《论语·里仁》）。

班级每周要上好"三省"班会课，班长和班主任要对上一周的"三省"情况进行小结，对表现好的、比以前有进步的学生进行表扬，激励没有做好"三省"的学生向好的方面转变。

每个月，学校要召开一次由教师及学生代表参加的"三省教育"交流会，讨论本月的"三省教育"情况，制订下一月的计划与目标。另外，学校还要开一次"三省"总结表彰会，评选"三省优秀生"，颁发"三省优秀生"荣誉牌。

……

"三省教育"渗透学校工作的方方面面，形成了明显的"内省"、"自律"的学校文化，学校的环境面貌和精神面貌焕然一新。以前，学校每年一到冬天要换的窗户玻璃不下一大箱，这四五年来，包括厕所在内，一块玻璃都没有碎过。还有一次，濮阳市广播电台组织学生活动。活动结束后，市电台的记者给贾建设打来了电话："老贾，你们油田十九中的学生很少见啊，了不得……"贾建设心里一惊，忙问："出什么事了吗?"电台的记者说："活动结束后，你们学校的学生没有留下一点垃圾，其他学校的学生留下的垃圾一大堆。这样高素质的学生我还是第一次见……"前不久，社区关心下一代工作委员会（以下简称"关工委"）组织学生活动，活动结束后，油田十九中的学生不仅把自己的垃圾收拾干净，还把其他学校学生留下的垃圾给捡拾干净了。关工委的老同志们看到后都交口称赞，见到油田十九中的书记王彪后都询问学校是如何教育学生的。

贾建设说，"三省教育"虽然着眼于学生日常学习生活中小事，立意却是非常深远的。"我们教育学生'做小事，想大事'，以'做不好一件件小事，也不可能成就大事'来激励学生。学校的校训'省吾身，成小事，善为人'就传递了这种理念。"

四阶教学模式

尽管油田十九中在2000年中招考试中打了一个"翻身仗"，但是老师们都很清楚，这一成绩的背后是老师的苦教、学生的苦学，这种状态如果再持续下去，老师、学生都吃不消，这个成绩也难以巩固下去。另外，学校的学生普遍"底子薄"是客观现实，如何高效地、大面积地提高学生的学习成绩，也成为学校必须研究的问题。这个时候，大家不约而同地想到了改革课堂教学、寻求新的教学策略。

之所以能够很快达成共识，是大家对教学中存在的问题有目共睹。

一是课堂教学以教师讲解为主，学生多是被动地听，师生之间缺少必要的交流、反馈，学生一旦跟不上老师的思路，听不懂，就形成了学习障碍。究其原因是教师对"教什么"、"如何教学生能学会"不很清楚。二是虽然学生每天的作业很多，用于学习的时间很长，学习障碍却不能及时清除，学习越来越吃力，厌学情绪越来越强烈。三是学生缺少学法指导，由于不掌握学习方法，或者学习方法不科学，学习效率很低。四是唯考试分数的评价方式打击了一大片学生的学习积极性，学生学习动力不足。

基于对教学中存在的问题的深刻认识，油田十九中开始针对一个个问题探索解决的办法。"四阶教学模式"在老师们的摸索实践中孕育生长，2005年9月"四阶教学模式"在河南省教育科学研究所立项，经过专家们的指导，这一教学模式变得更加科学、完善。

"四阶教学模式"以把一个教学周期分成四个阶段而得名，这四个阶段是堂堂清楚，日日完结，周周检测，月月考评。

"堂堂清楚"包含两层意思：一是教师教得清楚。比如，一节课的教学目标是什么，教学重点、难点是什么，学生学习中的学习障碍可能会有哪些，这节课的学习需要作哪些知识铺垫，如何作好分层教学，课堂上如何作好互动、交流、反馈，等等。二是学生学得清楚。这主要是针对成绩比较差的学生，让他们清楚掌握各个需要掌握的知识点，不欠"学习账"。

"日日完结"就是要求学生顺利、正确地完成当天的作业，对于学习困难的学生可以降低要求，或者让他们在同学、老师的帮助下完成作业，清除所有的学习障碍。

"周周检测"就是把学生在本周学习中出现的疑难问题、作业及练习中出现错题集合起来进行检测，检查学生是否真正清除了这些学习障碍。如果学生依然在检测中出错，教师要再纠正、再讲解，帮助学生完全正确地掌握这部分知识。与此同时，还对学生的学习态度、行为习惯等进行考评。周检测的题量一般很少，因此采取流水线作业，一节课完成做卷、改卷、讲评和反馈所有环节。改卷由学生根据参考答案互批互改，做错的题目先由学生讲评，学生讲不清楚时再由老师作补充。通过周检测，基本上所有的问题学生都顺利解决。最后就是对学生行为评价进行综合信息反馈。这个环节要求教师以讲学生的优点和亮点为主，对于个别学生的问题要求教师用委婉温和的方式一一指出，让学生在愉快的氛围中认识错误，积极改正。

"月月考评"是对学生在本月学习中反复出现错误的习题以及本月所学的重点知识进行总结性检测，对学生在本月中的学习态度、行为习惯等进行总结。学校还要以年级为单位召开月度总结表彰会，学生、老师、家长共同参与，受表彰的学生还要与家长、班主任一起合影留念，照片还要制成展板展出。

一天的学习结束后，学习小组组长要通过填写"日结表"对本组学生的"日结"情况进行统计分析，没有结清的要分析原因，然后上报学科课代表。学科课代表要把各个小组的"日结"情况汇总后，填写"日结表"上报给任课老师。这样老师就可以对"日结"情况做到心中有数，可以集中力量帮助学习困难的学生。这个环节的工作量很大，难度也很大。为了提高管理效率，减轻管理者的负担，油田十九中对于学习态度认真、成绩较好的学生实行了"日结免检"的措施。"日结免检"是动态的，只要学习积极主动、作业正确率高，都可以加入"免检行列"，因此也为学生创造了一个"比、学、赶、帮、超"的学习氛围，有效调动了学生的学习积极性。

"沉默教改"的典型经验

记者在油田十九中采访期间，恰逢天津教育科学研究院基础教育研究所所长王敏勤来学校考察。其间，王教授的一段话引起了很多人的共鸣。他说："那些名校、'重点学校'的经验不是谁都能学的，因为他们的硬件设施、师资队伍、学生素质一般学校根本就达不到，倒是薄弱学校在条件很艰难的情况下摸索出来的教改经验则更具有普适性。"

王教授的观点很明确，即所谓的"非典型"教改中其实有许多"典型经验"可以借鉴。但是为什么有那么多学校"学不来"呢？对此，我的看法是，教学改革不是"学"来的，而是"做"成功的，即脚踏实地地不断研究解决自己面临的一个个现实问题。这或许算是典型经验之一。

洋思中学、杜郎口中学、东庐中学、油田十九中都是薄弱学校"出身"，在改革之前学校都处于困境之中，学生流失严重，师资水平不高，随时有"关门"、"撤并"的可能，因此学校（或者领导者）有着强烈的危机感，这种危机感促使学校有着强烈的变革欲望。这是学校推进教学改革的强大动力。试问，在前往洋思中学、杜郎口中学、东庐中学的"学习大军"中有多少人有着"强烈的危机感"、有着"强烈的变革欲望"？激发变革欲望——这或许是油田十九中带给我们的第二条典型经验。

薄弱学校教改中最主要内容就是课堂教学改革，其目的非常明确——提高学生成绩，尤其是要提高后进生的成绩，转化后进生。如何达到这个目标，在生源质量和师资水平不高的状况下，显然靠一些传统的办法是很难奏效的，这就迫使学校必须另辟蹊径，提高教学效率，而提高教学效率最有效的方法只能是遵循学习规律、遵循教育科学。或许这就是第三条典型经验：为学校的发展准确定位。如何定位？套用现在很流行的一个说法就是作学校发展诊断。

油田十九中为了节省一些费用，很多事情，比如铺路、修理桌椅、粉刷教室、种草等，凡是能自己干的，都是学校领导带头领着教师们义务劳动，而大家都毫无怨言、乐此不疲。看来，推动教学改革，贾建设的领导能力和人格魅力发挥了很大作用。研究洋思中学、杜郎口中学、东庐中学的教改，同样可以发现，学校校长在推动教改中的关键作用。这或许就是"非典型教改"的又一条典型经验：校长要对教学改革进行强有力的领导和推动。作为校长，要不断提高领导水平和人格魅力，这样才能凝聚人心，贯彻自己的办学思想和理念，引领学校的改革与发展。

（原载2007年11月7日《教育时报》，作者：吴松超）

以"实验"为核心的学校发展路径

"实验学校就应该突出'实验'特色。"2008年秋季开学前接受记者采访时,商丘市实验中学(以下简称"实验中学")校长杨典臻开门见山地道出了支撑该校快速发展的核心因素。

这所包括初中和高中的完全中学,位于商丘市知名市场梁园市场附近,是一所有50年历史的老学校,原来隶属于梁园区,后上划商丘市直接管理。

由于历史原因,实验中学每年招收的学生基本上都是被商丘市其他知名学校"选拔"剩下的。但就是在这种生源"起步不均衡"的情况下,该校每年的中招和高招成绩却并不比其他学校逊色,有时还略胜一筹。

通过多年的努力,实验中学已成为商丘市呈蒸蒸日上态势发展的市级示范性完全中学。

名校做法不照搬　教学实验校本化

"既然以'实验'命名,就得名副其实。"当新课程改革在中原大地个别地方进行实验时,实验中学就开始了探索。

新课程改革是新的教学关系的再造,是新型师生关系的重塑。为了使广大教师接受先进的教育教学理念,更新知识和教学手段,提高教育教学水平,实验中学组织教师赴河北省衡水中学、江苏省洋思中学、山东省杜郎口中学以及上海市育才中学等名校参观考察,与名校进行了零距离接触。

实验中学的教师参观归来通过反思认识到,名校的做法固然有可取之处,但是由于学校历史、教育观念和环境的不同,这些学校的做法并不适宜完全复制。

"洋思中学的'先学后教,当堂训练'是很好的课堂教学模式,但单一的'先学后教,当堂训练'又怎能经受住多个学科、多个层次的考验呢?在我们的课堂上只要教师能够做到:评价多元,让学生有安全感;激发情感,让学生有体悟感;师生互动,让学生有主人感;开放多变,让学生有灵活感;问题实现,让学生有兴趣感;动手实践,让学生有创新感,那就是课堂教学的崭新境界。""新课改是遵循一定规律的,我们不能断章取义,被一些不着边际的东西迷惑,要考虑我们的校情,要考虑学生和教师的特点,形成具有本土特色的做法。"参加考察的教师们在一起研讨时如是说。

实验中学探索新课改,不仅"走出去"学习名校,还与北京市第四中学结成友好学校,把该校校长"请进来"进行指导,以取长补短。

通过学习,实验中学教师都认识到,教师有什么样的教学观念,就决定着他有什么样的教育行为,只有转变观念,才能实现教学过程中的"以学生为本"。

初二语文备课组组长乔秋梅说,通过进行新课改,自己的教学观念真的在转变,课在为学生而备,课堂在为学生展开,努力为学生营造愉快的学习氛围。

乔秋梅曾经思考过"湖南卫视的节目为什么办得那么好"这个问题,她自己给出的答案是"调动了参与者的积极性"。随后,她把这种认识引进到了语文教学中,自己做起了"编导"。上学期,乔秋梅让学生利用两个星期时间,开展了课本上一项与戏曲有关的综合性学习的准备工作。从备课到展示,再到评价,全部由学生自主完成。如乔秋梅所料,因为没有流于形式,活动效果非常好。

为了进一步激发学生对语文的学习兴趣,2008年暑假,乔秋梅给学生布置了一道特殊的作业。她要求学生每人写一本"名著赏析",前言、后记、插图等要素要尽量涵盖,并要求认真誊抄或打印,装订成册。"我就是想让学生感受到,写书并不是作家的专利,写书也并不遥远,以此来想培养他们的自信心。"乔秋梅说。

新课改强调"以学生为本",这点在实验中学的英语教学中也体现得较为明显。同其他内陆城市一样,商丘学生学的英语也基本上是哑巴英语,与沿海城市学生的英语水平相比差距较大。如何才能提高学生的英语口语能力?实验中学有一条不成文的规定,所有任课教师在校园内都要用英语与学生互致问候并作简单的交流,这为学生练习口语提供了便利的条件。

现在,实验中学的教育教学改革已形成自己鲜明的特色,同时以集体备课和电化教育为抓手稳步进行着。

备课组每周一次的集体备课活动,既要求同学科教师共同把握教材和学生,又要求教师突出个性特色,强调写教案,强调备学生。同时,学校天天开展教研活动,每天有一位教师申请讲公开课,不仅学生可以听,同学科教师可以听,其他学科的教师也可以听,家长也可以听。实验中学许多教师认为,这对他们既是激励又是鞭策,不敢有所懈怠。

在商丘市所有中学中,实验中学是"现代化教育手段"普及程度最高的一所学校。早在2001年,该校就在一个班做"实验"、搞多媒体教学,近两年在全校所有班级进行了推广。多媒体教室、电教室、多媒体语音室、电子图书室、阅览室、实验室、局域网、天文台等硬件在实验中学一应俱全。教师每人一台笔记本电脑,教室有电脑,办公室有电脑,学生和教师均可以根据需要方便地查阅资料,这有力地推动了新课改的开展。

2008年秋季开学,河南所有高中起始年级均推行了新课改。由于关系到学生的前途和未来,这项工作备受重视。由于肩负"实验"重任,实验中学高中部教师近两三年已从思想上作好了进行新课改的准备,并在日常的教学工作中有意渗透新课改理念。通过2008年暑假的集中培训,他们对高中新课改认识得更加深刻,同时未雨绸缪地在思考如何处理可能出现的问题。

走出象牙塔　教育实验社会化

现在,社会对人才的要求越来越高,有文凭没能力,或是有能力而品行差,就可能找不到工作或随时下岗。因此,如何适应社会发展的需要教育学生,培养综合素质比较高的人才,成为实验中学多年来一直思考的大问题。

通过问卷、开座谈会等形式摸底调查后,实验中学发现,要掌握教育的主动权,要占领教育的制高点,要培养综合素质高的有用人才,必须让学生走出去,走到社会中去,走到社区中去,让学生融入真实的世界中受教育。

为此,经过一番艰苦的努力,实验中学以校区为轴心向社区辐射,充分利用所在社区的教育资源,开创了七大教育基地:在驻地部队建立了国防教育基地,在市交警大队建立了交通法规教育基地,在市公安局、梁园区检察院建立了法制教育基地,在市电视台建立了宣传教育基地,在豫东监狱建立了警示教育基地,在市报社印刷厂建立了劳动教育基地,在前进办事处建立了社会教育基地。

实验就是创新。在与教育基地开展互动活动的基础上,实验中学又对学生开展了"磨炼教育"。

"磨炼教育"的具体做法是学校动员,讲明意义,提出要求,组织学生或进行社会调查,或进行新闻采访,或进行岗位体验。学生可以单独活动,也可以三五人一组,活动内容自定,活动方式自选,学校只开介绍信,活动单位由学生自行联系。活动结束后,学校要求,进行社会调查的要写出调查报告,进行新闻采访的要写出新闻稿件,进行岗位体验的要写出心得体会。学校组织征文活动,并进行评选。

爱国主义教育、法制教育、安全教育、健康教育、国防教育……实验中学成功的经验得到了河南省教育厅的认可,被授予"河南省教育厅社区教育实验基地",并得到教育部关工委副会长李蒙恩的高度评价,被授予"国家级社区教育实验基地"。

对学生开展社会化教育的同时,实验中学还开展了个性化的特长教育。

尊重个性是以人为本的具体体现。高中教育要为每个学生不同的发展创造条件、提供服务。为此,实验中学高中部确定了"合格+特长"的培养定位,对在体育、音乐、美术方面学有天赋或感兴趣的学生开展了个性化的教育。

近年来,由于培养了许多学有专长的毕业生,实验中学的这项特色教学在商丘市赫赫有名。随着教育质量的不断提高,现在,学有专长的学生们已不再为升入本科院校而喜形于色,而是把目光盯在了中央美术学院、中央音乐学院、北京体育大学等全国知名的专业院校。

同时,为帮助学生开辟升学深造的绿色通道,推进教育资源整合,实验中学与一些高校结对,成为了郑州大学体育学院、河南大学艺术学院等高校的生源和教育实习基地。

"跨入实中校门,学高身正为本;迈出校门一步,肩负实中荣辱。"多年来,实验中学校门口警示牌上的这句话早已成为老实验中学人记忆中的座右铭。"团结融合,实中是杯水;多思实干,我做一粒糖。"会议室里的标语也时刻提醒着每位教师为培养有个性、能很快融入社会并成为栋梁之材的学生而奉献。"实验中学的教师是最敬业的。"在商丘市,不仅实验中学的学生和学生家长这样认为,实验中学的教师也自豪地这样承认。

凡事有章可循　管理实验粗放化

　　杨典臻正式到实验中学接任校长一职之前任商丘市教育局办公室主任。上任不久，全校教职工明显感觉到"这个校长在管理上有一套"。

　　初到实验中学，规章制度不健全、经济不堪重负……一大堆棘手的问题等待杨典臻处理。

　　南家属院集资房因缺少资金拖了7年未能建成，是学校教职工最忧心的问题。通过不断做教职工的思想工作，仅用一周时间，杨典臻就找到了解决问题的最佳结合点，维护了广大集资教师的切身利益，使问题得以圆满解决。同时，在他的奔波下，实验中学50多名上划遗留人员的编制问题也得以妥善解决。

　　职称评审工作如果不能做到公正、透明，如果凭关系、托门路就可以晋级，势必影响一部分教师的积极性。针对以前存在的弊端，在杨典臻的主张下，实验中学的职称评审工作采用量化积分排名的方法，尽量避免人为因素，使多数符合条件的教师都得到了应有的专业技术职务任职资格。

　　为倾听群众呼声，杨典臻专门设立了教职工意见箱和学生意见箱，以便及时收集来自一线教师和学生的批评意见和合理化建议，结合学校实际，研究切实可行的解决方法。

　　杨典臻说，棘手问题没有解决前，每周打开信箱时总有十来封信在里面静静地躺着；大家关心的问题解决后，三五周也很难见到一封信。"这说明教师没有意见、没有怨言，心理平衡了。教师有干劲，学校自然有希望。"

　　刚到实验中学时看到一天水龙头被拧掉十来个的现象，杨典臻心里很是不舒服。学校纷繁芜杂的工作理顺后，他便很快把工作的重心转移到了抓常规管理上，建立了各种规章制度。

　　为了进一步调动教师教学的积极性，杨典臻把初中部和高中部分开管理，调整了领导班子，启动了后备干部库，通过量化考核选拔干部。意在让能者上庸者下的制度建立后，许多以前"感觉无望"的教师有了盼头，纷纷跃跃欲试。

　　领导的能力在大脑，领导的魄力在文化。与从学校直接提为校长的一些人不同，杨典臻只负责掌舵，抓大放小。

　　因为建立了规章制度，明确了各个岗位的职责；因为充分调动了中层领导的积极性激发了后备干部工作的动力;因为总能抓住问题的主要矛盾,杨典臻粗放化的管理赢得了全校教职工的一致认可。他们很欣赏这个校长类似"有事就口头传达一下,不开长篇大论说空话会议"的务实做法。

商丘市教育局有每年对所有市直学校进行年终目标管理考评的惯例。2007年年底,市教育局考评组对实验中学的考评结果曾有过担心,因为学校历史遗留问题较多。但出乎意料的是,近300名参加考评的教师几乎全部给了杨典臻"优秀"的评价。

杨典臻说,"管理一定程度上就是平衡"。在2008年新学年开始之际,针对如何平衡初中部与高中部的比重、如何借高中新课改之机突出"实验"特色等问题,杨典臻陷入了深深的思索。他希望在最短的时间内,实验中学初中部的教学质量能在商丘市市直学校中首屈一指,高中部能打出品牌,争取尽快与老牌的商丘市第一高中比肩。

记者手记:

随着社会的发展,校长的角色逐渐由单一型向复合型演变。

记者近几年在基层学校采访时发现,关于"什么样的校长才是好校长"的争论很多,大多数教育工作者的观点倾向于"校长最好是业务型的"。事实上,这种观点无可厚非。李岚清同志也曾指出:"在某种意义上说,一个好校长就是一所好学校。"

如果一所学校的校长是教育教学方面的专家,可以肯定的是,在他个人魅力与榜样示范作用的引领下,学校教师队伍勤于钻研业务的氛围一定非常浓厚,学校教育质量自然差不到哪儿去。现实教育中这样的例子也为数不少。

与杨典臻探讨这个问题时,他则认为,复合型校长才可以成为一名好校长。

杨典臻说,如果一所学校的发展仅靠校长的榜样引领,这种管理在很大程度上是比较脆弱的。铁打的校园,流水的校长。如果没有相应的制度做保障与后盾,这样的校长一旦离开,学校辛苦建立起的精神之塔就可能会失去塔基。学校教育是公益事业,社会参与面广,校长自然成为学校与社会联络的中心。随着社会发展和经济建设的需要,学校将越来越走向开放。这要求校长具有政治家的责任和头脑、活动家的指挥和才能;具有为学校谋发展、为师生服好务的公仆意识和人格力量,对内善于领导和协调各种力量,增强凝聚力,对外树立和维护学校的形象,努力营造出一种良好和谐的外部环境。只有这样,才能促进学校的建设和发展,适应新时期的需要。

杨典臻曾任商丘市教育局办公室主任多年，这个职位让他"阅"校长无数，自然对什么样的校长有何优劣心里有底，加上到商丘市实验中学这一年多亲身体验了校长的工作，他更加坚定了自己的上述认识。

初到实验中学，由于历史遗留问题较多，纪检、新闻媒体等单位轮流"造访"，他不得不运用多种方法周旋，扭转局面。很快，在解决了住房、编制、职称等教师关心的热点、难点、焦点问题后，学校教学开始秩序井然。紧接着，调整领导班子，培养后备干部，建立一系列规章制度，这些举措激活了原本平静的教师队伍，人人有了奋斗目标与方向，积极投身新课改。

当然，杨典臻并没有放弃对专业发展的修炼。在他的办公桌上、书柜里随处可见各种教育专著，他在研究教育教学规律。只是这种研究是宏观上的。在他看来，具体的主管教学业务指导工作的副校长可以做，他没必要面面俱到，他最忌讳做领导的面面俱到。很显然，杨典臻在努力把自己塑造成一位复合型校长。

到底什么样的校长才是好校长？从杨典臻们的摸索中，记者感觉到，面向社会开放的现实教育的确需要复合型校长来掌舵。单从管理这一个层面来说，现实教育需要的是，能够调动集体的智慧，能与师生平等沟通，给每位教师发展的空间，让每个学生都享受成长的快乐，使学校实现从"办有特色学校"到"优质教育"、再到"品牌学校"的跨越的复合型校长。

（原载 2008 年 9 月 20 日《教育时报》，作者：杨晓谜、李卫东）

学校管理变革的新走势

二类生源学校能与当地一类生源学校抗衡吗？学校不统一组织听课、评课，教师自发听课、评课的数量和质量能保证吗？学校不统一要求和检查集体备课，教师集体备课的热情和效果能提升吗？

这些在不少人看来是难以实现的想象，对三门峡市第二中学（以下简称"三门峡二中"）来说，却是不争的事实。

作为一所普通初中，一所主要以企业职工和农民工子女为生源的学校，三门峡二中是如何把教师从重复、低效的劳动中解放出来的？是如何让教师"干得幸福，干得投入"的？是如何"不让一个学生掉队"的？是如何落实"三好一长"（品行好、学业好、身体好，有特长）培养目标的？

这些中小学教育的行业性难题，在三门峡二中得到了不同程度的破解，让我们有理由认为，该校的教改实践在一定程度上代表了中小学变革的发展方向。

教师评价导向：从个体竞争走向团队"竞合"

"一人光荣，我组光荣；全组光荣，人人光荣；我为全组争光荣。"这是三门峡二中初三物理备课组的"组训"。这个由4名教师组成的备课组俨然是一个温馨的家：有成绩共享，有困难齐帮，有疑惑同商。

"无论是中招复习还是实验考试，无论是教研课还是竞赛课，在我们组看不到单兵作战、相互封锁的行为，看到的都是集体研究的身影。"杨金丽老师说，"在我们组，谁不舒服了，其他人就会主动代课，一般不会给学校领导添麻烦。谁说同行是冤家？"

初三物理备课组是学校众多教师团队的一个缩影。在三门峡二中，除了备课组层面的教师团队外，还有班级层面的教师团队。"不想合作，竞争意味着失败；不会合作，竞争意味着淘汰"，已经成为教师们的共识。这样的团队文化的形成，与学校管理观念、评价导向的突破有密切关系。

该校校长张亚让在《我们为什么要建设两个团队》的讲话中提出了两个公式：$12-1=0$，$7-1=0$。前者的含义是，全年级12个班，如果有一个班拖了后腿，整个年级的各项比率都会掉下来。后者的含义是，中考7个科目，如果有一科考砸了，多项指标都会受影响。

"在漫长的教学生涯中，教师不同程度地养成了单打独斗的习惯，加上一些考核和激励机制的偏颇，更加剧了教师个体之间的不良竞争，最终导致整个学校质量较低而个别教师成绩较好的现象普遍存在。这是不少学校教学质量长期在低水平上徘徊的主要原因之一。"张亚让说，"建设教师团队，说白了就是我们用行动去改善自己的生存环境。我们努力打造的是目标一致、互相支持、取长补短并拥有积极健康文化和坚强战斗力的教师团队，以争取团队绩效水平的大幅度提高。"

在他看来，建设备课组和班级教学两个团队是学校"具有战略意义的决策"，将"改变教师的专业生活环境和专业成长路径"。为从根本上推进两个团队的建设，学校制定了教师团队评价制度，并将评价结果与教师利益适当挂钩。

在三门峡二中，班级教学成绩由教务处考核，班级活动由政教处和教研室考核，每学期评价一次。本学期拟将班级考核结果纳入班主任、科任教师绩效工资发放的范围。备课组团队的考核主要以教学成绩为主：初三以中招为依据，初一、初二以市教育局期末调研考试为依据。学科组成绩占60%，个人成绩占40%。

这样的导向为学校教育生活带来了可喜的变化。"以前科任教师对后进生转化不负责任，现在每人都有后进生转化的任务；以前学生在课内课外有什么问题，科任教师总是推给班主任，现在能主动解决；以前班主任协调科任教师之间的关系很费劲，现在科任教师能主动配合；以前科任教师说起来总是'你们班怎么怎么'，现在说起来总是'咱们班怎么怎么'；原来每个年级总会出现乱班，现在已连续两年没有乱班出现。"学校党支部书记张宏堆说，"原来同头课教师各自为战、相互封闭，现在相互帮助、合作共进、信息共享；原来总是同年级各班成绩相差悬殊，现在各班成绩差距缩小，无明显差班，并且整体教学成绩在逐年提升；多数备课组被教师誉为'温馨小家'，同事关系更加融洽和谐，两年来，没有因同事关系紧张而反映给校长的现象发生。"

集体备课与听课评课：从管理导向转为内需导向

不少学校都将集体备课制度化，每周安排固定的活动时间，要求统一进度、统一重难点、统一训练内容，并且把参与集体备课的情况纳入对教师的工作考核之中……尽管校长重视，教务处检查严格，但集体备课始终被认为是一个薄弱环节，往往流于形式。费时而低效的集体备课已成为中小学的行业性问题。

张亚让对这一问题的认识是，集体备课费时而低效的原因，既不是集体备课不被教师看重，也不是教师不愿参与集体备课，而是管理者对集体备课的定位存在着褊狭：集体备课不是教学管理的需要，而是教师专业成长的需要。教师要不断提高课堂教学能力和水平，除了自身的努力外，还需要备课组同伴的帮助，这种帮助是建立在"内需"基础上而不是"外援"基础上的，所以，只有当教师有了"内需"时，集体备课才是有意义、有价值的。备课如果用制度来规定的话，永远备不出高质量的课。如果简单把集体备课限定在"几统一"上，势必会导致集体备课出现形式主义的现象。

基于这样的认识，该校于2006年从初三语文备课组开始，尝试"天天集体备课"，仅半学期，就得到其他备课组的认同，迅速在全校普及开来。2007年下半年，学校取消了"每周四下午第二节课后集体备课一个半小时"和"集体备课要做到四统一"的管理规定，停止了对集体备课活动的检查，要求备课组"天天集体备课"。

"'天天集体备课'，不仅改变了教师对集体备课的认识和态度，激发了教师参与集体备课的积极性，而且使课堂教学的各种情况在备课组同伴之间得到了及时的沟通和交流，也使课堂教学的有效性有了不断提高。"副校长孙继红说。

另外，与很多学校不同，三门峡二中不统一组织教师进行听课评课活动。之所以这样做，是因为对听课评课认识的改变。

在张亚让看来，听课评课是教师专业成长的需要，是教师的专业日常生活，是一种有效的合作研究方式。通过听课评课，教师要实现对教学的专业领导。所以，听课评课与其说是学校教学管理的事，不如说是教师自身发展的需要，是教师自己的事。听课评课的全部目的是提高上课水平。既然学校统一组织听课评课活动的效果不理想，为什么不把教师自己的专业事务交给他们自己处理呢？

在一次培训会上，张亚让把自己的这些思考和全体教师进行了交流。此后，学校要求教务处不再统一安排听课评课任务，而是交给各备课组和教师自己掌握。

上学期，教务处对全校听课评课活动的统计显示，各备课组有组织的听课共154节，相当于以前学校统一安排的5~6倍。

教务处主任王克荣说："以前，听课评课活动主要集中在语、数、外等学科，而现在各备课组都组织听课评课，所以音、体、美等学科也有了更多的研讨机会；以前，教得不好的教师生怕上公开课，现在则主动要求有经验的教师听自己的课。"

教案改革：从重复劳动中解放教师

三门峡二中不检查教师教案，不对教案统一要求。之所以这样做，是为了避免程式化教案、应付性教案、照抄性教案、后补性教案等现象，把教师从重复性劳动中解放出来。

2001年，学校废除了年年重写教案的有关要求，对教案内容和格式不再作统一要求，试行活页教案，让教师根据自己的专业程度、爱好和习惯，决定写什么和怎么写，并在此基础上提出了"让教案成为教学资料汇编"的口号，倡导教师第一遍详写，以后再不断补充，逐步使教案成为个性化的教学资料汇编。从2006年下半年起，配合教学改革，要求每节新授课制定一份学案，并提供给学生。

张亚让对这项改革的评价是："这不仅从形式上而且从质量上对备课、上课提供了保证，因为活页教案记录了教师自己对教材的分析、理解及对教学的把握，学案提出了学生应当完成的任务，二者的结合，使课堂教学活动建立在教师充分准备和学生自主能力的基础上，促进了课堂教学效率的提高，从而把教师从被动写教案的重复劳动中解放了出来。"

几年前从外单位调到三门峡二中的段克礼老师对教案管理改革的体会非常深刻。他的教案从最初的薄薄一本已变得厚实丰满。"每年新的内容不断被添加进去，以至教案的正反两面都写满了不同颜色的文字，并且还用胶带粘贴了许多材料，剪报、学生作品、格言都成了教案的内容。有时翻看自己的教案，觉得就像一本百科全书。"段克礼说。

日常管理：从选拔性评比转向达标性评比

和很多学校一样，三门峡二中也曾有过纪律、卫生红旗流动评比制度，由政教处每周对各班的纪律和卫生情况进行检查，然后在每个年级中评出一个纪律红旗班级和一个卫生红旗班级……这一制度实行多年，但学校的纪律和卫生状况仍是问题不断。

2006年，学校的观念有了改变：班级纪律、卫生流动红旗的评比办法，是一种选拔性的评比，不管整个学校的纪律、卫生状况是好是坏，每周一总要评出纪律、卫生各一面红旗，而且只能各评出一面，久而久之，班主任和学生丧失了提高纪律、卫生水平的积极性。为什么不采用达标式评比的办法呢？即根据学校的情况制定检查评比的基本条件和检查办法，规定凡是达到条件的班级都可授予纪律、卫生红旗，期末统计各班获得红旗的数量，并将其作为文明班级、优秀班集体、优秀班主任的评选条件之一。为了保证达标评选的质量，学校同时决定建立班级学生值周制度，让各班学生轮流值周，专门负责纪律、卫生的检查督导，学生值周的检查结果与政教处的检查结果合起来评出红旗班级。

方案设计好后，开始在全校实行。几个学期下来，已经见到了明显的成效。副校长王玉敏说，班级纪律、卫生达标率已由开始时的30%左右上升到本期末的85%左右，个别周甚至达到了100%的最高标准。

在纪律、卫生红旗达标性评比的基础上，学校结合学生实际，制定了《三门峡二中学生行为习惯30应该》：进校门时应该主动下车，双手扶车把推自行车行进，把自行车放在指定位置，排列整齐；遇到老师、同学或客人时应该有礼貌，主动问好或微笑示意，客人询问时要落落大方地回答……

这些内容从仪容服饰到校园环境，从上课到集会，从尊师到同学交往，均对学生的行为进行了细节性的规定。学校把"30应该"的内容张贴在每个教室的墙壁上。

按照要求，每周各班都要利用班会时间组织学生对照"30应该"，通过自评、互评、点评等方式，检查评价"30应该"的落实情况，评出做得好的和做得差的，在学校的"红黑榜"上公布名单。对连续4周都被班级评为做得好的学生，授予"良好行为习惯标兵"的荣誉称号，在校园显著位置张榜公布，并颁发荣誉证书。

三门峡二中活动多远近闻名，不少学生就是因此而选择这所学校的。该校的活动体系共分为四个层面：学校层面的六大活动、节日教育活动、学生社团活动、班级主题性活动。其中，学校层面的六大活动是指科技节、艺术节、读书节、诗歌节、趣味运动会和田径运动会；学生社团包括淆函文学社、英语小剧团、花卉园艺社等共23个，每个社团都有教师负责。

"学校几乎每个月就有一个全校性的大型活动，再加上其他几个层面的活动，可以想象我们的活动体系有多丰富，并且我们对活动的要求是不断创新，之所以这样做，就是要让学生喜欢来学校。"张亚让说。

此外，每天上午和下午上课前10分钟是学校的活动课：周一上午是多彩晨会，下午是学唱歌；周二、周三上午分别是语文和英语演讲，下午分别是校园之声和名曲、名作欣赏；周四上午是名人传记诵读，下午是每周播报；周五上午是班事大家谈，下午是一周时事。

段克礼说："学生们都期盼着在语文演讲活动课上展示自己，他们可以演讲，可以朗诵，可以表演，台下学生可以自由点评，最后由学生评委打出分数，并备档。每个学生都有上台展示的机会。"

单元自学指导式教学：借鉴基础上的研发

为改造传统课堂，张亚让曾带领教师不止一次去洋思中学、杜郎口中学学习，但与很多学校不同，三门峡二中没有简单模仿任何一种教学模式。

张亚让考察杜郎口中学后写了近7000字的《杜郎口给我们的10点启示》，其中一点是"敢创才会赢"："面对我们提出的自学指导教学法，不少老师为什么总表现出一种畏难情绪呢？说穿了，就是不敢想、不会想、不愿想，总期望别人能做出个样子让我来学，结果导致自身创新力的泯灭和行为方式上的守旧。所以，希望大家想通这个道理，用自己的聪明才智干出点有意义的事来，而不要囿于经验的圈子里，只做那些重复前人、重复别人、重复自己的事，浪费青春，浪费生命，糟蹋自己的聪明才智。"

单元自学指导式教学是三门峡二中的原创，是学校在十几年的教学改革中逐渐摸索出来的，不同于当前流行于基础教育界的任何一种教学理念与方法，具有鲜明的特色。

一方面，它把教学的目的定位在自学能力培养上，使教学指向了学生的终身发展；另一方面，它把自学能力的培养放在了单元学习的平台之上，突破了单课教学的局限性，使教学朝着系统、省时、高效的路子发展，一定程度上对教学改革起到了引领方向的作用。

单元自学指导式教学分为整体感知、研析理解、归纳深化、单元过关4个环节，要求教师对教材进行单元划分，由原来的逐课教学转变为单元教学。经过一个学年的实验，越来越多的教师逐渐适应了这一教学模式，并对其优越性有了深切的体会。

"以往的教学过程中，不少学生课前不预习，课上是教师讲、学生听，效果不好。实施单元自学指导式教学后，学生课上看书、课上学习，既解决了学生课下偷懒、课上'晕'的问题，又扭转了教师满堂灌的局面。"英语教师王润荣说。

语文教师李公敏说："由于单元自学指导式教学节约了课堂教学时间，每学期能提前两个月完成教学任务。剩余的时间安排为自主阅读，在阅读基础上谈体会、讲故事、写感想，激发了学生的阅读兴趣。"

单元自学指导式教学在赢得教师广泛认同、取得阶段性成果的同时，也存在一些困难和问题：多数学生自学抓不住重点；4个环节按部就班，灵活性不够，课堂气氛不够活跃；阅读速度不一，花在整体感知环节的时间差别大；理化教学中自学与实验的关系较难处理；英语教学中用于语言训练的时间相对减少；等等。这些问题有待在实验深化过程中进一步解决。

在这个"苦劳"正变得越来越没有价值的时代，三门峡二中为重建学校管理而进行的探索在一定程度上具有方向性的引领意义，其对集体备课、听课评课等常规管理问题的回归性认识和管理转身，已经触及了学校管理重建的核心问题——教师专业权力回归。期待越来越多的学校能在这一深刻性问题上不断有新突破。

(原载 2009 年 3 月 14 日《教育时报》，作者：王占伟)

一所中学的转型突破之路

一、以有效教学流程做减法教改

当业内普遍相信加法的力量,奉行"时间+汗水"的教学质量提升路线时,濮阳市油田第十三中学(以下简称"油田十三中")已经完成了发展模式的转型——完成了教学质量由拼搏型到创新型的转变;当业内普遍力求创新而又苦于创新艰难时,油田十三中已经突破了行业桎梏——借鉴外行业经验创新教改思路,并将已有元素重新组合,不断研发新的解决方案;当业内普遍出现学校过度管理,导致师生的创造性受到压抑时,油田十三中已经突破了学校管理的瓶颈——完成了"从把教师当成操作工来使用和管理到尊重人、投资于人、发展人"的超越;当业内普遍将奖金、证书等外在激励作为学校发展的动力时,油田十三中已经开始了学校发展动力的转换——工作意义、团队和乐趣正日益成为学校发展的新动力……

作为当地的一所窗口学校,油田十三中从 2005 年开始,在不上晚自习、双休日和节假日不补课的情况下,中招考试成绩不但没有下滑,反而连年取得优异成绩。这主要得益于学校"有效教学流程"的研发和实施。

回归原点,在重新认识教学中寻求突破

油田十三中对有效教学的前期探索可分为两个阶段。第一阶段强调教师的教必须为学生的学服务。张宏旭校长在有效教学培训会上讲了这样一番话:"讲课不等于教学。讲课不是目的,学生学会才是目的。有利于学生学会、会

学的教学才是有效教学。很多尽心的教师总认为自己反复讲，讲透了学生就该会了，这是对教学的误解。教师是帮助学生学习和成长的人。在有效教学中，教师应该是学生学习的引导者、促进者、帮助者、合作者和喝彩者。"

第二阶段是研究各教学环节的有效性。学校通过不同层次的培训和讨论，引导教师重新认识教学各环节的目的、地位和作用。"提问的主要目的是引发学生思考，提高其思维能力。那么有效提问就要求教师必须提出有思考价值的问题，而不是'是'与'不是'这样简单的问题。"副校长王长福说，"既然是让学生思考，就必须给出足够的时间，否则提问就是徒具形式。"

在培训和讨论的基础上，学校要求教师将教学低效的反思形成文字，并装订成册进行交流。一位教师在反思中写道："通过培训和讨论，我深刻认识到，讲、练、讨论、提问、多媒体运用等都是教学手段，就像足球比赛的技战术组合一样，技战术的组合使用是为了取胜，教师各种教学手段的组合运用是为了让学生学会。怎么选择教学方式和教学手段是教师的自由，但必须有效。"

突破发展瓶颈，用有效教学流程取代教案

随着研究的深入，课堂结构对课堂教学效率的影响成了油田十三中必须直面的瓶颈问题。

"我们逐渐认识到，在教师的个人能力在短时间内不能快速提高的情况下，如果课堂的结构合理，把时间尽可能分配到重点内容上，一般水平的教师也可以产生较好的教学效果。"张宏旭说，"基于此种认识，我们借鉴了工业流程的思想，决定以有效教学流程取代原来的教案。"

2008年5月，张宏旭在教研组组长会上作了《以有效教学流程为抓手，打造高效课堂》的动员报告，从此拉开了有效教学流程实验的序幕。

他在报告中说："工业流程是由工序组成的，工序是由各种操作组合而成的。受工业流程思想和精细化管理思想的启发，有效教学流程由教学环节组成，教学环节是由操作点组成，各个教学环节和操作点都有时间的预设，实现任务、时间、措施的三统一。有效教学流程确保各教学环节、教学措施按时间落到实处。"

有效教学流程的内容涵盖教学目标、预习检测、导入及讲解背景知识、重点内容的讲解、合作学习、课堂练习、提问、课堂检测、作业布置等10个方面，每个方面都有精细化的规定。比如，提问的要求是："教师应设置有思考

价值的问题；教师要给学生留有充分的思考时间；提问方式要多样化，既有教师向学生提问，也有学生向教师提问；既要提问举手的学生，也要提问不举手的学生；还可以采用教师向学生收集字条等方式收集问题，让每个学生养成思考的习惯。"

作业布置的要求是："作业要体现在有效教学流程中；作业要有层次，可供学生选择；作业与课堂讲解的内容要保持一致；鼓励学有余力的学生在课堂上完成作业。"

有效教学流程是课堂教学的行动方案。上课时，教师和所有学生人手一份有效教学流程，既指挥教师的教，也指挥学生的学，使教与学达到和谐统一。

为了帮助教师尽快把握有效教学流程，张宏旭又提出了有效教学的"三四五原则"："三个精选，即精选例题、练习、作业；四个一致，即教师讲的、学生练的、作业布置的、考试考的要一致；五个保证，即保证重点内容要有充分的时间讲和练，保证学生的课堂自主时间，保证提问时的思考时间，保证难点内容一次讲清，保证学生听的时间不超过20分钟。"

多元素重新组合，创生有效教学三招"必杀技"

重新组合不同元素，以产生新的方法和措施，是油田十三中创新的一个重要途径。有效教学流程的研发在很大程度上就是几种理论重新组合的产物。

在张宏旭看来，除了借鉴工业流程的思想外，系统论的原理、建构主义理论、学习上的强化理论都是有效教学流程的重要理论依据。

他专门撰文对此进行了系统分析：系统论认为，系统的功能取决于系统的结构。课堂结构主要表现为各教学环节之间的比例关系、结构是否合理。各教学环节时间的合理分配，是实现课堂高效的基础和保证。

建构主义认为，学习的过程是主动建构的过程，而不是被动接受的过程。有效教学流程专门设计学生自主学习的时间、合作学习的时间，体现了对学生自主学习时间的保护。

强化理论认为，学习的效率与强化的次数、方式密切相关。有效教学流程设计多种方式对核心知识和基本能力进行多次强化，可以使学生在课堂上牢固掌握知识，熟练运用知识并体验过程与方法。

在此基础上，油田十三中原创性地提出了有效教学流程的三个核心要素——知识强化、变式训练和合作学习，这被称为有效教学三招"必杀技"。

知识强化是牢固掌握知识的基本手段和可靠途径,强化的次数与方式决定掌握知识的效果。学生的听、说、读、写、想是强化的基本手段。"这些手段各有各的作用,单独使用一种方式,时间长了效率就会降低。教师制作有效教学流程时要合理使用这些手段。"张宏旭说,"学生静一会儿就让他们动一会儿,动一会儿就让他们静一会儿,动与静要合理转换,动静转换时间约为8分钟~13分钟,这样可以有效提高教学效益。"

变式训练是提高学生解决问题能力的重要途径,其核心是由一变多,由多归纳为一。在有效教学流程交流会上,吕明老师认为,变式训练是培养优秀生、拔尖生的重要教学环节,所以"变式训练要在有效教学流程中充分体现"。"对初一学生而言,达到文字语言、图片语言和符号语言的互译的确有一定难度,但这是学好数学的必备条件。比如,学生对等式性质的文字语言记得很熟,特别对'同时除以同一个不为零的数'都能引起重视,但用符号语言表述时,就极易出错。例如判断,若 $ab=ac$,则 $b=c$。绝大多数学生认为是正确的。所以要重视对概念的文字语言、图片语言和符号语言互译的变式训练。"吕老师说。

合作学习是激发学生思维的重要方式,学生的探究能力靠合作学习才能形成。油田十三中的研究表明,真正的合作学习应包括两个方面:一是教师要提出一个值得讨论的问题;二是组织好合作学习过程,每个学生首先要独立思考,然后在组长的组织下陈述自己的意见,在充分交流的基础上确定小组方案,再由小组代表在全班进行展示。

开始实施小组合作学习时,学生很不适应。颜承良老师说:"合作学习时,各小组的讨论、探究表面都很'热烈',而实际上很多时间是在相互推诿。你让他先说,他让她先说,并没有陈述自己的感受和见解。有些组在不断分工,几分钟过去了还没有确定谁来发言、谁记录……"这种表面上看起来"热烈"而实际效果却不好的合作学习让老师们一度想打退堂鼓。

在学校跟进式培训的指导下,很多教师改变了策略。"我重新编排了合作学习小组,选拔学习较好且勇于负责的学生担任小组长。然后,指导小组长组织小组成员讨论确定主持人、记录人、发言人、监督人名单,并相对固定下来。另外,确定了小组内发言、展示的顺序,避免了'好学生唱主角,中等生当配角,后进生当听众'的现象。"颜承良老师说,"我要求小组成员发言时,其他成员都必须认真倾听,发言结束后其他成员再进行补充和评价。同时规范小组代表发言用语,不能说'我认为'、'我觉得',而应该用'我们小组有人认为'、'我们一致认为'的方式汇报交流。"

采取了诸如此类的措施后,合作学习的品质有了质的改变。

有效教学的这三招"必杀技"在有效教学流程中都有充分体现。

重塑师生生活,有效教学流程引发聚变效应

有效教学流程的实施,改变了教师的备课方式、上课方式和布置作业的方式,改变了学生的学习方式,改变了课堂的活动方式,产生了一系列聚变效应。

徐显云老师说:"制作一个有效教学流程比写一份教案下的工夫要多,每天都做的话,时间很难保证。于是大家从单干走向合作,每周把要制作的有效教学流程在备课组内进行分工。但是,别人预做的有效教学流程不一定适合自己。于是,每周两次的集体备课就显得尤为重要。第一次集体备课研讨知识强化、变式训练、合作学习的基本思路。基本思路确定以后,由专人负责制作流程。第二次集体备课,审视教学手段的有效性和教学细节的设计。经过两次集体备课以后,同学科的教师共同使用一个流程,实现资源共享。"

有效教学流程的实施使教师讲课的方式发生了深刻变化。教师和学生依据有效教学流程上课,每个教学环节都有时间的预设,每个教学手段都有明确的设计,最大程度上克服了教师上课的随意性,使学生在课堂的学习时间有了保证。对此,有教师作出了这样的概括:"知识传授、灌输转化成了全方位的知识强化;变式训练使以题目为中心的训练转化成为以思维为中心的训练;合作学习使学生由被动地接受转变为主动地探究、合作与交流,学生主动探索、合作共赢、积极展示,不断获得成就感、享受学习、享受成功。"

有效教学流程的实施使学生的主动学习成为现实。教科室主任杨俊鹏认为:"过去的课堂由于教师太主动,学生不得不被动。时间一长,教师习惯于主动,学生习惯于被动。有效教学流程使用以后,学生必须主动才能完成预先设计的各项操作。在课堂上学生不再是被动听讲、回答问题,而是听懂、弄懂以后必须要说出来、做出来、写出来、展示出来。这样学生参与的深度和广度大大提高,课堂的有效性也有了保证。"

有效教学流程使课堂面貌发生了可喜的变化。课堂上教师变得从容而悠闲,学生变得紧张而忙碌;教师讲的时间少了,学生思考的时间多了;教师提问的次数少了,学生提问的次数多了;教师重复的次数少了,学生展示的次数多了。课堂不再只是教师表演的舞台,而是学生学习的乐园。"在去除了浮华

和浮躁之后，课堂显示了简单的魅力。课堂因设计而科学，因科学而有效，因有效而精彩。"王长福说。

有效教学流程克服了过去布置作业的随意性。作业设计是有效教学流程中的一项重要内容，能保证教师精选作业。学生的课业负担因此也大大减轻，有了更多的时间和空间发展自己的特长、兴趣和爱好。

有效教学流程也得到了学生家长的高度评价。一位学生家长在家校联系本上这样写道："有效教学流程太好了，以前我们家长不知道孩子应该掌握什么知识，每天学会什么了。现在不一样了，每天我们都可以看到孩子当天的所有有效教学流程，在孩子做作业时，对照着有效教学流程的重点知识进行检查，就看出孩子到底学会没有。"

有效教学使油田十三中走上了"低负高效"的发展之路。从油田十三中毕业的学生，到了高中以后，因学习主动、思维活跃、后劲足、干劲大，深受高中教师好评。

延伸阅读：

有效教学三招"必杀技"操作要领

知识强化

知识强化是指采取多种措施对核心知识进行强化，使学生在课堂实现准确记忆、深刻理解、充分想象并与其他知识建立普遍的联系。

以教师活动为主的知识强化方式：（1）教师通过讲解进行强化：讲清背景知识，讲清重点知识的形成过程，讲清重点知识的准确内涵，讲清重点知识与其他知识的区别与联系，讲清重点知识与实际生活的联系。（2）教师通过演示或展示进行强化：教师通过教具进行演示、做演示实验或运用声像资料展示，都可以达到强化的目的。（3）教师通过纠错进行强化：教师发现学生的错误后进行纠错，达到强化的目的。纠错的方式有自查自纠、他查自纠、他查他纠。

以学生活动为主的强化方式：让学生听和看，然后进行复述、概括、举例；让学生在课堂上阅读、背诵、默记、默写；在学生弄懂的基础上，让学生说出来、写出来、做出来、展示出来；在学生对某一问题有了自己的理解之后，相互讲给同伴听，使所有学生共同提高。

变式训练

变式训练是围绕应用核心知识解决实际问题，并形成基本技能、掌握基本方法、探索解决问题的策略。其基本步骤是：教师讲解典型范例，讲清应用知识解决实际问题的基本思路、基本方法、基本策略；根据例题设计相对应的课堂练习，让学生尝试自主解决问题；拓展练习，依据例题和课堂练习进行变化，设计有利于提高学生解决问题能力的练习，拓展练习要面向实际问题，体现发散思维。

合作学习

合作学习的基本步骤是：教师提出开放性的、有价值的问题；针对问题，学生先进行独立思考，然后小组内有秩序地进行交流，通过比较、优化产生相对合理的一个或几个方案；各小组向全班进行展示；教师进行评价、总结，引起学生反思，激励学生进行深入思考。

二、升级精细化管理的黄金法则

油田十三中原创的有效教学流程是对传统教案的颠覆与超越，使教师由教材和"教参"的搬运工变成了教学的设计师，极大地解放了教学生产力。有效教学流程之所以能研发成功，主要得益于该校精细化管理的升级。升级精细化管理为中小学学校管理转型提供了一种新解。

张宏旭校长把学校精细化管理的核心内容概括为"五四三二一原则"，即"五个明确、四个到位、三个及时、两个注重、一个创新"：明确岗位职责，明确工作目标，明确工作任务，明确工作标准，明确工作流程；布置到位，执行到位，指导到位，检查到位；反馈及时，通报及时，改进及时；注重分析，注重总结；遇到难题先更新观念，再进行方法创新。

五个明确：再造工作流程和标准

"流程"，在油田十三中是一个关键词。名校和普通学校之间的区别不在于做什么，而在于怎么做。同样的事，流程、标准不同，效果就不同，质量就更不同。

与其他学校相比，油田十三中工作流程的不同体现在方方面面。比如，其家长学校工作流程的起点就不是从办培训班开始的，而是从调查问卷开始的。

该校家长学校的工作流程包括：（1）每学期开学一周内，政教处发放家长调查问卷和学生调查问卷。家长调查问卷主要调查家长在家庭教育中存在的困惑和困难。学生调查问卷主要调查学生不满意的或反感的家庭教育方式。（2）政教主任根据各年级问卷调查内容，制订家长学校工作计划。（3）年级主任总结问卷反映出的主要问题，设计和安排家长学校课程。（4）每学期家长学校开课4次，时间为每月最后一周的星期六上午8:30到10:30，地点在各班教室……

据介绍，家长学校的上课方式主要有：优秀家长介绍经验，其他家长讨论；请部分家长讲述遇到的困惑和难题，请有经验的家长为他们出主意、想办法；班主任组织家长和学生进行交流，先由学生描绘出自己心中好的教育方法，描绘出好家长、好父母的形象，然后家长在讨论中表达自己的自我反思，并对学生提出自己的希望；组织有经验的班主任编写教育案例，对家长进行小班化的案例教学。每次课后，家长须写出心得体会，并择优在学校橱窗进行展示……

油田十三中的工作流程有39项，比如，评优评先流程、教研活动流程、考试及考后分析流程、升旗仪式流程、艺术节活动流程等。这些流程具体、明确、可操作性强，根据流程办事稳妥、科学，避免了工作的随意性、盲目性，提高了工作的实效性。

学校的精细化管理除了体现在工作流程的科学和精细外，还体现在教育教学各环节以及岗位职责的科学和精细。

《油田十三中教学各环节精细化管理的基本要求》对教师备课、讲课、作业、辅导、考试及考后分析作了具体的要求。

其中对作业的基本要求是：精选与重点内容一致的题目，精选能够培养学生能力的题目，精选应用性题目，精选综合性题目。科学处理作业批改问题，基础性作业，同桌或小组互相批改；验收性作业（必会、必考的题目），教师要全批全改；拔高性、拓展性作业，教师可选择性批改……

对考试的基本要求是：试卷要求坚持基础题重点考、综合题适当考、原题再考、错题重考的原则……

对考后分析的基本要求中有开好四个分析会的规定：一是以备课组为单位的质量分析会，二是有年级主任、对口班主任、有关领导参加的薄弱班级分析会，三是有教务主任、对口备课组、有关领导参加的薄弱学科分析会，四是有年级主任、备课组长及对口教师参加的成绩落后原因分析会。会后，相关人员写出分析报告上交教务处存档，为下次质量分析会作对比分析提供依据……

"细节既是天使又是魔鬼，做好就是天使，做不好就是魔鬼。这样做的目的只有一个，把事情做精、做细、做出品位、做出品质。"张宏旭说。

四个到位+三个及时：让管理形成回路

学校各项工作的开展，有六个环节是必不可少的，那就是布置、指导、检查、通报、改进、提高。在张宏旭看来，管理必须形成回路，才能体现有效的执行。

本学期，该校初一年级开展了"向不文明行为告别"活动。年级主任颜承良认为，这项活动之所以能取得好的效果，最重要的一点就是做到了"四个到位"和"三个及时"。

"首先，是宣传布置到位。在年级全体教师会议上，我重点分析了在初一年级开展'向不文明行为告别'活动的必要性和紧迫性，特别强调初一如果形成了一些不良行为习惯，不及时加以矫正，将来即使下再大工夫治理，也很难达到预期的效果。其次，是指导、执行到位。各班根据年级要求，结合班级实际组织学生认真进行讨论，并召开了'向不文明行为告别'的主题班会，每个学生均在文明承诺书上郑重地签下了自己的名字。再次，是检查到位。年级组织了文明监督岗，对在活动中涌现的好人好事，及时上报年级，给予通报表扬。对发现的不文明行为，及时通报批评，并督促整改。"颜承良说。

作为年级主任，颜承良以前总感觉自己一天到晚转个不停，除了上两个班的语文课、做一个班的班主任以外，还要主持年级例会、年级班主任会、年级学生会，检查年级纪律、卫生，还要领取办公用品，收缴工会费，组织文体活动，处理不少临时事务……"一天下来，几乎没片刻安闲，从早到晚疲于应付，总感觉什么事都没做好，还感觉又有好多事没有做。"学校实施精细化管理以来，张校长多次讲道："工作忙的人，要善于将任务分类，要善于将任务分解下去。这样才能把自己从事务堆里解脱出来，腾出时间，集中精力，去做重要的事。"这让颜承良在主动反思的基础上迅速改进："我很快学会了把工作按轻重缓急分类，重要而紧急的事，优先做，亲自办；重要而不紧急的事，排好日程，作好准备；不太重要而紧急的事，安排人去做；不重要不紧急的事，尽量不做。我还注意发挥年级干事和工会委员的作用，安排他们做一些传达通知、领取发放物品等事务性工作。这样，既解放了自己，使自己有时间考虑年级的发展关键问题，又激发了其他人的积极性。"

和颜承良相似，把重要的事情做精细，已经内化为油田十三中很多教师的一种习惯和品质。

两个注重：打造"壁虎型"学校

分析和总结是精细化管理不可缺少的环节。"当年的八路军在各方面条件明显处于劣势的条件下，之所以能从一个胜利走向另一个胜利，一个主要原因就是打一仗一总结。"张宏旭说，"总结可以把个别的好做法上升为可在一定范围内推广的经验，可以把经验变成指导工作的规律性认识。总结工作失败或失误的原因，可以找到更好的方法和措施。总结是改进工作的好办法，'不占糊涂便宜，也不吃糊涂亏'，只有通过总结才能做到。"

学校各部门的各项工作完成后都要总结，主要总结"态度有没有转变、速度有没有加快、质量有没有提高"。比如，学生对于考试的分析和总结，主要体现为填写错题分析表和制定考试预案。每次考试后，每一位学生都要填写错题分析表。在错题分析表上，学校共设计了五种主要原因，即审题不清，记忆不牢固，理解不全面，没有思路、没有找到突破口，各种低级错误。每次考试前，每个学生都要制定自己的考试预案，避免各种不应有的错误发生。

每次考试后，质量分析会都会如期举行。教师要根据学生填写的错题分析表进行统计分析。对学生存在的共性问题，教师要从三个方面进行反思：一是没有重视而造成的失误；二是重视了，但措施不到位造成的失误；三是重视了，也采取了一定措施，但因方法落后造成的失误。然后针对不同原因，找出有效的改进措施。

"迅速反应、快速解决，主动反思、主动改进，永不满足、不断创新，追求高标准、创造高质量"的34字工作作风，就是在这样的精细化管理中逐渐形成的。

通过精细化管理，要让勉强成为习惯，让习惯成为文化，这是油田十三中的重要管理理念。张宏旭把具有优秀文化的学校称为"壁虎型"学校："假如学校都顺着一堵垂直的墙往上'爬'，在'爬'的过程中有风吹草动，甚至狂风大作时，某些学校就会'跌落'下来，哪怕已经'爬'到了相当的高度；而另一类学校，则像壁虎一样，脚上有吸盘，不容易滑落。好的文化就是'壁虎型'学校脚上的吸盘，既能大大降低改革的成本，为学校提供向上攀登的动力，也能为学校增加遭遇危机时的抗风险能力。"

一个创新：以创新力打造竞争力

油田十三中每前进一步都是对原有观念的突破和修正。

张宏旭认为，依靠过去的经验、方法，非常努力地工作，仍不能取得令人满意的效果时，恰恰是需要更新观念的时候。观念是人们对事物的认识与定位。转变观念就是对事物进行重新认识、重新定位。重新认识、重新定位，决定改进的方向和动力；创新决定了改进的力度和效果。他的口头禅是："遇到难题，先更新观念，再进行方法创新。""只要转变观念，一切皆有可能。"

学校对后进生的管理策略不是"转化"，而是"善待"。据了解，不少班主任过去对后进生采取的措施是严管，甚至和他们较劲。一位班主任告诉记者："很多老师可以容忍优秀生犯错误，但不能容忍后进生违纪，对违纪的后进生不留情面地批评，甚至连家长一块儿批评。后进生认为老师不公平，于是背后捣乱的现象不断。老师没少浪费精力，但管理效果极差。"

有了从"转化后进生"到"善待后进生"的观念转变，就有了"善待后进生"的好方法。初二年级的班主任专题研讨"善待后进生"之后，总结出了不少行之有效的方法：对后进生犯的一般性错误，要多些宽容和理解，不能过于较真，抓住不放；多听他们的想法，在倾听中引导，减弱他们的逆反心理和抵触情绪；理解他们学习中的困难，不苛求，不急于求成……

年级主任马守民说，通过专题研讨，大家深刻认识到，"可恨"之人必有可惜之处，理解一切才能宽容一切。有了解才有理解，有理解才有宽容，有宽容才能善待。只要教师以发现学生的优点为己任，而不是以发现学生的缺点为己任，让学生以自己擅长的方式为集体作贡献，那么后进生也能找到归宿感和价值感。善待的核心是了解、理解、宽容，帮助后进生找到自己的位置。

"先更新观念，再创新方法"的难题解决策略，不仅在"善待后进生"方面，而且在人才培养、教学改革等方面，均取得了实效。

教师队伍中什么样的教师是人才？有人认为课讲得好的是人才，有人认为获奖多的是人才，有人认为综合能力强的是人才，等等。认识不同，评价的导向就不同，大家努力的方向也不一样。油田十三中经过讨论认为，能持续为学校发展作出贡献的人才是真正的人才。没有贡献的"人才"只能是伪人才。

对人才的重新定义，解放了学校的用人思想，重塑了学校的用人标准：对能认同学校发展理念，又有才能的要重用；对于有一定能力，不认同学校发展理念的要帮助其转变观念，在没有转变观念以前不宜重用；对于能认同学校发展理念，能力稍差的，要一边指导帮助，一边使用，努力培养其成才；对于既不认同学校发展理念、能力又差的则不用。

严格+自由：让教师以擅长的方式施展才智

学校有这样一位教师：上课表现不突出，写文章很一般，思考问题也不深刻，其特点是爱较真。在很多人看来，提拔中层干部怎么也轮不上他。但按照油田十三中"认同学校发展理念，能持续为学校发展作出贡献"的人才观，依照让教师以自己擅长的方式为学校作贡献的理念，学校在充分讨论的基础上将这位教师提拔为中层干部，主要负责业务检查工作。实践证明了学校决策的正确。

严格而自由是该校精细化管理的又一特点。严格表现为对师德和工作标准要求的严格，自由表现为教师业务上的自由，还表现为人人都可以畅所欲言，甚至发泄不满。学校领导正是"从教师的不满意中找到工作的差距，不断改进的"。

校长的第一要务不是管理，而是培养人才。在张宏旭看来，学校发展的落脚点必须是人的发展，学校不能把教师当成操作工来使用，在管理上不能立足于把教师管住、管死，管得不敢越雷池一步，相反要培养有领导才能的教师。

油田十三中的办学理念是：拒绝平庸，超越平凡，追求卓越，培养有领导力、研究型的教师，培育富有责任感、个性鲜明、勇于创新的学生。

张宏旭认为，教师工作和领导工作有很多相似之处，因为教师的努力成果是由学生的发展和学生的成绩来体现的。因此教师除了有深厚的专业知识和扎实的教学基本功之外，还要具有领导才能，要像领导者一样善于做组织协调工作，善于调动学生的积极性。教师要在学生的成长道路上充当指导者、促进者、引路人、拉拉队长等角色。

培养有领导力的教师，从观念上突破了传统意义上教师传道、授业、解惑的定位，是对教师定位的一次新突破，为教师的专业发展提供了新的方向。

三、"和谐+竞争"营造教育新生态

和谐+竞争：一种新的管理思维

张宏旭校长认为，学校管理必须妥善处理和谐与竞争的关系。学校追求和谐，不仅可以融洽各种关系，而且可以提高学习效率和创造能力。和谐有序、健康有效的竞争可以激发师生潜力，使其不断超越自我，使竞争双方共同发展，实现共赢。

在油田十三中，没有竞争对手，只有竞争队友。其"和谐+竞争"模式的核心特征是协同而不是对立：一方的发展不以另一方的淘汰为前提，而以另一方的辅助为前提；一方的主导不以另一方的服从为原则，而以另一方的监督为原则；一方的新生不以另一方的灭亡为动力，而以另一方的建功为动力。团队内合作，团队外竞争；在竞争中合作，在合作中竞争。这代表了一种新的管理思维。

二八法则：从调动积极性到保护积极性

为有积极性的人提供施展才华的舞台，让他们激情燃烧，使20%的骨干产生80%的力量和效益；让暂时没有积极性的人休养生息，等待他们重新出发。这是油田十三中落实"和谐+竞争"管理理念的重要策略。

对中小学校而言，中层管理部门一般就是政教处和教务处。但油田十三中则不同，中层部门较多，除了政教处、教务处，还有新课程指导中心和有效教学研究指导中心。

有效教学研究指导中心的成立就是学校落实"为有积极性的人提供施展才华的舞台，让他们激情燃烧，使20%的骨干产生80%的力量和效益"管理理念的最好诠释。

有效教学研究指导中心主任杨俊鹏在该中心成立之前，只是学校的一位普通的数学教师。他认同学校的办学理念，工作积极性高，有学习热情。依据学校"认同学校办学理念，能持续为学校作出贡献"的人才观，按照学校选拔、聘用中层干部的工作流程，杨俊鹏于2008年年初被提拔为有效教学研究指导中心主任，甚至可以说，有效教学研究指导中心就是学校为杨俊鹏搭建的施展才华、为学校作贡献的舞台。

一年多来，有效教学研究指导中心取得了突出的成绩，杨老师最大的感受是自己专业上的发展和工作上的成就感："以前教毕业班时，最关心的是教好自己的课，多考上几个学生。而现在，我对如何保证课堂教学的有效性有了比较理性的把握。我可以负责任地说，全校90%以上的教师都能依据有效教学流程上出有相当水平的课。"

前不久，油田教育中心的教研员在学校听了一位刚工作一年的教师的课后，给予了高度评价。这是有效教学流程提升年轻教师专业能力的一个佐证。

油田十三中每学年都会选择工作干劲大、有潜力的教师作为重点培养对象，放在毕业班、班主任等重要岗位上，学校领导进行重点指导。这些教师到重要岗位上后工作热情高、谦虚，能主动向有经验的教师学习。有经验的教师和有热情、有活力的教师在一起，形成了"黄金搭档"。有经验的教师因担心被人超越，更是不敢懈怠，形成了"和谐＋竞争"的良好局面。同时学校也会把不在状态的有经验的教师从重要岗位上调整下来，安排到一般岗位，"这是一种提醒，能有效防止懈怠情绪在教师群体中蔓延"。

"学校管理的一个误区是当一些教师本身有积极性时，管理者没有及时提供机会，让他们发挥聪明才智，为学校的发展作贡献。等到这些教师工作没有了积极性再去调动，即使多管齐下也必然事倍功半。"张宏旭说，"我们并不刻意调动教职工的工作积极性，而是把保护教职工的积极性放在首位。给有积极性又有才能的教师提供施展才华的舞台，给有积极性但缺乏经验的教师实践探索的机会，并帮助他们取得成功。给年轻教师提供学习、培训的机会。同时，让那些暂时没有积极性的人休养生息，并创造机会让其反思，等待他们重新出发。"

调整策略：从善待后进生开始

解决后进生问题是构建和谐校园不得不直面的一个挑战。按照"先创新观念，再创新方法"的难题解决策略，学校提出了"善待后进生，指导中等生，激励优秀生"的工作思路。

在"善待后进生，指导中等生，激励优秀生"研讨培训会上，张宏旭校长讲了这样一番话："'可恨'之人必有可惜之处，理解一切才能宽容一切。善待的核心是了解、理解、宽容，帮助其找到自己的位置。指导的核心是帮助其取得突破，逐渐扩大优势，获得成功。激励的核心是激发其树立远大的理想，朝着更高的目标前进。在对待学生的问题上，耐心比什么都重要，耐心胜于管理，耐心更胜于说教。只要教师以发现学生的优点为己任，而不是以发现学生的缺点为己任，让学生以自己擅长的方式为班集体作贡献，那么每个学生都能找到归宿感和价值感。学生有了价值感，就有了自尊和尊严。

这段话在很大程度上成了教师管理学生的指导策略和理论依据。

张春凤老师工作认真，干了多年班主任工作，在后进生管理上，花了很多精力，转化工作做了不少，但收效甚微，学生不买账，家长不满意，自己也苦恼。学校提出"善待后进生，使其合格"的管理理念后，她对后进生的管理有了新认识，也改进了管理方法。

"以前，我对后进生的要求过严过高，如每天的作业必须按时完成，上课必须认真听讲等。由于经常受到批评，他们就偷偷地捣乱、搞破坏。"张春凤说，"我现在想办法让他们有成就感、归属感，体育好的评为'体育明星'，画画好的评为'小画家'，唱歌好的评为'小百灵'，想办法创造机会，让他们以自己擅长的方式为班级作贡献。同时，对他们降低要求，如作业方面，后进生可以有必做作业和选做作业，有的必做语文、英语、政治、历史作业，其他科目选做，有的必做数学、化学、语文作业，其他科目选做，必做作业接受小组长检查，不做选做作业不受批评，做了受表扬。对他们的纪律要求是不迟到、不早退、上课不影响老师讲课和同学听课。善待后进生让班级更和谐了，我不再花大量时间用在后进生身上，相反他们还帮我做了大量工作。"

马守民老师把中等生分为两种类型：一是非智力因素较差的学生。这类学生比较聪明，但由于缺乏良好的学习习惯，学习不刻苦，因而知识掌握得不牢固，成绩不理想。二是缺少正确的学习方法的学生。这类学生学习踏实努力，成绩不理想的原因是学习不得法。

在指导中等生方面，他探索出了一系列行之有效的工作方法：班主任必须克服"中等生不用管"的思想，改变"抓两头，带中间"的工作方法。首先要分析中等生形成的原因。是智力因素、学习态度、学习方法、学习习惯的原因；还是缺乏自信心、进取心，学习被动等原因。在此基础上，再对他们进行有针对性的帮助和指导。指导中等生的关键是班主任要通过敏锐的观察，发现中等生的个性特点，并引导学生自己发现自身的优势，然后鼓励学生在发挥自身优势中不断前进……

任俊帆同学十分聪明，知识面宽，爱好演讲与器乐演奏，虽有优秀潜质，但学习动力不足，成绩并不优秀。马老师专门为他制订了转优方案：第一，给他一个较高的目标定位，然后让他进入班级的优秀生对抗组。第二，经常让他主持主题班会、演讲，提高他在班级的威信，提高他对自身的要求。第二，帮助他规划学习，找到突破点。鼓励他首先在擅长的英语、历史学科取得突破，然后再把优势学科的学习经验与方法推广到其他学科。第四，与家长配合，让家长改变爱唠叨的教育方法，多进行表扬和鼓励，让任俊帆每天拟出在家的学习计划，主动按计划学习，不让家长催……经过一年多的培养，任俊帆改掉了上课爱动、爱说话等毛病，而且时刻把自己定位在优秀生行列，学习成绩已经位居年级前10名。

在承认学生差异、尊重学生差异、把差异作为资源来开发的实践探索中，"让所有的学生合格，让合格的学生优秀，让优秀的学生拔尖"成了学校自觉的办学追求。

评价转型：从个人竞争到团队竞争

"和谐＋竞争"理念的核心内容是"校内讲和谐，对外讲竞争；班内讲和谐，班级之间讲竞争；同学之间讲和谐，小组之间讲竞争"。

初三（1）班班主任颜承良在班内推出了"薄弱学科互助小组"竞赛，每次考试结束后，学校按单科名次把学生均衡分成若干个小组，每组安排本学科年级或班级成绩优秀者当组长，全权安排本小组的学习互助计划，利用课余时间集体学习辅导、提问等，班主任每周听取各组的汇报，及时对他们的工作给予指导。然后，对每个小组的成绩进行总结评比，重点表彰领导有方的小组长。

"此举一出，效果立显。各'辅导老师'积极性空前高涨，有空就召集本组同学进行辅导，班级中形成了比、学、赶、帮、超的热潮。竞争，也只有竞争，才能让学生超越自我，才能实现班级学生的整体进步。"颜承良说。

宋丽君老师则把全班学生按成绩分为三大对抗组，每个对抗组有两个小组组成，每个小组9人，设一名组长，由组长负责具体工作。要求各小组在交流、讨论的基础上，制定目标、计划；小组内开展"一帮一"活动；各小组每周都要交流学习方法，解决学习中存在的问题。班级对各竞赛组进行考核、评比，既比考试成绩，又比行为习惯。开展这一活动让学生热情高涨，各小组在组长的带领下，团结互助，努力奋斗，学习气氛浓厚，课堂违纪的、不听课的学生少了，乱扔纸屑、违反班规、口吐脏言的学生不见了，抄作业、不交作业的学生少了。

在班级内小组竞争的基础上，学校将竞争链条从小组延伸到班级，甚至延伸到家庭。

"行为规范达标班、示范班"的评比，促进了德育效果的提升；"特色班级"的评比，促进了多元班级文化的形成；而"和谐+竞争优秀班级"的评选，则催生了特色文化的形成。

根据实际情况，学校制定了"和谐+竞争优秀班级"的标准：班主任能尊重、理解、关爱学生，深受学生爱戴；科任教师在学生评教中获85%以上的满意率；班级内无打架、上网吧等严重违纪现象；科任教师对班级纪律、学风等的满意率不低于85%；班级整体成绩有明显进步；班级在学校各项活动的评比中获得"优胜班级"在3次以上；班级学生在校外不发生违纪违规现象，学生在政教处组织的校外抽查中违纪违规率为零；等等。针对创建"和谐+竞争优秀班级"的标准，政教处每周通报一次检查考核的结果，在表彰先进的同时，督促有问题的班级整改。

学校处处充满了友好的竞争、友善的竞争，竞争表现在学生学习、生活的方方面面。课堂教学、体育节活动、艺术节活动、科技节活动、读书节活动等都是在竞争中开始，又是在竞争中结束的。

学校不仅引导学生从个人竞争走向团队竞争，而且通过考核方式的改变，引导教师从单干走向合作。

油田十三中注重构建合作互助的同事关系，坚持考核团队而不考核个人。比如对毕业班，学校考核班级整体的成绩，而不考核班主任个人的成绩；考核备课组的成绩，而不考核教师个人的成绩。备课组内、班集体内，教师获得的奖励都是一样的。

这样教师依靠团结合作，是集体打胜仗，而不是个人打胜仗。教师们在合作中产生了浓厚的感情和友谊，也享受了工作带来的愉悦，最后的结果是学校成功了，教师也成功了。考核方式的变化，使教师之间由竞争关系变为合作共赢关系，个人之间的竞争演变为团队之间的竞争。

发展模式改变：从外力驱动到自主发展

"后进生都变了，越来越可爱了，过去经常捣乱的学生都慢慢变乖了"，这是油田十三中教师的共同感受。在"和谐+竞争"的氛围中，干群关系、师生关系、生生关系、亲子关系、学校与社会的关系进一步融洽。干部为教学、为师生、为家长的服务意识，教职工的工作积极性，学生主动学习、积极进取的意识，同事间的团结协作意识，学生间的合作互助意识，家长主动配合、支持学校的意识，明显增强。

前不久，王爱凌老师因为母亲病重而请假。其间，学生发了一条条让她感动的短信："老师，您什么时候回来？同学们想您都快想疯了，呜……亚豪。""亲爱的王老师，我的好妈妈，我们在班里天天祈求奶奶的病快快好！彦君。"……每当看到这样的短信，王老师总会泪流满面。

吕明老师对沉迷网吧、不完成作业或抄作业的学生的处理意见，都是由学生和家长共同协商制定的。所以当因违反而受处罚时，学生心服口服，家长也特别配合。班规自己定、干部自己选、目标自己拟、活动自己组织，已经成为学校绝大多数班级管理的常态。用商量的办法解决问题、化解矛盾，已成为学校的主要工作方式。

"和谐+竞争"改变了学校出成绩的模式。过去出成绩靠的是拼时间、拼体力，靠的是苛刻的严管；现在靠的是和谐的氛围，靠的是学生的主动进取，靠的是学生的互相帮助。过去是被动出成绩，短、平、快，但不能持久；现在是主动出成绩，学生走上了持续发展之路。

这些改变让学校发展正在由外力驱动向自主发展转变。

（原载2009年5月23日、6月6日、6月13日《教育时报》，作者：王占伟）

"走班制"的六年探索

《教育时报》2005年4月27日以"'走班制',将分层教学进行到底"为题,在头版报道了鹤壁市淇滨中学进行"走班制"教学改革的实验,并引起广泛关注。之后,《中国教育报》以"'走班'分层,打破'快慢'分等"为题进行整版报道,《河南日报》《大河报》等媒体也相继进行报道。目前,已有30多所外省市学校先后到该校学习、参观、调研。

已经实行了6年多的"走班制"实验,有什么新的探索和经验?2009年10月,记者再次走进了淇滨中学的教室。

陶慎博同学是鹤壁市淇滨中学八(8)班的学生,上小学时,她已经通过家长、通过媒体听说淇滨中学的"走班制"教学,心中充满了好奇和期待。而今,经过一年多的"走班"上课,她的学习成绩有了大幅度的提高。七年级选择"走班"时,陶慎博自己选择了B班。"我觉得B班更适合自己,我的英语成绩一般,想在B班先打好基础,找到自信。"这学期,她选择了进入A班学习。

八(7)班的袁鑫鑫同学分班时自己也选择了B班。"我的英语差,要先打好基础。"分班时袁鑫鑫的英语70多分,据英语老师刘翀英介绍,这个成绩处于全年级的中等偏下。经过一年的B班学习,袁鑫鑫的英语考了95分。而B班的英语平均成绩,比实施"走班"之初高出了10分;数学平均成绩,也比实施"走班"之初高出了8分。根据两次期末成绩比较分析,实施分层走班班级后,65%的学生在数学和英语两个学科上有显著进步。

记者在与学生交流时,感觉不到选择B班的学生有自卑的心理。"进步最大、获益最大的还是B班的同学。"这是淇滨中学师生公认的一点。

"走班制"为何能有这样的效果？

6年的有效实施，让"走班制"在中学成为可能。

2009年10月21日上午第一节上课前，淇滨中学七（8）班的宁珂同学拿着数学书从自己的教室里出来，走进了七（7）班的教室上"数学A班"的课；七（7）班的袁鑫鑫同学拿着英语书从自己的教室里出来，走进了七（8）班的教室上"英语B班"的课。

这是记者对"走班制"的一个直观感受。对于早已习惯了传统班级授课制的大部分中小学师生来说，"走班制"是一个带有神秘色彩的概念。这种在大学里常见到的教学组织形式，在鹤壁市淇滨中学，从2003年开始，已经探索和实践了6年多的时间。

淇滨中学建校只有10年时间，学校中年轻教师占很大比例。"学校要想在短时间里崛起，办出自己的特色，必须在教学上不断创新，汲取先进的办学思想。"淇滨中学校长焦来宪说，"如何在班级授课制的教育背景下有效解决学生个体差异问题，落实因材施教的原则，促进学生个体全面发展，是当前学校教育迫切需要解决的一个问题。'走班制'是一种全新的管理和教学思路，它解决了有的学生'吃不饱'、有的学生'吃不了'的矛盾。"

但是，在实行"走班制"之初，学校还是顶着一定压力的。因为，一提到"走班制"，很多人的第一反应就是办"快慢班"，把学生分成三六九等，然后由不同的教师施以不同的教学。"从本质上来说，'走班制'与'快慢班'都是分层教学的形式，但二者的出发点和落脚点却是不同的。一些学校的'分层教学'走入了误区，搞成按成绩分班，在师资、学习条件上实行不平等待遇，对所谓的'快班'重点施教，对所谓的'慢班'则敷衍了事。这样做不但造成师生关系紧张，而且也增加了学生的心理负担。所以，无论何种形式的'快慢班'，都是对学生的'定性'，易形成'好班更好，差班更差'的局面。而'走班制'是动态的，不存在这个问题。"焦校长告诉记者。即便如此，学校对待这一教学改革还是非常慎重，在2003年开始实行"走班制"时，只在两个班实行，科目为英语和数学。

而今，对于"走班制"，学校的老师已经从被动接受变为主动实施、自觉完善，学校已经形成了自己的一套理论和教学方法。"分层递进走班制"也取代了单一的"走班制"，概念上更加准确和完善。"'走班'是实施这种教学模式的有效的组织形式,而合理的'分层'是这一教学模式实施的前提和基础,'递进'是这一教学模式的目的。"主抓教学工作的副校长周永山告诉记者。

"合理分层,动态走班"是"分层递进走班制"的关键。学校实施分层的原则是"教师指导,学生自愿"。首先根据学生的学业水平和学习品质情况由学生、学生家长、科任教师、班主任客观合理地将学生分成A、B两层,然后进行分层"走班"。一学年或一学期,根据情况变化,教师指导学生自愿再行调整,以激励学生不断向高一层次递进。其创新在于它的"动"和"活",分层不固定,突出在"动";层次有变化,突出在"活"。这就很好地避免了对学生标签式的定性划分。

经过6年的探索,学校现有14个班在实行"分层递进走班制",累计36个班、2000多名学生在"走班"中度过了自己的初中生涯。

"班主任组合制":一项开创性的班级管理模式

在这项改革实施之初,因为几乎没有中学"走班制"的经验可以学习和借鉴,淇滨中学遇到过很多困难,其中,最突出的就是班级管理中的难度加大。因为"走班",两个班的学生互相流动,使得学生在分层班中的管理出现了盲区。怎样让班主任不仅能抓好原班的管理,也能把管理的触角延伸到分层教学班中?很显然,原有的班主任单独管理班级的方式无法满足新的教学模式的需要。如何解决这一难题?学校决策层提出了一个大胆构想,采用一种新型的班级管理模式——"班主任组合制",组成班级管理的团队。

这种体制把两个班分为一组,由经验丰富的老教师任总班主任,负责两班的全面管理和指导,同时两班再各设一个正班主任和副班主任,甲班正班主任同时是乙班的副班主任,乙班正班主任同时又是甲班的副班主任。为确保"分层递进走班制"的规范实施,防止将A、B班扭曲为"快慢班",杜绝教师对A层重点施教,对B层敷衍塞责的现象,学校在"分层教学"实验班中实行"捆绑"评价,即在考核时,将A、B两班作为一个整体,以两班的平均成绩为标准进行考核。这样,使得教师更为注重对B层学生的管理和针对性教学,这就为"分层递进走班制"的顺利实施提供了体制保障。

班主任组合的原则是老中青搭配、文理科搭配、男女教师搭配。总班主任对所带的两个班级的管理负总责,分班主任则协助总班主任完成具体的各项工作。"班主任组合制"让学生受到男女教师、文理科教师的不同影响,对学生完善人格的养成发挥了极大的促进作用，形成了完善的德育网络。同时，"班主任组合制"还有利于班级之间的均衡发展，使学校教育资源得到合理配置和优势互补，有利于教师的以老带新，使年轻班主任迅速成长。

鹤壁市教育局领导对学校的"分层递进走班制"非常关注，对于"班主任组合制"这种开创性的班级管理方式给予了充分的肯定。市教育局局长谷朝众从2006年起亲自担任了七（5）班的名誉班主任，并跟班走了三年，每周都要抽出时间到班上听课一次，并与学生们交流。学生们亲切地称谷朝众为"局长老班"，有了问题也愿意与"局长老班"沟通。

"分层递进走班制"的教学方式

记者采访时，随机听了八年级数学老师张瑞利执教的A、B两个班的课。这两个班教学的内容是相同的，即分解因式的复习课。教材中因式分解的方法只介绍了两种，即提取公因式法和公式法，没有提到分组分解法，但是分组分解法是一种非常重要的方法。鉴于这种情况，张瑞利老师在A班采取的教学课题是"因式分解之分组分解法"，而B班是"因式分解的复习"。在两个班，张老师出示了不同的教学目标。A班重知识的理解，特别是在运用上，张老师出的题目的综合性和灵活性都很强，给学生提供了充分从事数学活动的机会，让学生在自主探索和合作交流的过程中真正理解和掌握基本的数学知识与技能、数学思想和方法。而在B班，张老师注重记忆和理解两个过程，让学生在知识的反复记忆过程中理解运用，注重基础教学。在这节课上B班有个学生上黑板做正确了一道难度并不高的题，张老师带领全班学生给他鼓掌。课下张老师告诉记者，这个学生平时考试数学基本上在50分左右，且很少举手回答问题，这次他主动上讲台做对了那道题，已经是很不错了。记者在听课时注意到，在B班教学时，张老师鼓励的话语更多。

张瑞利老师的这节课只是常规"分层递进走班制"课堂中的一节。在淇滨中学，实行"分层递进走班制"班级任课的教师，每节课要准备两套教案，A、B班各一套。教案中体现出不同班的教学目标分层、教学指导分层、课堂练习分层、课堂小结分层、课后作业分层等，突出教学的针对性和实效性。

在学生作业上，科任教师也要根据分层教学目标与学生能力和思维水平的不同，设计分类作业练习，减轻学生课业负担。A班学生感到"吃不饱"时，适当补充一些综合运用题。B班学生做好基本练习题，适当渗透综合性题目，使不同类型的学生得到不同程度的提高。

"复式教案"和"分层作业"增加了教师工作量,但因为有针对性,才使得教师的教学更从容、更有效,学生的学习更愉快、更轻松,学习效果也更明显。

"分层递进走班制"的有效实施引起了社会和媒体的广泛关注,家长都愿意让自己的孩子进入"走班"的班级。2006年10月,在河南省"品牌学校创建"会议上,淇滨中学焦来宪校长作了经验介绍;2006年12月,在河南省"大面积提高潜能生能力"研讨会上,淇滨中学同上海闸北中学等学校作成功经验报告;2008年,鹤壁市教育局下文在全市各学校推荐该教学法。

随着"分层递进走班制"的有效深入实施,淇滨中学也遇到了一些更深层次的问题,开始了更深入的思考。比如,分层"走班"两个班的教学方法的区别不是多一道题少一道题的问题,而是教学理念的整体变革,如何让这种理念深入每一位教师的内心?对于这种教学管理模式,学校师生都有很大的热情,并建议在更多的学科实施"走班"上课,这势必使教学管理的难度加倍,那么学校管理层面应如何进行创新呢?这是淇滨中学需要进一步思考与探索的。

(原载2009年10月28日《教育时报》,作者:李默、杨磊)

求解初中教改难题

从 15 年前开始，每位教师都必须自主研发课程。

从 8 年前开始，每位教师都有两个职称，一个是国家评定的，一个是学校评定的，前者相对稳定，后者动态管理。

……

这是真实的吗？的确是！

这就是漯河市郾城实验中学（以下简称"郾城实验中学"），一所普通初中，一所值得深入解读的学校。

每人俩职称——消除高级职称后遗症

教师晋升了高级职称后容易出现工作懈怠问题，这是长期以来让很多学校领导头疼的事，被称为高级职称后遗症。这一行业性难题早在 8 年前就被郾城实验中学轻松破解了。

该校的核心做法是：在国家教师系列职称的基础上，在学校内部再次进行职称评定，即校内职称评定，让每个人都有两个职称。校内职称每年评聘一次，实行动态管理。教师实际待遇既取决于国家评定的职称，又取决于校内评定的职称。对于一位有高级职称的教师来说，其校内职称可能是高级，也可能是低级；同样，对于一位工龄不长的年轻教师而言，其校内职称也可能是高级。

该校校内职称评定的具体做法是：根据每个教职工的工作量、工作业绩、民主评议、考勤等方面的情况，在合理量化的基础上，确定每位教职工校内职称的级别。经过几年的不断修改完善，现在郾城实验中学实行的职称类别有两种：教师系列和行管系列。两个系列各有三个级别，每个级别都是根据各个学科（科室）的具体情况（按学科或科室制定不同的评价标准）确定相应的比例，待遇上的差异在每月津贴部分体现。校内职称采取先评后聘的方式，刚入校的教师第一年按三级教师聘任。此举打破了传统职称论资排辈的局面，既激励青年教师脱颖而出，也使中老年教师打消了晋升高级职称后"船到码头车到站"的思想，有助于最大限度地发挥个人的才智。

大学一毕业便进入郾城实验中学的刘颖，工作短短3年便被学校聘为一级教师。对于像他这样的年轻教师来说，不必靠熬年头，只要干好工作，就能得到学校的认可和相应的待遇。刘颖的国家职称是中教三级，像他这样低职高聘的教师，在实验中学不是个别。

有低职高聘，就有高职低聘。学校政史教研组组长李玲玲，是一名优秀教师，参加工作后凭着自己的工作热情和实力，赢得了学生的喜爱，曾多次获得省、市、区各级优质课一等奖、论文一等奖以及市级优秀班主任等荣誉，步入中年时，她顺利地晋升了高级职称。"有了高级职称后，我一度产生过松口气的想法，认为自己贡献也做了，荣誉也有了，实惠也得了，可以歇歇了。没想到当年的校内职称评定就被评为二级，我心里很不是滋味，就像被贴了'不称职'的标签一样难受。"李玲玲说。经过短暂的反思，她重新振作起来，决心以自己的努力再次展现辉煌的自我。她主动承担讲公开课的任务，积极进行校本教研，及时进行教学反思并总结经验撰写教育教学论文。在当年区优质课大赛中她再次获得一等奖。由于成绩突出，在当年的校内职称评定中她又被评为一级教师。

"校内职称的实行是手段而不是目的，10年的实践从机制上激发了学校的活力。"在校长庞铁快看来，科学、规范、严格和人性化管理是学校持续健康发展的不竭动力，不断深化内部管理体制改革以适应学校改革发展的需要是学校永恒的科研课题。

对于该校校内职称的管理创新，有专家评价认为，让每位教职工有两个职称，既避免了有的学校因评聘分离而导致矛盾激化的问题，又从机制层面激发了教职工的积极性和创造性，在实行教师绩效工资的新背景下，这一管理智慧具有普遍的借鉴价值。

教师人人研发课程——探索教改新方向

在郾城实验中学，除了50岁以上的女教师以及55岁以上的男教师，每位教师都必须上一门叫做"选修活动课"的课，并且要自主研发课程，自主编写教材。

据学校业务副校长张建锋介绍，从 1994 年开始，郾城实验中学就开设了丰富多彩的选修活动课，每周 60 分钟，内容涵盖知识（英语演讲、生活中的数学、旅游地理、寻访历史等）、技能（计算机、手工、十字绣等）、体育（武术、乒乓球、羽毛球、健美操等）、艺术（书法、剪纸、舞蹈、戏曲欣赏等）共四大类 33 门，学生可依据自己的兴趣爱好和特长自主选报，人人参与。为确保选修活动课效果，学校要求每位科任教师做到期初有计划，施教有教案，教学有场地，期末有成果汇报表演。

体育教师王桂红除了完成必修课的教学以外，先后教过 5 门选修活动课，分别是舞蹈、武术、健美操、手工制作和剪纸艺术。健美操和武术算是王桂红的专业，但手工制作和剪纸纯属她的业余爱好。为了上好选修课，王桂红自费买来相关的图书、杂志研究学习。年届不惑的副校长柴秀梅，是学校教过选修课种类最多的一个，为了教好水培花卉课，她多次自费先买来花卉试种；为了避免自己教给学生的卫生知识不够准确，她多次到医院向专业医生请教。

1998 级学生赵晓娜，学习成绩虽然不理想，但她性格活泼，能歌善舞，在舞蹈选修活动课中出类拔萃。后来报考了幼师，毕业后创办了"金太阳"幼儿园，自己当起了园长。如今她事业蒸蒸日上，被誉为当地的"创业明星"。初二学生李萌告诉记者，即使是知识类的选修课也与必修课不同，除了教知识，老师更注重学生进行学科兴趣的培养以及学习方法的指导。更重要的是，选修课帮助一些学习成绩不理想的同学找到了自信。像他们班有位同学学习成绩不好，但报了体育类的选修课，在成果展示时，拿了好几个第一，为班级争了光，大家也因此对他刮目相看。

学习成绩欠佳，但在选修课中找到自信的学生每一位老师都会遇到。根据学生的个性特点不拘一格培养人才，不用"分数"这一把尺子来衡量学生，是郾城实验中学评价学生的原则。

选修活动课的开设，不仅丰富了学生的学习生活，也发掘了教师的潜能。为了丰富选修活动课的种类，许多教师主动研究、学习新的科目，无形中也提升了自己的综合素质。为鼓励教师上好选修课，学校还在校内职称评定中加大了选修活动课的分值。

升级版心理健康教育——学生成长的"精神植被"

在郾城实验中学,心理健康教育课是最受学生欢迎的课程之一;在每个班级,都设有两名学生心理联络员。

自1996年起,该校就开始在七、八年级开设心理健康课,每班每周一节课,教学任务由专职心理辅导教师马咏菊担任。教学内容为国家教材和结合学校实际的自编教材。课堂形式灵活多样,或传授心理健康常识,或进行心理剧表演,或搞心理测试,有时还让学生走出课堂在大自然中进行自我心理调适。

后来,学校3位对心理学有兴趣的班主任李巍、李军营、安新岭和马咏菊老师一起自发组建心理咨询室,利用课余时间为学生进行心理咨询。1998年9月,郾城实验中学正式建立"连心桥"心理咨询中心,后更名为"心语室"。心语室由校长庞铁快直接领导,副校长柴秀梅主抓。4名心理辅导老师各具专长,积累了丰富的经验。心语室的工作形式多样,包括心理健康教育课、书信咨询、电话咨询、面对面咨询、网络咨询、出版《心语室简报》等。心语室还通过讲座、现场演示等方式对班主任进行心理咨询培训。学生心理咨询联络员被纳入班委会和心语室双重管理,每周四晚饭后对他们进行专业培训。心理咨询联络员的主要工作是:不定期向学生发放问卷调查表,了解本班学生的情况,及时向心理咨询室的老师反馈。学校通过问卷调查表对学生进行全面摸底,使心理咨询和心理健康课更具有针对性。此外,各班还利用教室内的黑板报宣传心理健康知识,帮助学生加深对自我的了解,走出困扰。

心理咨询老师安新岭给记者讲了这样一个案例——

几年前,班上有一名叫小小(化名)的女生,除了英语,各门功课都不错。安老师和她交流了几次,每次谈话都很成功,但她的英语成绩并不见长,可也看不出小小学习态度有什么问题——上课认真听讲,学习也很努力。安老师很困惑。

一天午饭后,班上其他学生都在写作业,安老师却发现小小趴在课桌上哭,于是把她喊出教室问她怎么回事。小小欲言又止。安老师预感到小小是有难言之隐,便请小小来到心语室。待小小平静下来,才开始询问原因。

原来,小小的爸妈关系一直不好,由争吵、打骂发展到冷战,已经好几年了。小小说也想帮妈妈解脱,但又无能为力。这天中午,她给妈妈打了个电话,妈妈在电话里哭了,这让小小的心情坏到了极点。她回到教室,情不自禁地哭了起来。当安老师了解到小小的妈妈因为担心离婚会导致孩子的英语更差而迟迟没有下决心离婚时，不由心中一惊："小小的英语难以提高莫非和这有关？"于是安老师问："妈妈担心你的英语，你自己是怎样想的？"小小说："我对我妈说了，只要我的英语能考过 100 分，你们就离婚吧。"安老师明白了，表面看来小小希望母亲摆脱痛苦，和爸爸离婚，实际上却更希望他们能在一起。所以，当妈妈说担心她的英语时，小小便设了一个限制——自己英语得 100 分以上。明着是让妈妈觉得女儿愿意帮助她，会努力学好英语，暗中却为妈妈的解脱增加难度——不学英语，因为这样才符合她潜意识中的愿望。这就是她所说与所做总是不一致的原因。

帮小小找到了症结所在，安老师问小小打算怎么办，小小说："我学好英语，爸妈的事再想办法。"此时的小小，眼中闪烁着自信。在以后的学习中，小小的英语成绩越来越好。

心语室的咨询对象并不仅仅局限于学生，还有老师和家长。因为心理有困扰的学生，问题的成因很复杂，有的是自身原因，有的与同学有关，有的与老师有关，有的与家长有关。要想解决来访学生的内心困扰，必须把学生、老师或家长的问题解决好，才能从根本上解决问题。

为提升专业素质，多年来学校购买了大量的专业书籍、音像资料，并多次派心理咨询老师参加各级心理咨询培训以及心理健康教育研讨会。心语室成员除了利用课余时间自学外，还经常相互交流，对一些特殊案例进行会诊。经过 10 年努力，心语室取得了丰硕成果：出版的著作《走出雨季》荣获河南省教科研成果二等奖，以团体咨询、团体训练的方式辅导过的学生 1 万多人次，单独咨询并成功解决问题两百余例，2007 年被教育部、中央教育科学研究所授予"心理健康实验学校"。心语室为帮助学生建立健康的自我价值观和良好的信念作出了不凡的贡献。

班级管理创新——从模仿走向超越

在这所学校，周周都有的还有"班长例会"，以及不定期举行的"班主任论坛"。

班长例会主要是通报本周班级情况、交流自主管理经验，以提升班长的工作能力。班主任论坛则由一名班主任向全体老师介绍班级管理经验。这不仅有助于增强班主任的自豪感，也有助于新班主任的培养。

李军营、安新岭都是有双重身份的教师——既是心语室的成员，也是班主任。他们两人在班级管理方面所用的方法、技巧不同，但有一点却是相同的——快乐与忧虑都源于学生。

　　李军营认为，学会做人、学会做事、学会学习、学会审美、学会健体、学会交往是现代教育追求的目标，而做人教育是一切教育活动的核心，其前提条件是师生有爱心。在具体实施时他首先是让学生感受到自己的爱，他深信如果学生感受不到老师的爱，那么感化学生就很难实现。于是，李军营就从细微处下手，当学生心中不快时，他会及时帮其排忧解难；冬天发现学生手冻裂了，李军营会亲自为学生包扎伤口。有一位学生毕业多年后写信谈及李老师当年为他治冻伤，说正是感动于老师的爱，才使自己由后进生转化为优秀生。为了教会学生做事，他的班级学生干部产生采取由班长招聘班委会成员的方式，实行值日班长轮流制、班会小组承包制、各项事务负责制，甚至对违纪学生的处理也交给"班级法院"判决处理，目的就是给每个学生提供锻炼的机会。他还让学生和家长共同制订周末学习、生活计划，有效化解了双休日孩子想玩儿与家长反对的矛盾，使亲子关系自然和谐。让教育自然融入，是李军营班级管理的显著特征。

　　安新岭的专业成长得益于善于学习、总结众多成功者的做法。做班主任之初，他折服于那些成功者的教育方法，便取来这些他山之石用在自己的教育教学中，让他困惑的是，这些方法并没有收到良好的育人效果和光彩夺目的教育成绩。于是他开始认真打量那些闻名全国、桃李满天下的行家里手，把他们横向比较，发现他们成功的方式虽各有千秋，但使他们的名字熠熠生辉的并非人本身，而是蕴藏于他们心中的博大的爱。那一刻，他真正意识到了自己以往工作中一个最大的不足之处——当你投机取巧借用他人的高招时，只不过是为自己的工作用广告色刷了一层绚丽的色彩而已。在这种情况下，哪怕是再光彩夺目的色彩，又怎会经得起日晒雨淋呢？这样的教育又怎会令学生刻骨铭心，起到应有的作用呢？因为心中有爱，从学生角度出发便成为本能；因为心中有爱，所想所做便不是简单的形式化的作秀，而是发自内心地为学生着想。

　　参透了这个道理，自然就能抓住问题的关键，作出正确的选择。相比其他班主任，安新岭还有一个优势，将心理规律运用在班级管理中。比如心理学中的定位效应，会被他用于学期开头；心理暗示，会用于教育教学过程中；不值得定律，多用于学生行为习惯的培养方面；最后通牒，用于教学需要布置完成的作业和学生工作任务；欲扬先抑，则用于对学生的评价方式……安新岭把这些自己平时学到的心理学知识和学生的实际情况结合起来，恰当灵活地运用于教育教学中，使得他管理的班级工作有声有色。从直接利用别人成功的教育方法，到建立起自己管理班级的理念并形成套路，安新岭完成了由蛹化蝶的蜕变。

李军营、安新岭只是郾城实验中学班主任群体的一个缩影。如今，研究学习他人的先进理念，积极探索适合本班学生的教育方法并形成自己的特色，已成为学校全体班主任的共同追求。

一所学校的文化会折射出校长的性格特征，郾城实验中学的各项工作留给记者的印象如同校长庞铁快的个性和作风——稳重、执著和扎实。学校的老师告诉记者，庞校长平时讲的最多的一句话是：办教育，一要遵循教育规律，二要坚持脚踏实地。而在这所学校，无论是校内职称、展示课及评价，还是选修活动课、健康教育和做人教育，都已坚持做了很多年。好的过程，通常会有好的结果，郾城实验中学高品质的文化和高水平的教育教学质量，带来的是近几年学生优秀率、升学率名列全市榜首。

（原载 2009 年 12 月 19 日《教育时报》，作者：李若）

高中教育的核心发展力

在未来相当长的一段时间里,升学竞争压力会依然很大,所以高中阶段的课改阻力和难度远高于义务教育阶段。但我们欣喜地看到,已经有越来越多的学校意识到在适应教育竞争的过程中,还有比升学、考名牌大学更重要的东西。他们以不同的变革方式在与应试教育的抗争中改革、发展。

解构一所高中崛起的文化 DNA

走在沁阳市第一中学（以下简称"沁阳一中"）的校园里，那一块块历尽风霜的碑碣，那一尊尊历史久远的石兽，那饱经沧桑、字字珠玑的碑文，让记者触摸到了这所有着106年历史的学校曾有过的辉煌。历史上的沁阳一中，曾经是省立重点中学，在怀府八县乃至整个豫西北享有盛誉。然而由于种种原因，这颗教苑明珠在很长一段时间里并没有绽放她应有的光彩。1997年，和洪义接任了校长，在他的带领下，学校的发展一年一大步，由原来的焦作市中下游学校，一跃而成为焦作市的龙头学校。

用人文化是深层的学校文化

和洪义是一位没有上过高中的高中校长，历经人生坎坷，做过泥瓦匠、木匠、油漆匠、小商贩、代课教师，后来通过自学考上大学。沁阳一中的教师们一谈起和洪义，无不为他丰富的人生阅历所感叹。和洪义刚到沁阳一中时，学校处于焦作市六县市的最低谷，在各县市的一中里高考成绩倒数第一。学校教师对刚上任的领导班子并不信任，议论甚至攻击从乡下调来的校长。

一路走来的坎坷路程让和洪义更加懂得了人生的价值，更加善待身边的每一个人，更加明白了如何与人相处：与自己的学生、与自己的同事、与社会中各行业的人相处。"我自身的经历让我深刻认识到，教育能够改变人的命运和精神境界，我们要用自己的知识和人生阅历教育下一代，让学生走出无知，让社会变得越来越公正、和谐。这是我一直以来从事教育工作的原动力。"和洪义说。

但在和洪义的带领下，沁阳一中10多年来扎扎实实地走出了一条崛起之路，实现了跨越式发展。据沁阳一中党委书记刘高升介绍：学校10多年的发展可以分为两个阶段：前5年是调整恢复阶段，学校渐渐走出低谷；后5年是腾飞和深入发展的阶段，学校师资水平和教学质量逐年提升，2005年成功跻身河南省首批示范性普通高中行列，2006年、2007年高考本科上线人数居焦作市第一，2008年高考更是达到了学校30年来的最好成绩，一本、二本、三本的上线人数均居焦作市第一。

当记者想要从和洪义身上探寻沁阳一中发展的奥秘时，他却淡然一笑："其实也没什么奥秘，都是大家干的。我只不过抓好了一个'人'字。用人文化是深层的学校文化。"历史学科出身的和洪义特别欣赏汉高祖刘邦的用人哲学。刘邦曾说出了自己的三个"不如"："夫运筹帷幄之中，决胜于千里之外，吾不如子房；镇国家，抚百姓，给馈饷，不绝粮道，吾不如萧何；连百万之军，战必胜，攻必取，吾不如韩信。"但刘邦知人善任，把合适的人放到了合适的位置上。和洪义很推崇刘邦用人的公正和气度：刘邦极力反对"战胜而不予人功，得地而不予人利"的做法。意思是说，如果部下取得了成绩，立下了大功，作为领导不能不表示肯定和给予一定奖励。和洪义说："这句话对于学校管理者来说有很大的启迪意义。"在和洪义的办公室门口挂着这样一幅字："领导者的作用，就在于把多数人的积极性充分调动起来并合理发挥出去。领导者的积极，归根结底是为了使更多的人积极，如果领导者的积极带来周围的人都不积极，这个积极就值得怀疑，这个积极就不如不积极。"这句话出自李瑞环的《学哲学 用哲学》一书，是和洪义管理学校的座右铭。和洪义对这句话深有体会："现在学校规模大了，师生人数多了，有时候我转都转不过来。校长要做的就是调动教师的积极性，用人不疑。人选对了，就放权，让中层领导和教师在自己的空间里纵横驰骋。"

和洪义告诉记者："学校有评先评优的机会，有中层干部提拔的机会，谁说了算？业绩说了算。我们从不搞'小圈子'，什么你是老一中的，我是乡下调来的，你是沁阳的，我是外地的……我们要搞'五湖四海'，一切凭能力、凭业绩说话。"学校很多教师都说，和校长这个人好共事，他从不斤斤计较。每年的民意测验，和洪义的得票率都很高。

据沁阳一中副校长樊武平介绍，10多年间，在和洪义的主持下，沁阳一中实行中层干部竞聘轮岗制和教职工择优聘任制，举行了三次中层领导公开竞聘。参与竞聘的候选人必须有突出的教学业绩，并发表竞选演说，由教师们无记名投票最终确定人选。通过竞争上岗，学校组建了三届深得教师信赖、精干高效、作风民主的领导集体，实现了"能者上，平者让，功者奖，过者罚"

的良性运转。

在沁阳一中,还有一件事被传为美谈,那就是四任校长同台,共同为学校发展献计献策。年龄最大的靳信三校长,是参加过抗美援朝的老革命,早已退休,却不愿待在家里无所事事,平时总爱到学校走一走、看一看。和洪义觉得这正是学校难得的资源,所以干脆请他到各班巡回作报告,结果反响特别好。2008年1月,和洪义又请阅历丰富、心系学校的另外两任老校长以及其他一些离退休老教师"出山",成立了常设机构"沁阳一中校友联谊会",不仅为沁阳一中的校友们搭建了交流的平台,更为学校采集信息、挖掘资源、开放办学、加快发展架起了一座金桥。

合理体制下的激情与和谐

有了先进的管理理念,有了公正、公开的用人标准,有了以人为本的管理体制,学校摆脱了"人管人,累死人"的局面,进入一种有序的"自组织"状态。在沁阳一中,一件件感人至深的事情,见证了合理体制下的能量涌动。

2007年8月,沁阳一中的高三班主任刘红军老师在晚上值班结束后,骑电动车回家,因施工路况不好,再加上天黑,刘老师不小心连人带车栽到了路边的深沟里,脑部受了重伤,被人发现后紧急送往医院抢救。和洪义等校领导得知后,在第一时间赶往医院探望,并先期垫付了一笔医疗费。之后,学校迅即号召全校师生为刘老师和另一名患白血病的学生捐款,总额计5万多元。因治疗及时,刘老师现在已康复,再次走上了高三的教学岗位。如今的他工作起来,比受伤前更加努力。别人劝他多注意休息,他却说:"我这条命,是校领导和全校师生帮我捡回来的,我怎么能不把自己的全部热情和干劲奉献给学校呢?"

沁阳一中的领导和教师对学生的关爱更是无微不至。学校有个叫王姣莉的学生,成绩优异,家庭却非常困难。有一次她因生病不能正常上课,但又没钱治疗,强忍着坐在教室里。刘高升书记得知后,立即与王姣莉见面。在详细了解她的情况后,刘高升当即从口袋中掏出了300元钱给她,让她马上到医院检查治疗。过了一段时间,刘高升又亲自到教室找到她,了解她的身体状况和学习情况,并且帮她申请到了每年2000元的助学金。在高考中,王姣莉考出了546分的优异成绩。拿到成绩单后,她第一个通知的人就是刘书记。

物理教师朱爱玲,连续几年做高三的班主任,不仅课上得好,对学生更是关爱有加。2007年高考前几个月，她班里的一个学生杨峰，因家庭问题一度产生了辍学的念头，朱老师把他叫到操场，陪着他散步、谈心，足足聊了3个多小时；又给他的家人打电话，做家长的思想工作；吃饭的时候，朱老师又亲自帮他买来几样饭菜，陪着他一起吃。朱老师的真诚关爱终于打动了杨峰，使他鼓起勇气，重新回到了教室。2007年高考，杨峰的分数过了二本线，被省外一所高校录取。教师节的时候，他给朱老师发来了一条短信："没有您就没有我的今天，一日为师终身为母，朱老师，谢谢您！"

和沁阳一中的教师接触，记者深切感受到了他们的精神面貌和工作态度。在这种氛围中，每个人都在自己的岗位上创造性地工作，用服务传递关爱，用关爱温暖人心，用人心焕发力量，用力量推动发展。

教、研、学的演变轨迹

"10多年来，学校教学质量稳步提升，绝非偶然。"在和沁阳一中的教师座谈时，很多教师对学校的发展现状和势头充满信心。"领导为教师服务，处室为教学服务，教师为学生服务。"这是沁阳一中所有教职员工达成的共识。

为更新教育观念和教学方法，学校领导曾带领教师南下江苏洋思中学，北上河北衡水中学等学校，学习先进的授课理念和管理模式，共同确定了"先学后教，当堂训练"的教学理念和"35＋15"的大小课模式，即每节课的前35分钟用于教师授课，后15分钟必须用于训练。同时，加强教学反馈，用"六好"课堂标准对每一节课进行评价，"六好"即学生主体地位发挥得好，教师主导原则把握得好，训练主线落实得好，多媒体手段运用得好，尊重性原则体现得好，反馈原则运用得好。

该校针对新老教师交替、青年教师居多的现状，为了快速提升青年教师的专业素养，学校每学期进行一次全校教师大比武。学校成立了由学校领导、教研组长、离退休教师等组成的"沁阳一中听课团"，在教学时间，实行"不打招呼，推门听课"，课后进行点评和打分，然后评出精品课、示范课，在全校公开展示。对不合格的课，则要求该教师加强学习，限期整改。通过赛课，骨干教师的优质课得到了推广，青年教师的整体授课水平有了大幅度提高，这些青年教师很快成为学校持续发展的主力军，走上了重要的教学、管理岗位。学校还提出"科研与日常教学相结合"的科研思路，让所有教师从活生生的教学现场、教学实际中获取科研问题，把日常教学教研的有关问题提升为课题进行研究，每个教研组至少申报一个校级课题。

　　课堂模式的变革，从根本上推动了教师教学方式和学生学习方式的变革。采访中，语文教研组组长郝焕说："在语文教学上，过去学生的作文是教师布置题目教师改，两个班一百多本作文，教师阅读下来头昏脑涨，改出来的效果也不一定好。后来，我们提出了学生的作文学生改、教师重点点评的思路。这样既提高了学生写作的积极性，又找到了学生的不足；既提高了学生的写作兴趣，锻炼了他们的表达能力和鉴赏能力，又出现了一批佳作。我们还将佳作编辑成册，这对学生来说既是鼓励，又是交流。"

　　当前，"转化一个学困生与培养一个优秀生同等重要"已成为沁阳一中全体教师的共识。该校已把研究转化学困生列入了科研课题，并把学困生帮扶列入教师工作的考核范围，形成全方位管理与引导转化学困生的机制。学校对思想品德和学习成绩"双差"的学生建立档案，列入工作日程，把这项工作作为一项重要任务来抓。学校将学困生分包给责任教师，实行一对一帮扶，在学习、生活等各方面给予指导和帮助，让他们树立信心，促使他们迎头赶上。学生武静静，地理基础比较薄弱，影响着总体成绩的提高。地理教师靳克利作为她的科任教师，帮她制订了详细的学习计划，每天都要利用课余时间为她"开小灶"，一直坚持到高考前。该学生的地理成绩有了很大进步，总体成绩排名跃居班内前5名。2008年高考，她的文科综合考出了210分的好成绩。

　　教师专业化水平的提升给学生带来了更为丰富和深刻的学习内容。近几年，在和洪义的带领下，历史组推出了"走向共和"系列讲座，对学生进行近现代史教育和爱国主义教育；政治组推出了"学习十七大精神"系列讲座，让学生深入全面了解党的方针政策；音乐组组建了学校百人合唱团和器乐团；语文组推出了"中华名人"系列讲座，对学生进行传统文化教育……从这些讲座和活动中，我们可以想到沁阳一中师生的精神面貌，也可以窥见学校教学质量得以提升的深层原因。

　　　　　　　　　　（原载2008年7月6日《教育时报》，作者：杨磊）

一个精神立校的高中样本

一切工作都是在一种"攀登文化"上的舞蹈。

用这句话来解读孟津县第一高级中学（以下简称"孟津一高"）的办学理念与实践也许比较接近真实。

孟津一高是学校文化传承的典范：前任校长王宗都主政多年，带领教师多次改写辉煌，奠定了学校攀登文化的基础；现任校长郑世杰20年前曾是王宗都校长的副手，主持工作16年，续写并发展了攀登文化。

攀登文化：坚持精神立校

学校领导的根本任务是引导师生员工领悟攀登的真谛，组织并引导大家永不停顿地有节奏地行进在攀登之中。攀登，是理想、志气、改革精神和创业精神熔于一炉的一种创造性行动。没有理想，攀登便失去方向；没有志气，攀登便失去了力量；没有改革精神，攀登便只能在旧巷故道中迂回；没有艰苦创业精神，攀登只是一句空话。

这是孟津一高对攀登文化的全面阐释。这种攀登文化所蕴涵的攀登精神激励着这所首批省级示范性高中的师生。

多年来，孟津一高坚持精神立校、精神兴校的信念不动摇。该校的所有教职工都十分熟悉三句话："凭工资吃饭，凭责任心工作，对老百姓负责。"

郑世杰校长向县委主要领导汇报工作时，曾说过这样一段话：我们县还有许多老百姓生活比较困难，县委和县政府采取了许多措施帮助他们，效果是明显的。但给的钱可以花完，给的粮食可以吃完，如果他们的孩子很有责任感，能够考上比较好的大学，几年之后，这些家庭的生活问题就基本可以解决了。

许多干部在 40 岁之后，要考虑两件事，一件是如何干好工作，另一件是孩子的培养问题。如果他们的孩子能接受良好的教育，其思想深处的包袱就彻底扔掉了，干工作就更专心、更有劲头。许多农民企业家在创业初期，不怕困难，干劲十足，但是当企业发展到一定程度，他就要考虑孩子问题。如果孩子综合素质很高，他们干事创业的劲头将会更大……

这种使命感是孟津一高从校长到教师强烈的事业心和责任心的来源，更是孟津一高教职工关爱每一个孩子、努力工作的深层原因。

为了保护和强化教师的事业心和责任心，从精神层面激发教师干事创业的积极性，孟津一高倡导并形成了简单和谐的人际关系。在孟津一高，教师评先、晋级都由业绩考核说了算。学校的大事、关系教师切身利益的事，力求做到公平、公开、公正。"没有这个前提，和谐的人际关系都是假的。"郑世杰说，"我们倡导君子之风，反对小人习气。我当校长 16 年了，从来没有教师因为分房子、评先进之类的事找过我。他们也不会找我，因为他们知道，关键是好好工作。"

身兼县教育局副局长的郑世杰发自内心地喜爱简单的生活。他每周的时间大概是这样安排的：一天半左右的时间处理县教育局的事务，三天半左右的时间在学校。他在学校的生活很有规律：早上 5 点起床，骑自行车 5 点半到学校，在校园里走走，并和学生一起跑操，到班上看看自习情况，然后回办公室看报纸、读书；上午简单处理一些事情后，进班听课，和教师座谈；下午仍然听课，和教师谈话；晚上看看自习情况，回办公室看书、思考，10 点半骑自行车回家。如果下雨，就步行上下班。

精神修炼：激励人人向上

抬起头来走路，埋下头去读书，朝气蓬勃生活，是孟津一高对学生提出的行动口号。学校要求学生具备五种精神：敢为天下先、脚踏实地、团结互助、艰苦奋斗、经得起挫折。另外，学校还要求学生具备四种自我调控能力：形成良好的生活和学习习惯、与人友好相处、始终保持良好心态、始终保持强烈进取心。与此同时，学校倡导学生要关心天下事，不做书呆子。学校给各班订报纸，每周安排两个晚上让学生看新闻。

运用身边典型，呼唤真情实感，激励人人向上，是孟津一高"教育学"的核心。被誉为"宝书"的《浪花集》是孟津一高自行编印的一本书，它选编了 300 多个该校学生的生动实例。其内容是根据办学宗旨，从多次专题调查中选编出来的。

"所有学生都有学习向上的积极性，只是有些人的积极性埋藏得比较深。校长和教师的职能就是要点燃学生那根通向积极性和创造性的导火索。"郑世杰说，"《浪花集》便很好地起到了这种引导、激励作用。"

孟津一高把组织学生学习《浪花集》作为提升学生综合素质的手段之一。每年新生入学时，作为入学教育内容，组织学生通读；每学期开学之初，重点组织学生学习《规划篇》；每次大考之后，组织学生学习《志气篇》《学法篇》；大考前尤其高考前，组织学生学习《迎考篇》。

李鸿彪同学读了《浪花集》后这样写道："《浪花集》是用成功者的血和汗写成的。即使一个没有进入这样环境的人，只要读了它，就会被它的真实、生动和强烈感染力所感动。它与同龄学生的苦与乐、志与求息息相通，因此可以收到一触即发之效。"

在激发学生强烈的进取心方面，孟津一高有一系列的做法。

记者在高三的教室里看到，四周墙壁贴满了全班学生的座右铭。在教室最醒目的位置，粘贴着全班学生的励志卡。励志卡的内容主要包括：姓名；理想大学；座右铭；目标名次；回首高一高二，今年我的规划；面对父母期待的眼神，我想说；等等。

靳方誉同学在其励志卡的"回首高一高二，今年我的规划"一栏中写道："一个'惰'字误终生，要彻底落实自己的规划，心放平静，来不及回眸凝望他人。""面对父母期待的眼神，我想说"一栏写着这样的内容："5年后，你们就不必再种田卖菜了。"

"不论刮风下雨，我坚持每天跑步3000米，不仅为了锻炼身体，还为了磨炼意志。""我要和一个吵过架的同学主动和解，不管怨我还是怨他，我要把和解的快乐带进考场。""自卑就像一根受潮的火柴，无论你怎样擦，也擦不出前进的火花。为了在优秀学生的行列中找到自己的位置，我永不自卑。"这些显示学生心态和素质的话语在毕业生的总结中还有很多，这有力地见证了孟津一高的教育力量。

一位往届毕业生在给郑校长的信中写道："虽然进大学都快3年了，但我一直牵挂着母校。每次放假，我都会到一高校园里走一走，就像跟久别的恋人相聚。这个寒假，我翻出了高中的日记本，300页的本子，记得满满的。最让我心灵震撼的是贴在首页的一张字条——'牢记胸中志，莫忘父母心'。母校精神就是这么伟大，她教给我们的不仅是知识，更重要的是如何做拼搏进取、堂堂正正、有情有义的人……一高永远都是我们的精神归宿……"

跟踪教育：对学生一辈子负责

跟踪教育是孟津一高的一项传统。

孟津一高的跟踪教育是从学生离校前开始的。高考结束后，学校都会采取集会和写小结的方式，进行离校前教育，动员全体毕业生到不同岗位上生根、开花、结果。考上大学的学生需按规定写好并交验了小结，才能领录取通知书。小结的内容主要包括三个方面：对学校的批评与建议，3 年来突出的成绩与失败及其原因分析，大学目标追求及人生规划。

从 20 多年前开始，孟津一高每年都要向已经升入大学的毕业生发信，向他们介绍学校的发展变化，进行专题调查，鼓励并要求他们积极进取。调查的内容主要有：你认为什么样的高中才能称得上示范性高中？你对哪个老师的哪一次讲话、讲课或处理的哪一件事至今不忘？在母校生活 3 年，哪些活动、哪些问题、哪些变化以及哪种力量对你触动最大，促使你改变认识、改变方向、改变态度？进入大学后，你是否获得了"三好学生"荣誉称号？你是否已入党？你是否担任了主要干部？你是否打算考研究生？你是否获得了体育竞赛好名次？

这样的信和调查是孟津一高激励已经毕业的学生积极进取的主要方式。考入河南大学的一位姓左的学生在信中说："我已经让是否获得了'三好学生'荣誉称号这一格空了 3 年了，为了不辜负母校的殷切期望，我决定不能再让这一格空下去了……"由于母校来信的督促和自身的努力，她终于在进入大学的第四年获得了"三好学生"荣誉称号。

一方面，孟津一高把学生来信中的建议和意见汇集起来，督促改进学校的工作；另一方面，筛选在校学生的总结和往届学生的来信，编为《浪花集》，既作为新生入学的教育材料，又发给已经毕业的学生。考入四川大学一位姓李的学生读了《浪花集》后说："阅读《浪花集》打掉了我身上的惰性。我把它放在枕头下，什么时候懈怠了，什么时候就再读读它。"

有的学生没有考上大学，回到农村不安心，于是孟津一高的领导就带着《理想的风帆》《电工学》《泥瓦工》等书和"亦耕亦读，创造生活"等条幅去看望他们，鼓励他们走创业之路。

2006 年 4 月 12 日，郑世杰收到往届学生李科科发来的一封求助信。孟津一高 2003 届毕业生、已经在西安电子科技大学上大三的焦兰兰同学，被确诊患了白血病。骨髓移植的巨大开支对于一个靠种地供3个孩子上学的农民家庭来说无疑是个天文数字。

这封信让郑校长如坐针毡。他当即决定召开班子会，会议决定全校捐款挽救焦兰兰的生命。4月下旬是高中最忙的时间，但学校专门安排时间，认真组织了这次捐款活动。郑世杰在捐款仪式上对学生们说："当你们走出了校门的时候，你们还是孟津一高的学生。当你们出了成绩时不要忘了告诉母校一声。当你们遇到了困难解决不了，只要跟母校说一声，母校定会尽力帮助你们。大家记住，无论你们走到哪里，母校永远都是你们的家，老师永远都是你们的亲人！"

短短几天时间，全校师生共捐款6万多元。学校派专人带着全校师生的重托，将捐款送到西安电子科技大学焦兰兰的手中。

孟津一高为一名往届普通毕业生捐款的行为，经陕西、河南媒体报道后，在社会上引起了强烈的反响，陕西、河南两省读者迅速展开了爱心捐助活动，共为焦兰兰捐款40万元。

焦兰兰在给母校的信中说："我深深感谢母校所有关心、鼓励我的老师和学弟、学妹。在我最困难的时候，是母校给了我很大的帮助，给了我第二次生命……"

全员包教：重塑师生关系

"全员包教"是孟津一高的一项创新。

全员包教就是让每一位教师都包十个八个学生，通过观察分析、个别谈心等方式，分析研究、帮助指导学生，使他们不断增强信心，不断增强自律、自控能力，找到比较合适的学习方法，乐学善学，健康成长，在学习上不断取得进步。

在孟津一高，包教是教师业务考核的一项重要内容。每学期结束时，每位教师都要写一篇包教工作总结，每位学生都要写出自己被包教的过程与感受，每位班主任都要对每位教师所包教学生的学习态度、纪律状况及学习成绩进退情况写出总结，并对本班所有学生的包教情况划分等级交年级主任审阅，每位年级主任审阅把关后将结果交到学校。

记者看到，每位学生都要填写的《包教保学情况调查表》主要包括五项内容：第一，你的包教老师是谁？第二，你的包教老师对你做了哪些方面的工作？（比如谈心情况，作业、辅导情况，周记批阅情况，等等。）第三，你认为包教老师对你的帮助效果如何？第四，你期望包教老师对你有哪些方面的帮助？第五，你对学校实施的包教活动有哪些建议？

郭楠同学在"包教老师对你的帮助效果如何"一项中这样写道："王老师让我彻底改变了对学习的态度，但由于我基础较差，进步幅度可能不太大，但是我在思想上对学习的认识发生了质的变化。真的很感激王老师。"

郑世杰给全员包教工作的定位是："这是孟津一高作为省级示范性高中应该做的开创性工作。"他认为，3年来的实践表明，全员包教的意义重大：可以使全体学生都能得到关爱，得到指导和帮助，都能健康成长；有利于从根本上进一步改善校风和学风；有利于达到学校教育"高进优出，中进高出，低进中出"的目标；有利于全体教师，尤其是没有做班主任工作的教师，都能和学生交朋友，体验到教书育人的职业幸福。

一位毕业生的来信佐证了郑校长的观点："我们永远不会忘记高考结束后的分别班会。班主任梅友峰老师忍不住激动地哭了出来，并对我们说：'以后不论走到哪里，不管啥时候，只要我能做的，我一定仍旧会为大家做好。'当时全班同学都忍不住落泪了，我当时一激动就喊了出来：'三（3）班全体同学起立，向梅老师三鞠躬，感谢他3年来对我们的照顾和培养！'我们好像心有灵犀一样，刷的一声，全班同学都站了起来，没有一个迟疑的，我们庄重地向梅老师鞠了三个躬。梅老师挥手示意大家坐下，含着泪水冲出了教室……"

四步教学：提高课堂效益

"杜甫写诗曰'语不惊人死不休'。我们写教案也要有'案不惊人不上课'的追求。"这是孟津一高教师备课本封面上印的一句话。郑世杰认为，在教改问题上，不改不行，走极端化也不行，搞形式主义更是百害而无一利。一定要实事求是，结合学科特点，充分考虑学生情况，创造性地工作。

孟津一高根据学校实际，于3年前提出了把四步教学法作为学校基本课堂教学模式的意见。四步教学法的内容是：第一，教师公布学习提纲，学生自学。该环节大约15分钟。第二，学生讨论，教师精讲。教师在观察学生讨论的基础上发现问题，决定讲什么。可以是教师讲，也可以是学生讲。此环节约10分钟。第三，针对教材，组织课堂训练，要求学生按目标进行训练。此环节约15分钟。第四，教师概括、总结、拓宽、延伸。该环节约10分钟。

孟津一高的教师总结认为，四步教学法能充分调动学生的学习积极性，有利于培养学生的学习兴趣和自学能力；能使相当一部分学生在学好教材的基础上，知识面更宽一些，题见得更多一些，能力更强一些；实际上也较好地解决了分层教学、分类指导、共同提高等问题。

在重视课堂教学变革的同时，孟津一高更重视教师专业素养的提升。近年来，孟津一高新进了大量的年轻教师。为了尽快提升年轻教师的专业素养，学校规定，文科教师每年做题3000道，理科教师每年做题5000道，所有教师每年至少读教育理论图书两本，所有教师都要写出读书笔记和教学反思。

在孟津一高，青年教师要参加教学大循环，即从高一直接教到高三，有着严格的条件：一是做题数量够；二是课堂效益高，教学受学生欢迎；三是参加业务水平考试的成绩在"良好"以上；四是教学成绩突出。目前，全校教师参与教学大循环的比例已经超过了80%。

好的结果不一定有好的过程，好的过程一定会产生好的结果。从2005年以来连续4年本科上线人数居洛阳市第一的事实，以及教师和学生综合素质的全面提升，应该是对孟津一高优质教育的有力诠释。

（原载2008年8月2日《教育时报》，作者：王占伟）

高中持续发展攻略样本解析

"作为一个在教育一线工作了几十年的普通教师,我经常在想:教育是干什么的?其核心价值体现在哪里?几十年来,教育理念不断出新,我们的教育到底要培养什么样的人才?作为学校,怎样发展,如何创新?戴着应试的镣铐跳舞,怎样跳得又美又能保证质量的提升?这些想法,一直伴着我前行。"这是新安县第三高级中学(以下简称"新安三高")校长朱琦在其专著《教育的思考与实践》的序言中写下的一段话。

朱琦认为:"'铁打的校园,流水的学生',教师才是学校可持续发展的根本。我们在提出'一切为了学生的发展'的时候,应有'一切也应为了教师的发展'这个理念。"作为一校之长,有了这种持续的理性反思,有了对教育基本问题的清晰思考,教育行为便不再盲目和游离,而是坚定、自信地用自己的教育信念和教育哲学跳出独特的舞步。

分部管理 和谐竞争

新安三高,一所以特殊方式诞生的学校:1999年10月,为了大力发展高中教育、调整高中布局,新安县委、县政府决定将新安县第二高中的师生一分为二,成立新安三高,校舍用的是新安县第一高中的老校区。搬迁后的老校区成了一个"空壳",各项硬件普遍较差,很多学生和教师不愿意从老校分出来,甚至有学生自己偷偷跑回去。朱琦就是在这样的环境中"临危受命",带领新安三高的师生在办学之路上留下了坚实的足迹。

建校之初,针对部分师生对老校留恋和对新校失望的这种情绪,学校提出了"情感+制度"的管理模式,在制定各项规章制度的同时,加大对教师的情感投入。在硬件、生源相对较差的条件下，经过一段时间的努力，学校从上到下空前团结，各种新的教育理念、新思想出现了，学校发展很快，在2002年达到了一个高峰，在校教师和学生人数几乎翻了一番，教育质量有了质的飞跃。

但是，从2003年到2005年的几年中，学校的发展好像遇到了瓶颈，高考成绩在洛阳市一直在15名左右徘徊不前。学校领导经过分析发现了学校的几个变化。首先，管理半径的拉大使得管理效率降低。刚成立时学校只有十几个班，到2005年已经达到40个班，规模大了，管理半径大了，而管理人员没有增加，很多工作布置了但落实不到位。其次，学校规模的扩大，使得领导在情感关怀上的投入相对较少，厚此薄彼，容易滋生矛盾。此外，由于师资的局限，许多教师常年在同一个岗位工作或教一个年级的课，工作没有新鲜感，职称到了头，工作没劲头。那么，怎样才能激发教师工作的积极性，解决教育教学质量徘徊不前的问题呢？是制度不完善，还是情感的投入不够呢？经过一段时间的思考和探索，朱琦认为，要想大面积调动教师工作的积极性，只能靠引入竞争机制来解决。

经过学校领导班子的研讨，征求了教育局有关领导的意见后，新安三高于2005年确定了分部管理的方案，具体做法是：学校设立两个部，一部和二部；每个部都由师资、生源条件均等的一、二、三年级组成；每个部设一个部长，设三个年级段段长；每个部都是一个教育实体，负责本部的教育教学各项工作，有教师聘任、考核、奖金分配权。在此基础上，学校还明确了各处室、各部的职责以及配套的奖惩考核措施。

实施中问题又出现了：由于两个部存在竞争关系，教师之间在教学上出现了保守经验、封闭信息的情况。针对这种情况，学校及时采取措施，强化两个部的统一教研，实行集体备课和捆绑式考核。学校成立了联合备课组，两个部统一配置备课组组长，兼顾两个组的教学研究。在年终考核时，学校加入了学科考核这一项，即某一学科两个部整体上都取得了好成绩，则两个部这一学科的任课教师都受到奖励。

新机制的引入，使学校管理的重心下移，管理半径缩短。部长、年级主任、备课组组长、教研组组长成了教学、教研落实的主体，充分调动了他们的积极性，落实了以教学为中心的指导思想。分部管理模式运行了一年就取得了明显成效，2006年，学校高考成绩有了较大突破，在洛阳市由2005年的第15名进入了前十强。

促进教师专业化　占领发展制高点

学校优异成绩的取得，不能简单地靠挤压学生的时间。新安三高副校长朱新洛对此有清晰的认识："一定的学习时间是取得好成绩的前提和保证，但一天总的时间有限，要获得更多的学习时间，就势必会压缩非学习时间，即只有向饭前、饭后、休息、娱乐、体育活动等要时间，长期这样做，既不利于学生身心健康发展，也不利于学生学习成绩的提高。学生成绩的提高，背后是教师专业化程度的提高。教师是学校可持续发展的根本，教师专业化是学校发展的制高点。"

为了给教师们提供先进的专业发展平台，2000年，新安三高的领导作出了一个领先河南的决定：学校给每位教师配置一台电脑。而在当时，不要说县城的教师，就是对大城市的教师来说，电脑究竟对教学有什么用，一定程度上还是一头雾水。然而，学校领导班子认识到信息技术是时代发展的趋势，是不久的将来每位教师必备的素质。为了让电脑真正发挥作用，激励教师学电脑，同时考虑到学校经费的问题，学校决定先让教师个人垫资购买，学校分期付清。学校付款有一个条件：教师必须通过学校组织的计算机培训考试。这样，在2000年，学校的计算机教师对全校的教师进行了电脑培训。朱琦带头参加培训和考试，学校50多岁的教师也都开始学习电脑。从开机、关机学起，到如何打字、制作课件，再到运用多媒体教学，教师们尝到了现代教学手段带来的便利。而此时，其他学校的教师还多是"电脑盲"。

2001年，学校信息技术教师又自己动手义务为学校制作了局域网。从此，教师们通过网络将视野扩大至更为广阔的空间：自己上网查找教学资料、与全国的名师在线交流、通过远程培训实时听北大附中教师的教学……教师的信息技术能力大大提高。学校配置的一个多媒体教室，教师们都争着预约上课。2003年，一个多媒体教室不够用，学校又配置了十几间教室，现在，每个教室都配置了相关设备。运用多媒体教学，课堂的容量和效率大大提高，教师的教学理念和方式也得到了更新。新安三高的电脑技术的普及领先了一大步，曾经的薄弱学校占领了学校发展的制高点。仅2007年到2008年，学校教师在各级各类的课件比赛、课堂教学大赛中获得近40个奖项。

为了激励更多的教师读书、反思、写作，向专业化迈进，2008年5月，新安三高发起了"我为校园添书香"活动。朱琦所撰文章《教师要真正成为终身读书的人》在校报的刊发，拉开了读书、写作活动深入开展的序幕。该校教师王俊伟就是一个"书痴"，痴于买书，痴于读书。他每年用于买书的钱都在1200元左右，家里建立了拥有近千册图书的小书房。不光读书，教历史学科的他还爱把平时在教学、教材、试题中发现的问题，乡土材料与教学的比照问题，以及平时的读书感想写成文章，尝试着在刊物上发表。一年来，他已经发表了十几篇文章。2008年的一天，当他拿着五六份稿费通知单让朱琦签字时（学校规定，教师发表文章，学校奖励同等数额的稿费），朱琦对他提出了郑重的表扬，并让他在"我为校园添书香"动员会上为全校的教师作经验报告。"教师是什么样的人呢？用两个字概括：文人。用三个字概括：读书人。用四个字概括：知识分子。是文人、是读书人、是知识分子，读书就必须是教师教学生活中必需的内容。"王俊伟谈到自己的读书体会时这样说。

朱琦在《教师要真正成为终身读书的人》一文中这样写道："读书是新安三高走向现代研究型学校的必然要求。教师要把读书当做生活，爱书、买书、读书、研究书、著书，成为学者型教师、专家型教师，从而影响学生，使学校真正成为学习型学校，校园成为书香校园。"他是这样说的，更是这样做的。现在，读书、写作成了朱琦教育生活的常态。在新安三高的校报上，经常可以看到朱琦撰写的关于教育理念、教学方法、学习方法等方面的文章，其中有不少还在公开刊物上发表。2008年4月，朱琦把近几年撰写和发表的文章汇集在《教育的思考与实践》一书中。谈到自我的成长，朱琦说："虽然组织上给了我诸多的荣誉，但我觉得收获最多的还是教育本身给我带来的心灵成长，那种铭刻于心的大爱和感动，那种实践、探索、创新给我带来的充实与幸福。"在朱琦的带领下，学校形成了浓厚的学习氛围，涌现出了一批如王俊伟、柴舟等博览群书、著述颇丰的教师。

"并不是只有大城市才出名师，条件差的学校照样可以出名师，名师的出现是根植于自我的不懈努力，是根植于培育他的那片沃土。只要我们给教师们搭建了平台，我们学校也完全可以培养出名师。"朱琦坚信这一点。

开展主题教育活动　培养"三高"学生

每到高三学生离校的日子，一些学校的学生会出现烧书甚至破坏校舍的行为，但在新安三高，几年来从没有出现过这种情况。2008年，有十几个寝室的学生都不约而同在离校前自发地将宿舍打扫得干干净净。这一切，不得不说与学校从 2005 年以来坚持实行的主题教育活动有密切关系。

培养"学识高、修养高、品位高"的"三高"学生，为学生的终身发展奠基，是新安三高人才培养的目标。为此，新安三高在学生人格的塑造上狠下工夫，挖掘学生身上潜在的人性之美。从 2005 年开始，学校以学年为单位，相继以"三爱（爱家、爱校、爱国）教育"、"感恩教育"、"责任教育"为主题开展贯穿整个学年的教育活动。

2007 年到 2008 年新安三高的活动主题是"责任教育"。学校在学年之初就制订了一学年详细的活动方案，成立专门的机构，由师生共同组织，开展一系列活动。在宣传发动阶段，组织全校学生学习《"天下兴亡，我的责任"——一位台湾校长的演讲》；在全面实施阶段，各班级组织学生进行"如何履行我所肩负的责任"的大讨论，出两期"做有责任感的人"黑板报，举行"责任在我心中"演讲比赛，开展"做有责任感的人"征文活动并颁发荣誉证书；在总结评优阶段，评选责任教育示范班 10 个，评选、表彰在活动中涌现出来的"十佳有责任感的人"。

通过全学年的"责任教育"主题活动，学生们已将"责任"二字牢记于心。二（11）班的张丹蕾同学在文章中写道："那个血与火的年代已离我们远去，但国家兴亡的重任并未随风而去，责任依然在肩头。让我们肩负这重大使命，努力学习科学知识，从而使我们的青春焕发出无穷的力量，让我们的青春富有价值吧！"三（9）班的李甜甜写道："责任出勇气、出智慧、出力量。责任心强，再大的困难也能克服；责任心差，很小的问题也能酿成大错。因此，只要我们每个人都全面履行责任，就能使自己的潜能得到充分挖掘。"

2008 年 5 月 13 日，汶川地震发生后的第二天，新安三高校园内举行了一场静悄悄的捐款。全校的师生在从电视上看到灾情严重后，自发地踊跃捐款，在很短的时间内，就捐款 2 万多元，每个班的学生都献出了自己的爱心。据朱新洛介绍，这次捐款，学校没有做任何动员工作，学生在第一时间里自发地献出了自己的爱心。通过主题教育活动，学生的责任心增强了，境界提高了。2008 年高考中河南的作文题目是有关汶川地震的，由于学生对自发捐款救灾有切身的体会，并以强烈的责任心密切关注灾区情况，很多学生都写出了真情实感。

（原载 2008 年 8 月 9 日《教育时报》，作者：杨磊）

薄弱学校的蜕变与增值

优秀教师流失、生源严重不足、社会口碑很差,2003年前,几乎所有薄弱学校的特征都能在这里找到印记。然而,就是面对这样一所高考升学率连年是零的学校、一所学校领导班子被集体免职的学校,受命于危难之际的新任领导班子,通过内聚人心、外树形象,实现了弱校变强的快速蜕变与增值:在校生达到2100人,现代化建筑拔地而起,累计资产达3000万元,高考成绩连创新高。

这就是洛阳市第十二中学(以下简称"洛阳十二中"),一所初、高中一体化的农村学校。我们的解读从最初的创业开始。

回到母校的创业故事

从决定选择回到自己母校的那天起,丁进庄就已经没有了退路。

2003年11月,32岁的丁进庄通过竞聘上岗,开始掌舵洛阳十二中。一个值得回味的背景是,偏居郊区的洛阳十二中当时成绩连年下滑,内部人心涣散,外部形象在公众心目中已被严重边缘化。曾有小学教师呵斥学生:如果不好好学习,就连最破烂的洛阳十二中也考不上。而丁进庄在竞聘演说中立下"军令状":如果拯救不了洛阳十二中,就主动引咎辞职。

这是一个相信未来的理想主义者和改革者的赌注。"这是我的家乡,我有责任改变母校的薄弱面貌。"洛阳十二中所在的李楼乡是丁进庄从小生活成长的地方。当年从洛阳十二中毕业的丁进庄始终有一种情结,也正是这种朴素的责任感和创业理想,让他如此义无反顾。

丁进庄回到母校时,面对的是危机四伏的局面:校舍与当年上学时一样,依然是 20 世纪 50 年代的房子；学校人心涣散，不少教师频频递交调出申请；学校经费捉襟见肘，财务上可供支配的现金仅有几千元。

"眼前的一切让我难以接受：满目疮痍、危如累卵的校舍，杂草丛生、遍地纸屑的校园，一边办公、一边用盆接漏雨的情景，至今令我难以忘怀。这里没有图书馆、阅览室、实验室，像是一个被人遗忘的角落。"该校一位教师的日记记录着学校当年的破败局面。

穷则思变。这是对洛阳十二中 5 年卧薪尝胆、鼎力改革的最简约的概括与诠释。

而资金，成了洛阳十二中谋求改革的最大困惑。刚到学校上任的那年冬天，天特别冷，解决取暖问题成了当务之急，但学校连最基本的取暖用的煤都买不起。最后实在没办法，校委会全体成员狠了狠心，决定将学校里的两棵树卖掉以解燃眉之急。就这样，学校利用卖树所得的 3000 元钱购买了取暖用的煤度过了严冬。

而那一刻，丁进庄深刻地体验到了"一分钱难倒英雄汉"的境遇。"钱，首先要能搞到钱。"为了学校的发展，丁进庄从此走上了"化缘之路"。

历时两个多月，他带领几位元老级教师一起走访了知名校友，区、乡、村有关领导，当地企业家和社会名流，向他们讲述学校生存的困窘和新任领导班子的改革激情。

与此同时，丁进庄率先垂范捐出了当时家里仅有的 1 万元存款。很快，以洛阳十二中为中心掀起了一场声势浩大的捐款活动，广大党员干部纷纷加入到捐款队伍中，全体教职员工、在校学生、辖区的干部群众、仁人志士伸出援助之手，慷慨解囊支持学校建设。尤其是在学校内部捐款活动中，很多感人义举真正凝聚了人心。陈俊德、焦清世等几名老教师都已是花甲之年，平时生活简朴，很少到饭店奢侈地吃上一顿饭，甚至没有买过像样的衣服。焦清世老师一根皮带用了 17 年，一双球鞋穿了 9 年。外出开会学习，他们都自带干粮，开水泡馍；骑着自行车，路上还不忘捡破烂。为学生公寓建设捐款，在多数教师捐 200 元或 300 元的情况下，陈俊德、焦清世两位教师先是捐 500 元，没过几天，两人又各捐 400 元，给全校师生带了个好头。

在这片贫瘠的土地上，洛阳十二中人耐得住清贫、孤独和寂寞，用自己的生命诠释着"忠诚"的意义。如今，这段历史已成为洛阳十二中的一笔精神财富。也就是在这样的创业感动中，2004 年，学校的学生公寓、餐厅等顺利建成并投入使用。这一年，洛阳十二中顺利实现了从一片萧条到初显现代化气息、学生从全走读到全寄宿的过渡与转型。

创业积淀一种文化

2006年,是丁进庄领导洛阳十二中发展的第三年,这一年洛阳十二中迎来了50年校庆,这一年洛阳十二中真正打破了发展瓶颈:学校二期、三期改、扩建工程顺利完工;分别荣膺市示范性高中、市规范化初中;寄宿分校顺利通过省教育厅复查,进一步规范了办学行为;招生人数成为此前历史上最多的一届。洛阳十二中也由此奠定了在洛阳教育领域的地位。

如果说创业之初发生的点滴故事和今天取得的诸多成绩值得记忆和回味,那么,这种回味和记忆经过时间的重复累积便积淀了一种文化,激情、奋斗、团结、感恩应该是这一文化的关键词。而这种文化同样外显于校园的每一座建筑、每一帧风景,并在每一位曾经在这里生活和学习过的人身上传递、延续。

如今,走进洛阳十二中的校园,每一堵墙、每一幢楼、每一座雕塑、每一条小路都渗透着文化气息,都传递着洛阳十二中人的创业精神。学校把学生公寓取名为"卧薪楼",意在卧薪尝胆、苦志兴校;把餐厅命名为"田园斋",意在不忘村民的支持,建设一个田园式学校;把教学楼取名为"培英楼",意在培英育华、桃李芬芳;把综合办公大楼取名为"求真馆",意在求真务实、追求真理;秦园中"人"字形的小路,提醒学生要把"人"字写得端正。

洛阳十二中的校园规划更是彰显了教育人的创意与智慧。进入校园的第一区域是一个名为"学苑"的生态园林。学生们每天出入校门都要经过有喷泉的水系,走过水系中的杏林桥是升旗台,台子四周的青石栏板上雕刻着洛阳八大景、洛阳历史故事和文化名人。位于校园南部、独成一体的是一个占地50余亩的现代化塑胶操场——健搏体育运动中心。校园中有各种独具匠心的文化建筑:秦园里矗立着苏秦的雕像,学苑中有白居易的雕塑,校门旁还有一个"心湖"。校园内绿树成荫,葱郁的竹林青翠欲滴,假山亭台相映成趣,给人一种美不胜收、流连忘返的感觉。

按照学校的发展规划,未来的洛阳十二中将是一个集生态园林、休闲园林、文化园林于一体的现代化学校。学校将逐步建设西方文化区、传统文化区、现代文化区,建设别具一格的楼道文化、办公室文化、宿舍文化、班级文化。丁进庄希望,洛阳十二中能成为洛阳农村高中的名片和窗口学校。

在洛阳十二中的学校简介中有这样一段文字:学校北依洛浦秋风,南望伊水之滨,世界第一所大学洛阳太学诞生于此,诗溢神州的香山居士白居易仙逝于斯……这里有乡村的痕迹，多了一份宁静和清新；这里有城市化的气息，却少了一份都市的喧闹和浮躁。

正是这样一片有着丰富文化底蕴、人杰地灵的土地，铺就了该校独特的文化氛围，而洛阳十二中人也一直从厚重的文化积淀中，寻求着学校变革的智慧与动力杠杆。

丁进庄的治校之道

"充分进行思想沟通"是丁进庄领导智慧的核心价值所在。无论是领导班子内部，还是教师之间，充分的沟通有利于达成共识和信任，这是想做事、做好事的基础。

2005年元月，在该校校报的《新年献辞》中，丁进庄写下了这样一段文字——

我喜欢听萨克斯曲《回家》，在我烦恼时，只要听听《回家》，我的心就会平静下来。面对艰苦条件，我们只有把学校当成家，当成每一个洛阳十二中人的家，一个有温情、亲情、友情的家，我们才能永远互相支持、互相搀扶，永远彼此爱护、彼此欣赏。希望在2005年我们能够把洛阳十二中建设成一个充满爱和快乐、充满宽容与理解的温馨的家。

丁进庄在很多场合还强调这样一个观点：人要学习狼，因为一条狼很难单独猎取到食物，狼捕获猎物大都是群体行动，所以老虎看到狼群，也会退避三舍，这就是群体的力量。一个人要想在社会上有所作为，他必须认识到群体力量的重要性，并且学会合作。而教育工作最应该成为团队合作的典范。

在这样的思想影响下，一支具有很强合作精神的教师团队迅速成长起来，并在教学上取得了可喜的成绩。2004年以来，高考成绩连创新高，上线率保持在70%以上。

在教学上，丁进庄的主张是"借脑"。他深知，硬件设施不断完善的同时，学校的发展战略也必然要不断升级，尤其是要对办学理念进行深耕，从教学层面、管理层面进行改造。

"教学上我们没有成熟的经验，可以采取拿来主义，学习借鉴别人的经验与智慧。"丁进庄说，"而这种学习是抱着'归零心态'的，然后吸收、改造、转化成为符合洛阳十二中校情的特色。"2004年以来，他们先后南下江苏省洋思中学，东到山东省安丘市第四中学、杜郎口中学取经。

如今，学校摸索出了"一学—二教—三练"的课堂教学模式，研究课改小区的构建与使用，解决了一系列重大认识问题，取得了良好的效果。2007年该校在原有的基础上摸索出的教学案一体化方案，已成为洛阳十二中教学上新的特色和增长点。

对于学校管理，丁进庄始终认为，不建立起学校的管理文化，学校的改革与发展就只能在一种较低的层次徘徊。为此，他致力于建立以"扁平化"为特征的管理体制，以聘任制为核心的人事制度，以服务对象评价为主的评价体制，以"多劳多得、优质优酬、效率优先、兼顾公平"为指导的绩效分配体制。

5年来，洛阳十二中着力建立动态开放的教师管理与任用机制，在全市率先实行聘任制，打破"铁饭碗"，共造"金饭碗"，按照"老虎理论"对教师队伍实施活力曲线管理（高效激励最优秀的20%，淘汰最差的10%，调动70%有积极性的），使岗位履行职责与教师专业成长有序对接，使教师管理与任用的过程成为教师专业化成长的过程。这一改革在全市引起了巨大震动，各大媒体纷纷跟踪报道，一时间，洛阳十二中成了洛阳教育的改革先锋。

所有这些改革与实践都基于丁进庄上任伊始制订的办学理念。记者摘录部分如下：

校训：志存高远、行从细微。

工作理念：抢挑重担，没有借口，物我两忘，执著入迷。

人才理念：1. 人人有才，人无全才，张扬个性，人人成才。2. 五湖四海，德才兼备，任人唯贤，唯才是用。3. 怀才有遇，有为有位，有位者更有为。4. 鼓励和支持冒尖，鼓励和支持领头雁，鼓励和支持一马当先。5. 人人是人才，赛马不相马。6. 尊重个性，承认差别，支持尝试，允许失败。

今天的洛阳十二中已成为洛阳市的热点学校之一。回首创业历程，丁进庄始终有一种强烈的愿望：要让全校的教师享受到学校发展的成果和一个强校带来的地位与尊严，要让老百姓用平民的价格享受到优质的教育资源。

为学生提供心灵套餐

"当我们的课堂内外拧干了情感、艺术、人文、兴趣、想象、愉悦等东西时，剩下更多的是为了考试而准备的东西，孩子的心灵将得不到润泽，情感世界将是枯燥无味的，精神世界也将是极其荒芜和可怕的，会自小就丢失了对崇高事物的敬仰和追求，对人生美好的幸福追求。"丁进庄认为，长此以往，我们的学生必将会是情商严重缺乏的一代，必将会是缺乏想象、没有趣味的一代。因此，对于精神价值的守护，对于生活意义的追求，应是教育的最崇高的使命。

基于这样的思考，自 2004 年开始，丁进庄推出了"心灵套餐"系列活动，意在砺志立德益智，春风化雨般渗透情感态度与价值观，铸造学生美妙的精神世界。

心灵早餐：这一活动是教师利用早操结束后大约 3~5 分钟的集会对学生进行心灵教育。所用素材可以是一篇美文、一首小诗，或是身边的人和事……只要贴近学生实际，易于接受，有一定的针对性，能产生砺志修德的德育效果即可。

心灵加餐：上午大课间是 40 分钟，课间操结束尚余 20 分钟左右，时间不长，但利用得好会十分有价值。教师们利用课间操后的 15 分钟开设心灵加餐，让各小组轮流坐庄，自主设计，自主主持，充分发挥集体的智慧。活动方案的思路注重考虑个人的爱好与特长、学生们的兴趣与意愿、身边发生的各种情况和一些热门话题，再配合好学校德育活动，做到精简、新颖、奇特、快乐、有益。学生通过自主实践，发展自主精神，锻炼自主能力，在充分表现自我的过程中，看到自身的价值，享受到无穷无尽的乐趣，建设快乐、友爱、自主、向上的好集体。

心灵盘点：有每日盘点和每周盘点。每日盘点，即每天晚自习下课后的 3 分钟内，学生要对当天自己的表现作基本的自我反省，在待人接物、学业发展、自我成长、情绪情感、集体贡献等各方面，都花些时间来沉淀一下心灵。每日盘点的方式可以是独自进行，也提倡小组成员交流评价与感受，因为他人的评价往往比自我评价更客观，他人的参与更能够促进学生的反思力与进步的提升力。每周盘点则是利用学生返校后第一节的班会时间，让学生先反思、盘点上一周的总体情况，对本周进行自我新期待，并要在印制的表格上填写规范后上交，每周末由班干部根据实际情况点评后反馈。

"心灵套餐"系列活动的开展构建了学生丰富、深刻、广博的精神殿堂，成为学校德育工作的重要手段。该校教师孙巧云感慨地说：关注学生精神生活，会让孩子一生富有。作为教师，必须"教"且"育"，注意引导青少年树立科学的世界观、人生观和价值观，提高他们的文化免疫力，使学生在"行之乎仁义之途，游之乎诗书之源"的同时，提升他们的文化素养。

（原载 2008 年 9 月 6 日《教育时报》，作者：褚清源）

让学习成为教师的生活常态

"我在这里教了十几年学,以前感觉累死累活,尽心尽力,可就是不出成绩,其他学校的同行们问我们的高考成绩,我都不好意思说。"洛阳市第二中学(以下简称"洛阳二中")裴蕾老师所说的"以前"也就是前几年的事情。由于周围厂矿学校加快了改革,洛阳二中生源流失严重,加上管理上的问题,该校一度陷入了发展的低谷。

然而,在 2008 年洛阳市高中目标考核中,洛阳二中取得了全市综合考核总分第一名的优异成绩,并荣获"高考目标考核先进单位"、"高考优胜单位"、"高考特别奖"三块奖牌,是洛阳市唯一一所同时获得三块奖牌的学校。

同样的师资、同样的生源、同样的硬件,洛阳二中如何让学校重新焕发出了生机和活力呢?胡玉敏校长的话道出了问题的关键:"教师的成长是学校发展之本。学校要倡导教师爱学习、多读书,真正成为一个读书人。学习应该成为教师工作的一部分,甚至成为生命成长的一部分。"

长不了工资,还长不了精神?

学教育学出身、曾在洛阳师范学校任教的胡玉敏校长深谙教育家苏霍姆林斯基的一句话:校长对学校的领导,首先是思想上的领导,其次才是行政上的领导。2006 年 8 月,洛阳二中新一届领导班子组建。新班子最看重的就是对教师的精神引领——给老师们长不了工资,还长不了精神?

"我热爱我的事业,我因精神富有而自豪……我热爱我的学生,我因爱心倾注而幸福……"这是洛阳二中教师自己编写的教师誓词。在这段誓词中,有几个关键词:热爱、幸福、成长、价值。誓词已经成为洛阳二中每位教师的从教信条，每年的教师节等重大节日，学校教师都会集体宣誓，重温从他们心底里发出的誓言。

洛阳二中很推崇孔子的做人之道和做学问之道：做人的最高境界是"仁"，做学问的最高境界是"乐"。学校从不提倡学生"苦学"，而是提倡善学、乐学；从不提倡教师"苦教"，而是提倡乐教、巧教。学校着力引导教师把教育事业提升到这个境界：教育本身是快乐的，这种快乐不是升官发财，不是获得什么学位、职称，而是真正深入孩子的心灵，收获信任、收获感情；教育是快乐的事业、有激情的事业、幸福的事业、有价值的事业。每年教师节，学校都有一个特别的庆祝主题，升华教师的职业情感，如2006年是"做一个学生喜欢的老师"，2007年是"做一个富有教育智慧的老师"，2008年是"做一个勇于改革和创新的老师"。

为增强凝聚力，学校定期组织教师开展各项体育活动。工会对每天下午到操场上锻炼的教师进行记录，定期对坚持锻炼、身体好的职工给予奖励。学校还定期组织教师进行排球比赛、长跑比赛、踢毽子比赛等，让每一位教师都拥有健康的体魄和愉悦的心情。

洛阳二中对教师的精神引领，更多地表现在对教师专业成长的引领上。在洛阳二中办公楼的墙壁上，悬挂着夸美纽斯、赫尔巴特、苏霍姆林斯基等教育家的教育理念。学校倡导"学习就是工作"，每年为教师报销书费，定期举办"青年教师读书会"、"校内百家讲坛"等，请本校骨干教师或聘请专家、学者作报告。"做学习型教师，与学生一起成长"，这已成为学校每一位教师所追求的教育生活状态。

"我们的办学目标是把学校办成教师快乐工作、幸福成长的乐园，通过成就教师来成就学生，引导教师追求自我价值的实现，把学生成才、学校发展和教师自身发展、自身幸福结合起来。"胡玉敏说。经过两年多的实践，洛阳二中正在向着这样的目标迈进。

抓住成长关键期，促你成才

"学生的发展有关键期，教师的专业成长也有关键期。从教的前五年时间，如果教师形成了先进的教育理念和实践智慧，那以后的发展就会深入而持久，相反，如果从教之初就浑浑噩噩、没有激情，以后就很难有发展的目标和动力。"副校长卢明国告诉记者。洛阳二中近几年新进了不少青年教师，学校特别重视对这些教师的培养，提出了"建学习型学校，做学习型教师"的口号。学校充分抓住他们刚参加工作，热情高、可塑性强的关键期，扎实开展了多种活动。

魏利波老师是 2007 年毕业来到洛阳二中的。他说："学校采取了种种措施促你成才。刚到学校时，我课都上不成，学校针对我们青年教师的专业成长采取了很多措施，如新教师岗前培训、汇报课、展示课、演讲比赛、优质课大赛等，实行'师带徒'制，给青年教师定目标、压担子。其中，最能激励我们、也是最让我们感觉有成长压力的就是学校领导随堂听课制度。"

魏利波所说的这项制度是洛阳二中两年来一直坚持的教学管理制度。学校每周指定半天为集中听课时间，在这半天里，所有校级领导和相关教研组组长一律关闭手机，随机进课堂听课，检查课堂教学的每一个环节。学校 4 个校级领导分包 9 个教研组，每个学科都要听，课下还要与学生进行交流，了解教师备课是否到位、标准是否适度、问题讲解是否清楚、作业批改是否到位等。在每周固定的校本教研时间，校级领导和教研组组长再与上课的老师就课堂中的细节和问题进行深入沟通和交流。

除了每周指定半天集中听课外，其他时间学校领导也常随机听课，如果没有特殊情况，每个校级领导每周至少听五六节课。"通过这项制度的实施，要让老师们感受到，学校的一切工作都是以教学为中心的，教师专业成长的途径主要在课堂上，教师职业的价值也主要体现在课堂上。"副校长聂建萍说。

在培养青年教师的同时，学校还尊重、信任并大胆任用青年教师。现在学校的骨干教师、班主任大多是青年教师。2007 年、2008 年教师节获得校内最高荣誉——"功勋教师"的 4 位教师，全都是 30 岁左右的年轻教师。

青年教师读书会：提升"软实力"

"为何成绩平平然，原来教师不读书。""身居校园内，而无读书喧。问君何能尔，心远地自偏。"胡玉敏校长在全体教师会上经常套用古诗来劝勉教师多读书。"校园本是读书的地方，教书人首先得是个读书人，但偏偏很多教师只死盯住课本和教参，很少读书甚至不读书。"

胡玉敏被学校教师称为"书生校长"、"诗人校长"，在繁忙的学校管理工作中，他每天都抽出固定的时间读书，除了坚持阅读和研究教育理论著作外，撰写教育教学论文，还静下心来读《论语》《孟子》、甚至是佛教的经典，把这些道理迁移到学校管理中。"教育有自己特有的规律，学校是文化运作的产物，不能用市场等价交换的规律来办教育。教师对教育要有宗教般的情怀和热情，这样才会把教育工作当成自己研究和思考的对象，不断通过读书来更新自己的知识结构。否则，观念不更新，经验可能会成为前进的阻力，教育行为只能是在原地打转，成为机械和痛苦的重复。"

为了让教师养成读书的习惯，一开始，学校为教师们统一购置了一些图书，如《班主任工作漫谈》《中国新教育风暴》《英才是怎样造就的》《做最好的自己》等，教师人手一本。学校团委每学期还组织两次青年教师读书会，结合某一本书或几本书谈自己的阅读体会。

地理教师曾晔从教两年了，谈到青年教师读书会，她深有感触："人都是有惰性的，原来自己很少去书店买教育理论方面的书。学校统一配发图书后，还要检查读书笔记，于是我试着让自己静下心来读书。后来感觉确实很有收获，读书会上的交流也让我了解了同事们的思考和进步。慢慢地，我开始喜欢读书了，教学中有什么问题会想到要找相关的书籍来学习和参考。"

刚参加工作一年的物理教师常燕玲这学期写了两本读书笔记，她认为这是在提升自己的"软实力"。她说："读书的作用是潜移默化的，尤其是读教育理论著作。以前只看物理教学方面的书，现在读了一些教育理论、教育随笔，自己还买了《玫瑰与教育》《李镇西教育文丛》等来阅读。现在回想起来，感觉以前拥有的更多的是生硬的知识和方法，关注的是'教什么'和'怎么教'，现在开始思考'为什么要这样教'，开始关注'除了教知识，还能给学生带来什么'。教育论著是软平台，它给教师提供的是长久的发展动力。"

记者在和洛阳二中的教师座谈时，他们都有这样的感受：由于高中教学工作繁忙，青年教师读书会每学期只组织两次，直接的作用是有限的，但读书会更大的作用是营造一种学习的氛围，引导教师养成读书的习惯，做一个真正的读书人。

校内百家讲坛：我也能成为这样的老师

洛阳二中追求三种收获——收获优秀学生，收获成功经验，收获成功教师。为给教师的专业成长搭建平台，学校经常有针对性地聘请专家、学者到校作报告。另外，学校还组织本校骨干教师作报告，名之曰"教师成长论坛"，以身边的榜样激励教师，加强专业引领和同伴互助。洛阳二中的老师形象地称第二种讲座方式为"校内百家讲坛"。

李方是学校语文组的骨干教师,他刚刚完成了校内百家讲坛主讲任务,内容是他前段时间外出学习的体会和反思。由于讲座结合了洛阳二中的情况,融入了自己的思考,他的观点引起了老师们的共鸣。听讲座的何孟伟老师说:"自己学校的老师可能与专家学者的视角不同,身边的人讲的内容与自己学校的实际结合得更紧,将自己的所学所得进行了消化、转化,重新加以组合,更容易被人接受。同时,身边的榜样更具有激励性——自己经过努力,也可以成为这样的老师。"

现在,校内百家讲坛已经形成了固定的组织方式。这学期,学校安排了20位骨干教师作报告,每周全体教师例会前,由一位教师讲20分钟到半个小时。内容不拘一格,可以是教育理论、班级管理经验、教学方法、教改反思和学习心得等。不少老师反映,这种方式改变了学校例会单纯布置任务的性质,丰富了例会的内容。

通过以上措施,洛阳二中不仅收获了学校的巨变、学生的成才,更收获了一大批优秀的教师。"别人明显看到的是我们学校教学质量的变化、高考成绩的提高,其实我觉得最大的、根本的变化是教师教育观念的变化。在这个过程中,最大的受益者不仅仅是学生,还有我们的教师。学习已经逐渐成为我们的生活常态,我们和学校一起成长。"刚刚荣获河南省"十佳"班主任的别红梅老师对记者说。

清华大学前校长梅贻琦曾有言:"所谓大学者,非谓有大楼之谓也,有大师之谓也。"教师的素质、情感、凝聚力是学校发展的核心竞争力,抓住了这些,也就选对了发展的方向。这正如胡玉敏校长所说:"教育是慢的艺术,只要走上一条方向正确的路,每一个细节做好了,教师的素质提高了,最后必定会出现好的效果,收获成功经验,收获成功教师,最终收获优秀学生。"

记者手记:

教师的成长是学校发展之本

"所谓大学者,非谓有大楼之谓也,有大师之谓也。"清华大学前校长梅贻琦的话深中了学校品位提升的肯綮。教育专家李希贵也提出了一个响亮的口号——"学生第二"。言外之意,学校应该把教师放在第一位。教育上的道理往往朴素而相通。"教师的成长是学校发展之本",洛阳二中的这个办学理念也直通学校发展的根本——哪所学校抓住了教师，抓好了教师的精神引领和专业发展，哪所学校必然健康快速发展。

两年前，面对洛阳二中发展的低谷，胡玉敏校长提出了"精神引领与制度规范双翼并进"的发展战略，并一再强调"精神引领大于制度规范"。这为学校后来的发展奠定了"人本"的"底色"。

其实，很多学校都有一些失去激情的老师：忠实地把书本知识传授给学生，不至于误人子弟就行；只在本学科内部打转，不考虑深层的教育问题；迫于生活和制度的压力，不择手段地追求学生的高分……对一个从事着塑造人这一崇高职业的教师来说，如果他的动力不是来自于热爱，而仅仅是来自于压力，这样的塑造，其结果肯定是十分可怕的，最终也很难真正提高教学质量。正如洛阳二中教师裴蕾所描述的那样，"累死累活，尽心尽力，可就是不出成绩"。提升学校品位的真正出路，就是要唤醒每一位教师的生命潜能，激活教师的个人愿景和主动发展的意识，让教师在成就学生的同时成就自我。只有当教师个体的专业生活产生根本的转换，学校教育改革才能真正实现。

教师成长最根本、最重要的内容就是教育理念的变化，它统领着教师的整个教学行为。而教育理念的转变，正如钱理群教授所说的，"是缓慢而细微的，它需要生命的沉潜，需要深耕细作式的关注与规范"，是一种慢的艺术。洛阳二中引领教师读书、举办"校内百家讲坛"，就是要营造一种学习的氛围，在潜移默化中引领教师做一个真正的读书人，从而做到"生命的沉潜"。学校领导随堂听课，并坦诚、及时地与授课教师交流认识，一起寻找改进的办法，就是具体而微地进行"深耕细作式的关注与规范"。

（原载 2008 年 12 月 13 日《教育时报》，作者：杨磊）

修复学习的欲望和快乐

作为省会最"牛"的学校之一,郑州市第一中学(以下简称"郑州一中")的升学率远近闻名。然而,在很多人看来,升学率高往往是因为具有生源质量好、教师业务素质高、财政投入给予倾斜这样的优势条件,再加上管理严、抓得紧而已。这样的"名校"的确存在,但以这种思维来想象郑州一中,势必会犯经验主义错误。

郑州一中的确拥有生源、师资和硬件等天然优势,但其核心竞争力不是靠此支撑的。该校多年来的教育实践让人看到了应试背景下真教育、真学校气脉的延续,这才是郑州一中的核心价值和魅力所在。

与很多校长一换就"另起炉灶"的学校不同,郑州一中的几任校长都较好地继承和发展了前任校长所坚持和形成的好传统和价值观。现任校长朱丹是前任校长张时今的教学副校长,张时今则是其前任校长马自力的副手,无论是马自力还是张时今,都曾主持学校多年,直到退休。这种机制让郑州一中的文化始终沿着一个大方向前进,形成了高品质的教育生态。

这种高品质的教育生态可解读为六大要素:一是学生就是目的而不是手段的共享价值观,二是让人内生动力的管理文化,三是以学术为精神坐标的名师团队,四是以优秀为底色和追求的学生群体,五是以自由自主为灵魂的学习和活动体系,六是统一和个别相结合的"合餐分餐"教学体系。

学校应是不一样的地方

在郑州一中新校区,最与众不同也最让人不可思议的是大门和主楼前没有任何装饰的高大水泥柱子,以致不了解内情的人误认为还没完工。

其实，这样的设计蕴涵着"教育即生长"的深刻道理，意在提醒学校管理者和教师不忘教育的本质。

《郑州一中青年教师读本》中有张时今和朱丹合写的一篇文章——《学校文化就是"爱"的文化》。该文较为系统地阐述了郑州一中的教育哲学：

教育的使命就是为学生生命成长提供最好的环境。什么是最好的环境？第一是自由的时间，第二是好的老师。

一切教育都是自我教育，一切学习都是自学。最好的教学效果不是在单位时间内传授了多少知识，而是把学生变成了"不可救药"的思想者、学者，不管今后从事什么职业，再也"改不掉"学习、思考、研究的习惯和爱好。

在教师这个职业中，人性是第一位的，知识和经验是第二位的，人性决定了教师的品位和工作效果。

……

郑州一中将这些理念落实到管理实践和教学行为中，并有了相应的积累和沉淀。比如，自习课堂是郑州一中的一大亮点和特色，每天下午和晚上共有5节自习课，学生在自由支配的时间里，更容易找到适合自己的学习方法，养成自学的习惯和品质。

在张时今和朱丹看来，和校园以外相比，学校应该是个不一样的地方。学校不能把对学生的管理混同于成人式的团队管理：批评和处分中的教育附加值越来越少；企图通过纪律的权威性，吓阻学生成长中的错误；把"格杀勿论式"的管理看成魄力的表现。学校不能像行政单位：喊豪言壮语，走形式过场，制度苛刻，搞绩效主义，不注重教育能力，夸大经营能力，欣赏在社会中的左右逢源。如果学校忽视教育的本质，把教育仅仅变成满足功利目的的工具，甚至成为个人获取各种名利、地位的手段，那么教育就会失去存在的根基。

"牛师"图谱

郑州一中有相当一部分被学生称为"牛师"的教师，他们的专业生活状态，很容易让人联想到20世纪二三十年代南开中学和春晖中学的名师。

在郑州一中贴吧里，有一个半文言的帖子，对该校孙士放老师进行了精彩的描述：

吾师孙士放，身长约二米错二，高大威武，常年好穿墨绿、暗灰色服装，不知是否应称板寸的发型永远干净清爽地立在他那充满智慧的脑袋上。

初见吾师，首言便语出惊人："我的名字叫孙士放，这名很俗，当然人也很俗。"此后其经典语录如波涛汹涌而出，课堂每被笑浪淹没，有时连听课老师亦笑得花枝乱颤，几个大老爷们宛如戏台上化了妆的小姑娘——脸通红通红。幸亏吾师嗓门奇大有压倒一切之气势，吾班数学课堂得而完整保存矣！

一日板书一难题，全班作苦思冥想状，吾师三下五去二解答完毕，思路之严谨、方法之简便绝倒众人，其立于讲台拈花微笑："同学们，就这样解出来了，一个字，是什么呢？——爽呀！""爽"字一出，其"笑傲讲台，唯我独尊，数学世界，舍我其谁"之霸气尽露无遗。除此一字真言外，吾师还有两字真经。一曰"小晕"：某次考试过后，"嗯，这次考试，有些同学失误太多，做题时是不是有点小晕呢？"一曰"舒服"："这道题，这样做，不是很舒服吗？"

学兄学姐提起他来只有一个字——"牛"。今生得遇吾师乐得整日陶陶然乎！某日听得一声长叹："好多搞数学的同学上了大学后反而不学数学了，也许是数学学烦了吧……"一句话听得我热血沸腾，如将来能力足够，定要选择数学系，以补吾师之遗憾也！

一位学生跟帖道："下学期俺要去文科班了，离开了士放令我万分不舍！希望更多学生遇到像士放一样的好老师！"

在学生眼中，叶玉昆老师是一个"风一样的男子"：他站在讲台上，"头微微扬着，眼微微眯着，似乎完全沉浸在经济与哲学中了"。一次正该上政治课时下雪了，学生们都尖声惊叫着冲到窗口前去看。可叶老师呢，并没有发火，只是悠闲地、慢慢地走到窗前，轻轻地靠在那里，偏头去看外面的雪花。"哎呀，那个样子好潇洒啊！"

学生对物理教师曹颖的评价是："她不是在教你知识，不是在教你方法，而是从一个全新的高度来引导你理解物理内部的联系，这充满了哲学的意味。"

有学生对范廷贤老师的描述是，上他的课是一种脑力的竞赛，让人有一种扬帆的快感，总觉得时间过得飞快。

职永吉老师的教学语言令每个上过他课的人都无法忘怀。其经典的"提溜上去都下不来了"曾令无数人在捧腹大笑中对有机化学产生了浓厚兴趣。

姜万明老师教物理，每节课只讲一道题，然后左发散、右发散、逆发散，愣是整出十几道题来，让人不得不佩服。

一位从某名校转入郑州一中的学生对两所学校的教学进行了对比：以前最不喜欢上的就是政治课，老师一味地说教，让人很不爽。而郑州一中的政治课，通常是让学生自己讨论问题，无论是美国的次贷危机折射出的问题，还是中国该不该承办奥运，还是如何评价社会主义和资本主义，等等，老师要求每个学生都按自己的思考发表看法，而最后的总结性陈述也只是点拨性的，一般不给标准答案。

在郑州一中，有不少学生把老师的经典语录整理出来，放在贴吧或博客里，称之为"想念某某老师专辑"：

我说随笔可以不交了，他还是交了，他不是个听话的好孩子，可是个好学的孩子，我很感动！

同学说："我这一年过得像一句废话。"那我这一年不是给废话作注解吗？

做完的卷子就扔厕所吧，但小心错题本别让人家偷了！

这次作业先自己检查做完没，然后同桌再相互检查，最后我检查；如果没做完就先自我批评，同桌再相互批评，最后接受我的批评。

这次考试70分以上是拔尖的，60分以上是成绩不错的，50分以上是有基础的，40分以上是有一定基础的，30分以下是有极大潜力的。

有3个同学作业没做完，但做过的部分很认真，所以对这3个同学提出不点名批评和表扬。

一位刚进入高三的学生这样写道：

无法想象就要与那么多朝夕相伴的老师分别了，岭岭、保军、秋平、老景、老曹……你们曾给过我们那么多的快乐，幸运人生中有一段与你们共同走过……岭，全班同学的最爱；保军，我的英语是你力挽狂澜救回来的，我现在竟然能喜欢英语，能考到这个分数，是我以前想都不敢想的；秋平，你总无微不至地关心我，像个大孩子，我们的大姐姐；老景，从你身上我知道真正的语文老师是什么样的，博学多才，气质潇洒……

正是这些老师将郑州一中的风气与精神传递给学生，让他们在一个精神的王国中，充实而幸福地度过了在很多人看来是"黑色三年"的高中生活。这正如一位已从郑州一中毕业的学生所说："现在觉得高三那一年是20年里最幸福的。以前不理解一个学姐跟我讲高三没上够，现在理解了。"

管理文化

文化往往能够通过细节深刻地表现出来。一位学生家长向记者讲述了一件关于该校寝管的小事："孩子进入郑州一中的第三天，时逢家长看望日，我在宿舍门口等孩子。寝管老师看到后便出来热情地跟我打招呼，问孩子是哪个房间的。我报了房间号，她马上说：'是东上铺的吧？放心吧，您的孩子很乖。'正惊讶她怎么会认识，却听她叫住一个刚要进楼的孩子：'××，昨天考得怎么样？'……两个人小声说了几句，那孩子离开时她爱怜地轻拍了拍他的后背。然后，走过来对我说：'很勤奋的一个孩子，上次没考好，有些心理负担。'我还没来得及接话，她又叫住另一个孩子：'你感冒好些了吗？我刚给你煮了梨汤。'说着便拉着孩子进了值班室。我发现，她面带微笑跟每一个回宿舍的孩子打招呼，嘘寒问暖。我忍不住问：'您该不会知道每一个学生的名字吧？'她笑了：'住在这个楼里的孩子我都认识，在几班、叫什么名字多数知道。刚才那个孩子，家里经济条件不太好，她妈妈工作忙，孩子发烧也没时间来看，我就买了梨煮汤给他喝。我也是当妈的，谁的孩子不心疼啊！'"

郑州一中新校区主楼上悬挂着一副醒目的对联：爱校情结，爱国精神，爱的文化；善待学生，善待社会，善的事业。郑州一中与文化建设停留在口号或文本层面的学校是不是的确有些不同？

一位高三学生向记者讲了这样一件事：

一日下晚自习，我与室友刚回到宿舍，隔壁的B同学就跟进来了，还没讲两句话，副校长也走进了房间。屋内的气氛立刻紧张起来，因为那个同学手里夹一支未点的香烟。我当时只有一个想法——"这家伙这回死定了！"因为如果同样的事发生在我初中的学校，后果不堪设想。副校长看了眼B夹烟的手，又分别走到我和另一学生面前问我俩是否抽烟。我们说："不抽。"副校长转向B，以平静的口吻问："你知道被动吸烟的危害比抽烟还大吗？"B说："知道。"副校长又问："你什么时候开始抽烟的，烟瘾大吗？"B说："上小学的时候，烟瘾很大。"副校长说："我的烟瘾也很大。"我们面面相觑，不知校长大人葫芦里卖的什么药。这位副校长接着说："不过我能做到不在学校抽烟。我相信你也能够做到！如果开始觉得困难，至少你要能做到不在公共场合抽烟，比如不让你的这两个同学被动吸烟。"B点头答应，副校长迈步出门。我们一时无语，而后长舒一口气。

这位高三学生告诉记者："校长是想告诉我们一个做人、处世的原则——自由的前提是不影响到他人。"

这样处理问题的方式，充满了教育智慧，体现了郑州一中"不能把对学生的管理混同于成人式的团队管理"的理念。

看不见的功力

郑州一中的一个班里流传着这样一个故事：一位新来的数学老师，每逢下课铃声响起，总是夹着教案一溜烟儿跑着离开教室，大家都来不及问他问题。如是几次，几个学生决定——追，那天眼看要追上了，老师却跑进了离他最近的一个教室。凡事就怕有人惦记着，有几次这位老师没来得及逃脱。这时候他会很认真地听完学生的问题，然后笑笑说："等会儿再给你讲题，我先给你讲个故事。"老师讲的故事很感人，听得学生唏嘘不已，这时候，上课铃声响了。过个一两天，数学老师会主动找到问问题的学生："上次你不是问我题吗？现在我给你讲吧。"

学生们感到"这里面有问题"，便一同找到数学老师，要求他"老实交代"。数学老师苦笑着说："那是因为有时你们问的问题当时我也解答不了，为了不让你们失望，我精心准备了100多个感人故事给你们讲，然后争取时间或回去自己查找资料或跟其他老师研究，等弄明白了再给你们讲。做你们的老师，我容易吗?!"

郑州一中自习课多，学生有爱问问题的传统。这对教师的学习更是一种无形的鞭策。正如一位老师所说："学生问你问题，一次两次解答不到位，还可以理解，如果次数多了，学生就会认为你不行。自习课时，你教的学生来办公室问问题，就不会向你而是向你同教研组的同事请教（这种现象时有发生）。那一刻，谁面子上能过得去？"

郑州一中的教师，尤其是年轻教师和新调入教师，其无形压力的另一来源是同事。

"刚来一中的时候，生物教研组一共4名教师，他们三个都非常优秀，课很受学生欢迎。并且，我惊奇地发现上高中时一直崇拜的几位名师就在我们学校……所有的这些，都让我忐忑不安，甚至失眠了很长一段时间。"在郑州一中工作了8个年头的淡海彬老师说，"在我工作的前几年，每天晚上我从来没有在凌晨1点前休息过。那时候，每到周末，除了偶尔回家，我都把自己关在宿舍中，不开灯，不出声响，唯恐别人知道我在屋子里。然后静下心来，备课、做题、看书，那时候一节课我都要备上两天到三天。现在，虽然我工作上小有建树，但在上每一节课的时候，还是有一种敬畏感。"

和严格管理的学校不同，郑州一中没有教师签到制度，没有教师在自习时间讲课的现象，没有教学上的条条框框，而是鼓励教师自主教学。教师没有有形压力。所以，与很多学校困惑于如何调动教师工作积极性不同，这一共性问题在郑州一中却不是问题。用教师的话说就是："郑州一中有一种看不见、摸不着的东西在影响着你。"

朱丹说："让教师自由主动地工作、自由主动地学习，是我们教师管理追求的境界；唤醒自主意识、提高自主能力、强化自主精神，是我们学生管理的目标。"

考入北京大学的韩思蒙同学在一封信中这样评价母校："郑州一中会让你把学习变成习惯，虽然没有人强迫你做什么，虽然你有较多自由支配的时间，但氛围就像一股有着巨大力量的旋涡，使你不由自主地卷入到学习中，让你感受到内心求知欲望的高涨。"

对此，有学生家长评价认为，郑州一中与众不同之处在于，能让孩子恢复学习的欲望和快乐。

坚守真实

"郑州一中很真实，我为此感到骄傲。"张睿喆同学认为，郑州一中的真实一方面体现在课程设置上。郑州一中的课程表上除了其他学校有的文化课外，还有劳动技能课、摄影课、舞蹈课以及每周一、三、五下午第四节的活动课。一些学校课程表上列的是一套，实际做的又是一套。但郑州一中绝不会这样，课程表上有的一定会开，开不了的课程就不会上课程表。

另一方面体现在招生上。"每年的中招前夕，我有切身体会，有些学校安排老师扮成家长，走进开家长会的初中教室内，向你介绍某所学校如何如何好，你若到某所学校会给你一定的优惠条件，如提前给你签录取协议，保证免学费等诸多诱惑。"张睿喆认真地说，"而郑州一中则不然，老师会实事求是、语重心长地告诉你：'学校有60年的历史，采取因材施教的教学方法，注重让学生自主学习。如果适合你，就到郑州一中来，我们欢迎你的到来。'老师的语言非常朴实，我就是被朴实的语言所打动，毫不犹豫地选择了郑州一中。"

每年的5月份，郑州都有一场没有硝烟的中招大战。在这场每年一次的大战中，郑州一中往往是被动的。

第一次参加了中招咨询会后，王秋平老师感到了一种无奈。"初三的家长被谣言蒙蔽，在咨询时说：听说郑州一中的老师上完课就走人，学生整天没人管，只有好学生自觉学习（我们的自主精神培养竟被歪曲到如此地步）；听说郑州一中就竞赛好，理科好，学生英语都不行，文科也很差（如果文科差，为什么清华大学第一年在河南招收 10 名文科生，就单单来郑州一中宣传且给了 3 个自主招生名额呢?)。中招咨询会变成了辟谣会。"王老师在博客中写道，"我们尊重初中孩子和家长的自主选择，欢迎大家积极报考，但是不会用各种手段强求，不会降低自己的人格去诋毁其他学校，不会去欺骗，不会去骚扰优秀学生的家长，不会威逼利诱，不会盲目允诺……作为郑州一中的老师，我们有点无奈。我从来不认为郑州一中是完美的，但是我在这里真的很快乐。郑州一中的学生对学校是挑剔的，但是我相信他们真心爱学校，不会后悔来到这里。"

郑州一中求真的文化在其学子的人格和精神上留下了深深的烙印，这正如马田园同学在郑州一中 60 年校庆征文中所说："你的学子只有不羁的才情，没有虚张的造作……当名利在你眼中变得苍白无力，重任让你的呼吸掷地有声。"

给学生留白

在郑州一中贴吧里，有一个"提到郑州一中你最先会想到什么?"的主题帖，不少人的回答是自习课"超安静"，"和一些学校老师一走班里就乱成一锅粥形成了鲜明的对比"。

一名学生以自己的亲身经历对郑州一中的自习课进行了这样的描述："刚刚来郑州一中时，确实为自习课数量之多而感到惊叹。高中的学习确实比初中要难了很多。即使是这样，郑州一中主要学科的周课时数远远比不上初中，所以每节课含金量都很高。课时数的减少就意味着自习的增多。一般来讲，每天下午两节自习，晚自习两节（相当于普通自习三节），这几乎是雷打不动的。再加上收看《新闻联播》等基本上每天都有的'额外'自习课，自习时间之多确实是少见的。"

郑州一中的自习课禁止老师讲课，为的是让学生有足够的自主安排的时间以进行适合自己的学习。程度好的学生可以做自己喜欢做的有一定难度的课外作业，程度稍差的学生可以复习回顾当天老师课堂上讲的内容。

"自主精神"是郑州一中的立校之本。安排大量的自习课就是增加学生的学习自由度，解放学生的时间。对此，朱丹校长的解释是："学习自由度越大，成才的层次越高，因为人才一定程度上是特长充分发展的结果。郑州一中的制胜法宝就在于'给老师留空闲、给学生留空白'。"

"郑州一中的自习课安静得连掉根针都能听见"已广为流传。这样的学习风气是如何形成的？这一让人困惑的问题在郑州一中很多老师和学生看来却不是问题。多数学生的感受是"好的学习氛围逼着自己上进","在郑州一中这所高手如云的学校，不进则退，想不学习都没人陪你玩"。

走在郑州一中的校园里，从擦肩而过的一张张青春的脸上，你看不到紧张。

"老师从不给我们施压，但学生内心都有压力。郑州一中是强人的聚合地，怎敢掉以轻心？就拿我的一位室友来说，无论多么繁重的作业，甚至在考试前，都不改一个习惯——每个月借满借阅卡上的3本书。没有人要求她这样做，她所看的那些哲学、评论、文学等也与课业没有直接的联系，但她却乐在其中。与她聊天，可以感受到那种腹有诗书气自华的底蕴。"宋潇同学说，"和这些同伴在一起，我对学习有了更深刻的感知。学习并不只是上课认真听讲、做作业、学好课本，学习在自己、在平时、在态度。郑州一中有着浓郁的学习氛围，这里不愧为学习的圣堂。"

郑州一中给学生自由发展的空间，但不意味着就是轻松。一位网名叫"钾肥猫"的学生在回答"郑州一中是不是管得很松"时这样说："松和紧应该都不能用来形容郑州一中。上课的时候可以松到不用'请示'去上厕所，下课的时候可以紧到全班没有一人休息，全体在学习。而两者在老师看来，不存在任何差别。郑州一中一般不会刻意给你定许多条条框框的东西（除了早恋等个别现象），但是每个人心中又都会有自我的行事标准，这才是真正约束一个人的东西！所以会有人觉得郑州一中很严，有人觉得很松。"

帖子事件的背后

为学生提供相对自由的成长环境，很大程度上是郑州一中给自己提出的挑战。学生在这样的环境里管理起来并不容易。

2007年，郑州一中贴吧里出现了一个《关于朱丹》的帖子。朱丹时任郑州一中书记兼教学副校长。该帖对成立网管部、学生排练的《董卓与凤仪亭》没有通过节目筛选等问题以及针对朱丹本人发表了比较尖刻的看法和意见。

朱丹并没有调查发帖人是谁，也没有在学校会议上发怒，而是非常认真、平静地写了一封很长的回帖——《致〈关于朱丹〉的吧友》，和学生进行了深入、平等的交流。

感谢你的帖子，让我思考了很多问题。想和你及诸位交换一下意见。

思考一：关于网管的建议，在学生干部会上我是这样说的："成立网管部，不是要搞意识形态，也不是要你们做学校领导的传声筒，是要同学们听听青年精英的声音，对那些低俗的不文明言行、对鸡毛蒜皮的无聊事情，表明正确健康的观点，在同学之间形成优秀文化的互动。"

思考二：关于《董卓与凤仪亭》一剧落选，我首先代表社团活动指导室和指导教师表示歉意，有关人员应该在剧本编出后拿出初步意见，避免投入排练的时间浪费。一台节目有一两个节目未入选，也算正常，即便主审者的意见值得商榷。否则都不愿割爱怎么能行呢？该剧落选不是同学们演得不好，而是剧情内容同类过多，且格调不高的缘故。有些人说："恶搞有什么不好，能让我们放松就行。"我认为推进社团活动，营造社团文化，让你放松是小事，让你成长是目的。

思考三：我在一些不同场合说过"要通过学生在课程上自学、在生活上自理、在管理上自治，落实培养学生自主精神"的教育理念，但自由比不自由给人的约束更大。在我看来，达到自由有三重门：第一重门是自律之门，第二重门是尊他之门，第三重门才是自由之门……

思考四：你说以后不要自己夸郑州一中，要让别人说。我觉得非常有道理，以后我会注意……

我想用6个字总结这封信——感谢、抱歉、交流。言犹未尽，能否和你见面畅谈？再见。

朱丹的诚意和民主得到了不少学生的回应和支持。最初发帖的学生在回帖中说："我真没想到会有这样的结果……对于我言论中一些不妥当的成分表示歉意……但我想和您交流……"

在郑州一中，学生很大程度上能真正感到自己是学校的主人。"定期向普通学生开放天文台；寝室旁的空地可以种花草，由各班负责；适当推迟熄灯时间；宿舍楼6楼热水器水烧不开……"这是校政对话日上，各班学生代表提出的建议。通过每期一次的校政对话日和教学恳谈会，学生可以自主表达对学校工作的看法和建议。

自主精神的多元养育

唤醒自主意识，提高自主能力，强化自主精神，是郑州一中的核心教育理念。

郑州一中的学生会没有宣传部和组织部，设有纪律卫生部、校园文化部、学习部、寝管部、伙管部5个部门。其中，小记者站、广播站和各社团属校园文化部。郑州一中学生会的宗旨是，在自主精神指导下为学生服务。

学生会大选在郑州一中是很轰动的大事。学生会新成员不仅要填写统一的报名表，还要提交论文，围绕工作构想展开论述，并分析本人的优势和特长。论文评定合格者可以参加面试。面试内容包括一分钟自由发言、抽题答辩、评委现场提问答辩。面试内容和评委会人选由学生会部长例会决定。

宋潇初中时性格比较内向，来到郑州一中，尤其是参加了学生会大选后，口才和自信心提升了一个层次，就像换了一个人。"大选的场景我永生难忘。"宋潇这样说。

在郑州一中，只要你有某方面的特长，并且愿意组织、参加相应的活动，就可以向学生会社团文化部申请，并成立相应的社团。心泉文学社、心舞社团、心雨人文社、心韵诗社、心绘画社、心声剧社、心弈棋社、心乐团、爱心协会……目前，郑州一中共有15个学生社团，每个社团都有丰富多彩的活动。

2009年1月，郑州一中新校区爱心协会联合老校区学生会和郑州一中家长交流群，为初三学生举办了中考爱心讲座。6名在中考中成绩优秀的学生通过鲜活的例子，为初三学生详细讲解了各类学习方法、记忆方法、做题方法、心理调节方法等，并与同学们展开互动……

郑州碧沙岗公园里，一棵大松树下，摆上乐器，拉好横幅，郑州一中心乐团就开始了演出。没有亲友团捧场，他们就拿着喇叭到处召集观众。演出中，闪光灯不断，掌声频起，萨克斯、小提琴轮番上阵。一位从邓州来游玩的老先生听罢演奏，颇有感触地写下两首诗赠与心乐团。"演出进行了一个半小时才结束，这是我们没有预料到的。高中三年，一闪即逝，唯有这些经历会化为永恒的回忆。"心乐团团长在总结中写道，"开心与欣慰都不足以表达我们的心情，更多的是感激和感动。感谢郑州一中自由的氛围给了我们发展的空间，感谢社团指导室老师一直以来的帮助……"

学校艺术节期间，除参与全校的集体汇演外，心声剧社的演员们还带着自己编排的节目，每天下午进入班级为同学们演出，众多粉丝一路追捧，盛况非凡。

郑州一中前任校长张时今曾说："让学生在活动中提升精神品位，让学生在活动中萌生理想，让学生在活动中懂得做人，让学生在活动中缓解学习的紧张和压力。娱乐之中看品位，娱乐之中养精神。"

郑州一中"自主精神"的教育理念和当代大学精神有着很大的相通性，学生到大学后适应快，深受高校好评。目前，郑州一中成了河南最受著名高校青睐的学校之一。香港科技大学、香港中文大学等近几年也频频邀请郑州一中前往参观、考察，并在郑州一中举行招生说明会。

"合餐分餐"教学体系

在"增加学生自由度"这一思想的指导下，很多年前，课程选修就成了郑州一中教学体系的重要组成部分。

ST教学体系是郑州一中的办学特色。ST是英文Separately + Together的缩写，即个别和统一相结合的教学方式，包含学科奥赛、研究性学习、讲座课程、分层次教学、选修教学五个板块。

在郑州一中，在教育部规定的学科课时总量不变的前提下，大部分课采取在本班同步学习的形式，小部分由学生自己决定，想听哪个学科的课就走进哪个课堂。从2008年开始，该校在一年级开始了三类选修：一是部分必修科目学习时间的开放选修。每周五为选修日，在这一天里，学生可在语文、数学、英语、物理等同学科教师之间任意选修，学生进行选择性听课，以充分开发、利用优秀教师资源，形成良性互动的竞争氛围。二是兴趣特长科目选修。为了满足非竞赛班学生参加竞赛的需求，对数学、物理、化学、生物、计算机每周进行两次学科竞赛辅导。三是导师选修。在同年级不同学科教师之间任意选修，学生进行选择性听课，以满足学生根据自身的发展，对学科学习时间作出调整。三类选修分别侧重学生对学习时间的自主把握、对特长爱好的自主发展、对教师资源的自主选择。

郑州一中讲座课程的兼职教师，既有科技界的院士，又有文学界的著名作家；既有法学教授，又有军事专家；既有商界精英，又有杰出运动员……

一中精神坐标下的学子样本

隆冬时节的郑州一中学生宿舍某床位。床上只铺了一条红花粗布小褥子，也就两三层布的厚度，上面是一条很薄的蓝花粗布被子。这么冷的天，被子这么薄，能睡吗？一定是特困生吧？如果你这样猜测，那你的思维又犯了经验主义错误。

这张床铺的主人叫苑喆，家里可不是没钱，手机几千元，望远镜上万元，弄成这样是"为了磨炼自己的意志"。苑喆爱好天文，自己组建了个天文社，还起草了上万字的章程，曾两次给学校师生开天文讲座。高一、高二时，苑喆每周日下午必去敬老院或福利院做义工。因为英语早过了六级，上英语课他时常抱着天文方面的书研读，而英语老师从不干涉，因为苑喆和老师认真谈过。

苑喆和省内外的不少天文爱好者保持着密切联系，有时请假独自飞到外地参加活动或与天文爱好者见面。2008年还请了一周的假和来自全国的天文爱好者一起赴甘肃观看日全食。他爱好天文，但将来却希望研究数学。苑喆爱好广泛，跟人打交道的能力很强。他通过网络认识国外好几所大学的教授；从甘肃回郑州的路上还和几个荷兰人成了朋友，并带回家里做客；前不久又通过网络认识了香港大学的招生老师……苑喆还参加了SAT（相当于"美国高考"），现在已经被美国一所大学录取，但他还没有决定是否去。

苑喆对郑州一中感情深厚。他告诉记者，当初他之所以选择了郑州一中而不是其他名牌高中，看重的就是郑州一中给学生的自由。他说，像他这样的学生在郑州一中很多，学校和老师对他们很支持，没有郑州一中这样的环境，就没有今天的他。

还有一个学生姓崔，名鹏飞，该生最大的特点是超级自信，常以"帅爷"自称。据说，以帅爷的实力，考北大、清华虽仍需努力，但正常发挥上人大是不成问题的。"我帅爷是谁，那可是未来要影响世界的人，剑桥和帅爷，那才叫般配。"

除了自信，帅爷还很幽默。他常跟同学叨叨的就是："帅爷将来是要开跨国公司的，赶明儿你大学毕业时，帅爷让你当我公司的保洁部经理，那可是公司的核心部门啊。"

前不久，帅爷拿到了赴英国的签证，他决定利用班会时间跟大家来个集体告别。帅爷特意准备了一些小礼物，以抽签的形式送给了同学。告别仪式结束时，有同学冲他喊：留个联系方式吧，比如伊妹儿。帅爷说："不必了，十年之后全世界都会知道帅爷，还怕找不到我？"

苑喆和崔鹏飞只是郑州一中优秀学生的冰山一角，该校校报专门有个《学子》版，记录描述过更多的优秀学子……

因为生活或曾经生活在郑州一中这个精神的王国中，很多学生都对母校充满了深厚的感情。

一位学生在谈到"为什么喜欢郑州一中而不喜欢初中就读的学校"时这

样说，郑州一中没有歧视，初中学校有。初中时班上学习好的同学不跟成绩不好的同学一起玩，更别说成为朋友了。而在郑州一中没有这种现象，极少有同学问别人的考试成绩。

这位学生的家长对郑州一中充满感激，家长告诉记者："都说高中的生活如同炼狱，但看着孩子一次次满心欢喜地去学校，我从内心感激郑州一中给了孩子快乐的高中生活，这是我以前从不敢有的奢望。"

王若曦同学的手机里一直保存着几张不太清楚的照片。那是一次大扫除，要去清理废弃的教学楼，那楼很偏也很安静，窗台落满了灰尘。当推开门时，所有人都沉默了——四周的墙壁，包括天花板和每一个细小的角落，满满的都是曾经的学生留下的痕迹："高三毕业了，就要离开了，后来的你们要加油啊！""竞赛很苦也很累，如果你们也选择了，一定要坚持下去。坚持到最后就没有后悔了。""学弟学妹们，来到郑州一中要接受的不只是羡慕，还有考验……"

"我们看着那些充满了鼓励的话语，看着那画的大大的史努比和调皮的鬼脸，心中有一种别样的感动。在离校之前的他们，也许是想用自己的方式，为母校、为学弟学妹们留下最后一点回忆吧。那是独属于郑州一中学子的方式。那天的任务是用砂纸打磨墙壁，很遗憾我不知道他们中任何一位的名字，但那份感动和温暖，我知道来自郑州一中。"王若曦动情地说。

已经从郑州一中毕业的学生对母校也是心怀感激，希望为学弟学妹做一些事情。采访中，记者看到了一份《2009年母校回访活动调查问卷》：

同学，你好！非常感谢你在紧张而忙碌的复习中抽出时间填写这份问卷。我们是浙江大学2008级毕业于郑州一中的学兄学姐。一年前，我们曾和你们一样奋斗在高考第一线。今天，我们希望能用亲身经历给你们一些帮助。我们将于1月下旬和其他一些大学的同学一起回访母校，与高三的你们沟通交流，为你们答疑解惑。为了使我们更好地了解你们目前的学习生活情况，请认真回答下列问题，你的回答将决定本次交流活动的主要内容。

距高考还有半年时间，现在的你处于怎样的心理状态？A. 一步一个脚印认真备战；B. 已经准备充分，高考你快来吧；C. 复习时间不够了，祈祷高考推迟；D. 压力好大啊，不能全身心投入复习。

你对未来发展的目标和职业规划想过多少？A. 比较认真地想过；B. 有过想法，但不深入；C. 考上大学再说；D. 希望了解。

2008届学兄学姐们即将返校为你们答疑解惑，你希望他们带给你什么？

……

一所好学校可以让自己的风气成为每一个学生的一种气质，可以将自己的精神融入每一个学生的血液中。每个学生身上都会带有学校文化的烙印，甚至伴随终生。真诚、向上、负责、自信、专注、幽默，也许就是郑州一中留给学生的文化烙印。

（原载 2009 年 4 月 25 日、5 月 2 日《教育时报》，作者：王占伟）

教育管理创新报告

没有人是趋势的对手,我们只能做趋势的朋友。观势,借势,顺势而为,是智者的选择。时势造英雄。那些在变革中适时崛起的区域、学校和人物,常常是教育变革的借势者。

学校管理转型趋势报告

站在改革开放 30 年的历史节点上，盘点、梳理近年来河南学校管理变革的前沿案例，我们可以发现一些新的趋势：

趋势之一：变革学校的组织设计和运行机制

核心提示：要在学校层面最大程度地解放教育生产力，就必须最大限度地解放教师、发展教师，而要解放教师就必须改变现实学校的组织设计和运行机制；否则自上而下的教育教学管理体制、改革方式与着眼于长效的教育教学改革目标之间的矛盾就难以调和。改革学校的组织设计，就是要以专业权威制衡行政权威，由教师领导教育教学变革。

榜样学校：辉县市城内初级中学（该校已于 2008 年 9 月与辉县市第一中学分校合并为辉县市第一初级中学）

在广大校长深陷"难以调动教师积极性"的泥沼而困惑不安的时候，辉县市城内初级中学（以下简称"城内初中"）却快速点燃了教师们的变革热情。

对此，学校校长赵彬渊认为，调动教师的教育教学变革积极性绝不是很复杂的领导艺术，而是一件很简单的事情，"调动积极性实质上只不过是教师应有权利的归位罢了"。

这里所说的"教师应有权利"主要是指教师专业自主权。在城内初中，教师专业自主权的归位是通过让教师领导教育教学变革来实现的。教师领导教育教学变革的载体和手段是项目管理。

项目管理就是把学校的教育工作、科研工作、课程资源开发工作、教师发展工作以及各种教育活动等设置为多种项目,然后选择术业有专攻的教师或学校领导担任项目领导,由其配备组员,开展工作或活动。项目管理突出的是专业领导,强调的是专业权威而非行政权威。凡在某方面最具专业优势者,即可做项目领导。

城内初中主要的业务性工作不是通过自上而下的行政方式而是通过项目管理的方式来推动的,比如课改深化、教师发展性评价、学生综合素质评价、班主任专业发展,等等。

在"教师领导教育教学"理念支撑下,城内初中引导教师首先从学校的组织、制度文化重建入手,构建起了年级、班级、学科组三种基本教师团队,每一个团队的核心都由教师中威信最高、业务能力最强的教师担任,学校各种行政性工作和教育教学工作,都由教师团队负责。这种体制的主要特征是,在学校突出了专业权威,教师成为学校各项工作的实际领导者,他们可以充分自主地进行教育教学的创新与改革,而且可以自主地选择教师专业发展的内容和方式。

在城内初中,所有的改革和创新,都是由教师们自主决定、自主进行的,都是教师们集体智慧、价值观、理念的体现。教师们首先废除了沿袭多年的教案、作业检查制度,实施了在学科组集体研究的基础上,每个人可以个性化地备课和布置课外作业的新制度。班主任自发建立了"班级管理研讨组",各年级班主任研讨组每周进行一次班级管理中的共性和个性问题的专题研讨。

项目管理使具有专业优势的教师有了施展才华的空间,使教师成了学习和发展的领导者、教育教学的领导者、学校文化建设的领导者,也在学校形成了"发展才是硬道理"、"教师首先应该是一个学习者"的舆论氛围。城内初中教师读书、学习、发展、变革的积极性得到了空前的激发:近1/5的教师购买了五卷本《苏霍姆林斯基选集》……

记者观点:长期以来,"教师素质高低是决定改革成败的关键","课改成也教师,败也教师"似乎已经成为业内人士的共识。在我看来,这是中国教育的一个伪命题。教师素质高低决定改革成败,从表面上看非常正确,但它让人们既忽略了教师素质提升缓慢背后的根源性问题,又忽略了课程改革推进艰难的症结性问题。

为什么很多教师缺乏专业发展的愿望?这在很大程度上是体制和机制的问题。辉县市城内初中的变革就是最好的佐证。教师专业权利的归位,让教师领导教育教学变革,从根本上激发了教师专业发展和课程改革的积极性。

所以变革推进艰难的症结不是教师素质低，而是体制和机制。学校变革如果仍然仅在方法和内容层面进行改革，而不从体制、机制变革层面着手，那么"旧体制就会在新的改革场域中不断复制自己"，教育改革就难以深化。

趋势之二：从"红海路线"走上"蓝海路线"

核心提示：就本土学校来说，两条发展路线的分野越来越清晰地呈现在我们眼前：一条是"蓝海路线"——不断开辟变革的新路径；一条是"红海路线"——依旧靠拼时间和体力换分数。对于在靠拼时间和体力换分数的学校而言，路线决定成败，发展战略的选择决定着竞争的高下，通过管理转型开辟新的变革路径，才有可能实现超越。

榜样学校：焦作市许衡中学、濮阳市油田第十三中学

没有成绩，过不了今天；只有成绩，过不了明天。

这是焦作市许衡中学（以下简称"许衡中学"）对教学成绩的理解，也是许衡中学在现代教育激烈竞争日趋激烈的背景下，对学校生存状况的理解。

正是基于这种理解，许衡中学从2002年成立到现在一直有这样几条规定：自习课不允许教师进班讲课；按时下课和放学，不允许拖堂；课余时间和节假日不许加班给学生补课，教师无私奉献也得受处罚。中国教育学会常务副会长、国家副总督学郭振有把许衡中学成功的原因归结为五个方面：一是励志立根，把理想和志向教育放在第一位；二是读书成习，引导师生读书，使读书成为学校最为浓厚的风气；三是名师导引，要求教师"最出教学成绩，最爱读书，最会写作，最善于演讲，最受学生欢迎"；四是务实求效，不搞一点形式主义；五是有一位难得的好校长，张壁宏校长"用全身心的精力办教育，坚实不移地按照教育规律办事，以最大的诚意和热心尊重、关心、爱护、帮助师生，促进师生得到全面、协调、可持续发展"，他"酷爱读书，率先垂范，敢于对教师讲'读书要向我学，我读三本书，你们至少读一本'"。教师每天留的作业不能超过学校规定的作业量，发现一次罚款20元并全校通报。

与许衡中学相似，濮阳市油田第十三中学（以下简称"油田十三中"）的轻负担、高质量是通过"有效教学+有效学习"来实现的。

学校对有效教学的研究极大地提高了教学效益，教师的教学观念和行为发生了质的改变，但学生的学习观念和行为并没有相应的变化。在这样的背景

下,油田十三中校本研修的重心发生了转移——开始了有效学习的研究。有效学习的研究是从一场"真假学习大讨论"开始的。

按照学校要求,在教师的帮助下,学生分解、细化学习全过程,发现学习的过程中存在的"假学习"现象,并一一列举出来。经过共同研究,油田十三中的学生和教师把"假学习"归结为以下几个方面:死记硬背、被动听课、应付作业、拖延时间、没有目的的预习、单纯以记忆为目的的复习,等等。

为了让"真假学习大讨论"深入人心,学校专门召开了师生动员大会,每次学生大会,都要涉及这一内容,每周的国旗下演讲也主要以此为内容。为了澄清学生的认识,学校通过多种形式组织学生分析"假学习"的危害与原因。同时,学校还利用每个月的家长学校时间,让家长展开讨论:先让家长查找孩子在家的"假学习"现象,再分析原因,找出解决方案。

"真假学习大讨论"拉开了有效学习的序幕。

油田十三中的领导和教师引导学生重新定义学习,建立"真学习"的标准,针对学习的各环节如预习、复习、作业、阅读、听课等进行研究,帮助学生总结出最有效的方法;对"听讲、阅读、独立思考、合作学习、反思、实验、活动、讨论、观察、应用"这10种学习方式进行研究,并逐渐把它们贯彻到学生的学习中去,试图从根本上扭转学生被动学习的情况。

在学校的倡议下,教师、家长全力监督和配合学生的"真学习"计划,为他们提供帮助。各科老师主动沟通,控制了学生的作业量。家长为孩子设计更为合理的目标,不盲目攀比;家长明确自己的角色,做孩子的支持者、帮助者,而不是监工。

"真学习"、高效学习让不上晚自习、照过双休日的油田十三中学生的发展后劲十足。

记者观点:拼时间换成绩成了一些学校的生存法则,导致教师与学生的生存状况日益恶化;超负荷的工作与学习挤占了师生的休息和休闲时间,教师专业发展的时间和空间被剥夺,学生的个性被扭曲……

无论是正在走向全国的求实中学、许衡中学,还是本土区域品牌的濮阳市油田十三中、新安县第二高级中学,学校变革先锋有一个共同点:好成绩只是素质教育的副产品。所以,单纯靠拼时间换成绩,是一条没有前途的危险之路,在教育转型的大背景下,其单纯追求分数的功利性目标正变得越来越难以实现。

趋势之三：修炼精神+文化管理

核心提示：普通学校是老师逼迫学生学习，好学校是学生逼迫老师学习。
榜样学校：焦作市许衡中学、孟津县第一高级中学

焦作市许衡中学有个惯例，凡是初一新生一入学，学校就把学校编写的校本教材《与理想同行》发给他们，第一篇就是《目标的威力》，让全校师生全部背会，领会其内在的精髓，并利用班会时间组织学生讨论："为什么目标的威力如此巨大？""你怎样理解这篇文章作为许衡中学学生的必读文章的？""你将怎样确立自己的奋斗目标？"学校要求每个学生都要写感想，引导学生用目标的威力激励自己，将目标的威力深入到学生的内心，让学校的理想教育扎扎实实地深入到学生的内心，震撼学生的心灵。

运用身边典型，呼唤真情实感，激励人人向上，是孟津县第一高级中学（以下简称"孟津一高"）"教育学"的核心。

被誉为"宝书"的《浪花集》是孟津一高自行编印的校刊。其内容是根据办学宗旨，从多次专题调查中摘选出来的。它选编了300多个该校学生的生动实例。

"所有学生都有学习向上的积极性，只是有些人的积极性埋藏得比较深。校长和教师的职能就是要点燃学生那根通向积极性和创造性的导火索。"该校校长郑世杰说，"《浪花集》便很好地起到了这种引导、激励作用。"

孟津一高把组织学生学习《浪花集》作为提升学生综合素质的手段之一。每年新生入学时，作为入学教育内容，组织学生通读；每期开学之初，重点组织学生学习《规划篇》；每次大考之后，组织学生学习《志气篇》《学法篇》；大考前尤其高考前，组织学生学习《迎考篇》。

引导学生"对号十比"是学习《浪花集》的关键：比起点的高低，比目标追求规划的真假，比竞争意识的强弱，比意志力的韧与脆，比学习方法的活与死，比自控能力培养的主动与被动，比专心致志的程度，比全面发展的得失，比进步的大小，比成功或失败后的心态。

在激发学生强烈的进取心方面，孟津一高有一系列的做法。

记者在高三的教室里看到，四周墙壁贴满了全班学生的座右铭。在教室最醒目的位置，粘贴着全班学生的励志卡。励志卡的内容主要包括：姓名；理想

大学；座右铭；目标名次；回首高一高二，今年我的规划；面对父母期待的眼神，我想说；等等。

"不论刮风下雨，我坚持每天跑步3000米，不仅为了锻炼身体，更为磨炼意志。""我要和一个吵过架的同学主动和解，不管怨我还是怨他，我要把和解的快乐带进考场。""自卑就像一根受潮的火柴，无论你怎样擦，也擦不出前进的火花，为了在优秀学生的行列中找到自己的位置，我永不自卑。"

这些显示学生心态和素质的话语，有力地见证了孟津一高的教育力量。

记者观点：一所誉满社会的名校是靠精神站立的。靠精神站立起来的教育充满力量，力量深入骨髓。当精神站立起来时，所有的努力都变成自觉、自动和自发。无论是教师还是学生，每个人都倾其所能，倾其所力。

挖掘师生情感力量，打造激情燃烧的校园，榜样学校开启了学校文化力提升的新命题。文化建设是学校管理的灵魂而不是它的影子。学校文化建设的关键并不在于文化形式本身，而在于努力提升学校文化力。学校文化力的构建日益成为学校核心竞争力建设的重要组成部分。对于广大校长来说，认识、思考学校文化力，强化学校文化力意识，进而提升学校文化力，是走进高品质教育生态的先决条件。

趋势之四：变科层式管理为扁平化领导

核心观点：现实学校的组织设计决定了学校的特质——科层机构，这种机构一定程度上有着行政机构而非教育机构的特征。所以，"行政方式"成为中小学校普遍的运行方式，校长对学校的领导很大程度上依靠的是科层制本身所具有的权威，而能依靠自己的学问、学术领导学校的比例较小。这是教育家难以产生的深层原因。

榜样学校：濮阳市油田第十三中学、栾川县实验中学

这两所学校管理体制的最大特点是组织机构扁平化，管理的重心下移。在濮阳市油田第十三中学（以下简称"油田十三中"），校长不是高高在上，而是直接领导教学工作和管理工作；副校长不再是专职副校长，而是分别兼任教务主任、政教主任、教研组组长等职务。同样，栾川县实验中学"阵地前移、重心下移"的管理模式突出"宏观上领导、微观上搞活"的原则，实行学校

主要领导分包教研组和年级组制度，减少管理环节，实现学校主要领导与年级组、教研组的直接对接，最大限度地发挥年级主任和教研组长的基层管理作用，形成"大管理"下的"小管理"模式。

两所学校管理体制的另一个特点是年级组和教研组共存、年级组和教研组并重的管理方式。年级组设年级主任一名，主要负责教师的日常管理，为教师的日常工作服务，并负责年级内班主任的协调与管理。教研组组长在教务处的统一组织协调下开展工作，主要负责组织教研活动、组织听课评课、组织集体备课，并在教师培训学习、业务考核和成绩分析中发挥骨干作用。油田十三中的教研组组长是中层干部，参加学校的行政例会。和年级组组长一样，教研组组长有自己的职权——教师日常教学工作的考核评价权、教师工作安排的建议权、教师评先晋职的评价推荐权，等等，并享受一定的待遇。

记者观点： 美国著名学者彼得·圣吉针对中国国情曾说过这样一句话：管理体制将决定企业、政府和教育机构的特质，而这些机构的特质将塑造未来社会的形貌。

本土学校变科层式管理为扁平化领导的改革，尽管还处在探索阶段，还不够深化，但关键不在于处在什么地方，而在于向什么方向走，学校管理体制和机制的变革抓住了学校变革最核心的问题，让我们看到了学校新文化建设的曙光。

对于多数管理者来说，在减少管理层级的同时，更要弱化管理意识，强化领导意识。领导和管理的确有较大的差别：领导者关注的是方向的选择，要确定走哪条道才是对的；而管理者关注的是方法的选择，考虑的是如何走好那条道。领导者强调的是做正确的事，哪些事是应该去做的；而管理者强调的是按确定的方式做事，把事做好。领导者强调的是价值观和理念；而管理者强调的是效率，要求的是员工服从于制度和标准……

延伸阅读：

强化管理能让教育走向繁荣吗

"强化管理……"是不少教育局局长和校长常挂在嘴边的话。强化管理一定能加快学校发展，一定能使学校教育走向秩序和繁荣，不管理教师，教师就不会有工作积极性。这是多数教育局局长和校长丝毫都不怀疑的。

其实，有些时候通过强化管理并不能从根本上解决问题。比如，为加强管理，学校每周开一次教师会，教师要做什么，都是学校安排过的。这种体制下，教师很大程度上是"活工具"，只需要执行，不需要有自己的教育理念。校长一方面代替教师做了教师应该做的事情，另一方面却要让教师成长为名师。这又怎么可能呢？

教育行政部门对学校的管理也是如此。教育行政部门的管理效率并不是体现为其管理学校数量和程度的多少，而是体现为如何制定游戏规则和框架，给学校留出足够的自为空间，使其自发地积极变革。

从管理走向领导，是课改对教育教学管理提出的全新制度设计。现实教育被管理过度而领导不足，我们的管理者太多而领导者太少。太多的教育局局长和校长仅仅把自己扮演成管理者，更多的是在控制和协调，而缺乏开发和促进的意识，忘记了他们是团队前进的领袖。

别再沉溺于管理了，赶紧去领导吧！

积极性能管出来吗

在不少校长看来，不管理教师，教师就不会有工作积极性。校长的出发点是为了提高教育教学质量，把学校办好。但是，在教育变革的新形势下，用这样的管理方式是不可能实现学校内涵发展、打造品牌的良好愿望的。原因很简单：教职工很大程度上是"活工具"，不可能真正产生改革创新的积极性，全学校可能只有校长一个人在动脑子、想办法。这样的学校一定会在教育格局的重新洗牌中走向边缘。

校长和教师的关系与其说是上下级的关系，还不如说是交响乐团中指挥与乐器演奏者之间的关系。对校长来说，教师不仅仅是下属，更是合作者。在合作过程中，校长不仅要问"我想要什么"，而且要问"教师想要什么"……

如果说，以前的学校管理比较侧重于控制和协调，那么当前的学校管理应该更侧重于开发和促进。管理需要重新定义，这正如现代管理学之父、美国管理学家彼得·德鲁克在其著作中所指出的：昨天还是正确无疑的认识，今天就不再有效了，很有可能在瞬间就形成一种误导。

领导的失败

当学校处于困境时，校长强硬而直接的教学领导有助于学校情况的好转。

但没有提到的问题是，一旦学校走出困境，学校需要怎样一种领导？如果历经两年或三年的努力之后，仍然需要校长强硬的教学领导，教师仍然需要别人为其指点方向，需要监督，为他们提供在职培训，对他们进行评价，对他们进行奖励或惩罚，这样才能使教学工作恰当地开展，那是否意味着校长已经是一位失败的领导者？

坚信管理控制可以作为克服人的缺点和提高产出的方法，使控制变成了目的本身。在学校中，改进计划变成了改善结果的替代物，教师评估体系的得分变成了优良教学的替代物，课程的和在职培训的学分积累变成了在实践中进行变革的替代物，纪律变成了对学生控制的替代物，屈从变成了工作结果的替代物。

其常见的结果是"训练出来的无能"和"目标的错位"。

"训练出来的无能"：当政策和实践建立在"管理秘诀"的基础上时，校长和老师就会出现极其狭隘地着眼于知识、勤勉、技能，以致校长和教师变得没有思考的能力，也没有超越其指定角色的能力。

"目标的错位"：学校忘记了它们的目的，任由工具性的过程和程序本身成为目的；规章是强制性的，盖因规章是存在着的；课堂监督和评价活动每天在数以万计的学校中重复着，却收效甚微；学校改进计划被认为等同于学校的改进。

（原载 2008 年 12 月 27 日《教育时报》，作者：王占伟）

学校常规管理：危机下的策略重构

管理就是发现、解决问题。教育问题单即学校管理创新的机会。

现代管理学之父、美国管理学家彼得·德鲁克所说的这句话，完全可以用在当下的学校管理。如果说以前的学校管理比较侧重于控制和协调的话，那么，当前的学校管理应该更侧重于开发和促进。昨天还是正确无疑的认识，今天就不再有效了，很有可能在瞬间就形成一种误导。

团队考核打造专业共同体

问题单：各科教师各自为战

各学科教师互不沟通，争着抢占时间，滥发练习题，导致题海泛滥。个别教师甚至贬低其他学科，借以引起学生对自己学科的重视。教师只关注学生对自己学科学习的情况，不关心学生的心理和各种思想问题，导致学生的学习处于一种非常被动的忙乱状态。

解决路径：进行团队考核，克服单打独斗，发挥集体智慧，提升教育教学质量。

从学科评价走向团队考核

团队考核，集体创优，是新安县第二高级中学（以下简称"新安二高"）管理的一大特色。

在新安二高，教师教学成绩不是按学科进行考核的，而是看一个教学班几名科任教师的教学行为对学生发展提升所产生的整体效果。具体说就是看一个班各科总分的高低，以及进入全县、全市各个层次的学生人数的多少。

由考核单个学科，到考核该班学生的整体成绩，这是一个质的变化。考核单科成绩时，各个学科的教师各自为战，互不沟通，争着抢占时间，滥发练习题，导致题海泛滥。考核班级整体成绩时，这个班的所有科任教师，马上变成了一个利益共同体，一损俱损，一荣俱荣。一个学科考得再好，其他学科没考好，学生的总分上不去，这个考得好的学科也白搭；一个学科没有考好，其他学科考得很好，这个学科的老师会因为自己拖了别人的后腿感到内疚。为了保证整体考出好成绩，各个协作组每隔半个月就要召开一次科任教师协调会，交流各科教学情况，研究学生学习状态，研究如何共同营造班级学习氛围，研究对个别有问题学生的引导教育。这样，各科教师形成了一个团结战斗的集体，密切配合，协同作战，共同为班级学生思想素质的提升和文化课成绩提高而努力工作。

除体现在教学班层面外，团队考核还体现在备课组层面。

在新安二高，在同一备课组内部，教师之间不再是相互比较、相互竞争的对手，而是团结合作、同舟共济、和其他兄弟学校竞争的战斗集体。高考或者统考后，学校要看这个学科的考试成绩在全县或者全市的位置，若位次提升，这个备课组就会得到表扬和奖励；若位次下降，整个备课组就需要总结反思。这样一来，整个备课组成员的思维方式就发生了变化：个人的教学成绩要想得到承认，就必须保证整个备课组的成绩能够提高，否则个人的努力就得不到肯定；要保证整个备课组的成绩提高，就不能只关注自己的教学，还必须团结全组其他教师共同努力；不仅要关注全组成员的工作态度，而且还要关注大家的教学方法。于是，整个备课组的集体备课能够坐到一起认真研究了，老教师愿意主动帮带青年教师了，新教师害怕因为自己教学成绩差拖了别人的后腿，也能主动向老教师学习了。于是，备课组内的学习研究气氛浓郁了，凝聚力增强了，团队精神形成了，教师的集体智慧能够得到充分发挥了。

变革集体备课制度

问题单：集体备课流于形式

集体备课是一项旨在促进教师钻研教材、把握教学的学校教学工作管理制度，由于它直接关系到学校的教学质量，所以备受重视。长期以来，各中小学在加强集体备课上想了不少办法，使其形成了制度化，如每周安排固定的集体备课活动时间，提出统一进度、统一重难点、统一训练内容的所谓"几统一"的要求，并且把参与集体备课的情况纳入对教师的工作考核之中，等等。尽管校长重视，教务处检查严格，但集体备课始终被认为是一个薄弱环节，有相当多的集体备课活动被认为是流于形式。

解决路径： 取消"集体备课四统一"的管理规定，停止对集体备课活动的检查，实行"天天集体备课"。

读懂集体备课

对于集体备课流于形式的问题，三门峡市第二中学（以下简称"三门峡二中"）认为，这既不是集体备课不被教师看重，也不是教师不愿参与集体备课，而是学校管理的角度对集体备课的定位存在着褊狭。

首先，集体备课不是教学管理的需要，而是教师专业成长的需要。学校的主要教育活动发生在课堂上，素质教育的主战场在课堂，教师的主业是上课。一个教师能否上好课，能否不断提高课堂教学的有效性，集中反映了一个教师的专业能力和水平。教师要不断提高课堂教学能力和水平，除了自身的努力外，还需要备课组同伴的帮助，这种帮助是建立在"内需"基础上而不是"外援"基础上的，所以，只有当教师有了"内需"时，集体备课才是有意义、有价值的。

其次，集体备课是对课堂教学的发散性研究，不是对课堂教学的机械统一。一个年级同头课教师各自有不同的特点，平行班之间存在着差异，因此，集体备课除了要研究处理共性的问题，更重要的是要为处理个性化的问题提供理念、原则以及措施方面的经验和办法，如果仅仅把集体备课限定在"N统一"上，那么势必会从管理方面导致集体备课出现形式主义。

在这样的认识指导下，为了彻底解决集体备课费时、费事而低效或无效的问题，2006年下半年，三门峡二中从初三语文备课组开始，尝试"天天集体备课"的做法，仅半学期，就得到其他备课组的认同，迅速在全校普及开来。现在，该校已取消了"每周四下午两节课后集体备课一个半小时"和"集体备课要做到四统一"的管理规定，在全校实行"天天集体备课"制度，教务处也停止了对集体备课活动的检查。"天天集体备课"不仅改变了教师对集体备课的认识和态度，激发了参与集体备课的积极性，而且使课堂教学的各种情况在备课组同伴之间得到了及时的沟通和交流，大大增强了备课组成员的团队意识，同时，也使课堂教学的有效性不断提高。

变革教案管理

问题单：教案管理的机械与低效

长期以来，多数学校在教学管理中一直把写教案作为备课的书面成果来对待，并且规定有严格的格式，甚至有字数上的硬性要求，教师上课前得写教案，教务处得定期检查教案，时不时地还要组织教案展览、教案评比等。实践证明，这种对写教案的管理方式是呆板、机械的，同时也是低效的，它不但没有对备课、上课产生积极的助力作用，反而使教师的厌烦情绪不断增长，所以就出现了大量的程式化教案、应付性教案、照抄性教案、后补性教案等现象，致使这项本来对教师理解把握教材、提高课堂教学有效性、积累教学资料、提供教学反思文本等都很有意义的工作变得没有多少价值。

解决路径：对教案内容和格式不作要求，实行活页教案，取消教案检查。

把教师从重复劳动中解放出来

为了改变教案机械、低效的状况，使写教案成为一件真正对教师专业能力和教学效果提高都有意义有价值的事，三门峡二中摸索着对传统的教案书写进行了变革。第一步，试行"活页教案"的办法。首先，把笔记本式的教案本印成活页本，使教师可以自由增减页面；其次，提出"让教案成为教学资料汇编"的口号，废除年年重写的有关要求，倡导教师第一遍详写，以后再教时不断补充，逐步使教案成为个性化的教学资料汇编；再次，对教案内容和格式不作要求，让教师根据自己的专业程度、爱好和习惯决定写什么和怎么写。

第二步，配合自学指导式教学试行写学案的做法，要求每节新授课应制定一份学案，并提供给学生。学案一般包括学习目标、重点提示、自学题、课堂检测题四部分内容。这样，不仅从形式上而且从质量上对备课、上课提供了保证，因为"活页教案"记录了教师自己对教材的分析、理解及对教学的把握，"学案"提出了学生应当完成的任务，二者的结合，使课堂教学活动建立在教师的充分准备和学生的自主能力基础上，促进了课堂教学效率的提高，从而把教师从被动写教案的重复劳动中解放了出来。

与三门峡二中相似,求实中学、许衡中学从来不检查教师的教案,从来不要求教师"工工整整"地写教案。

寝室竞争改造学生亚文化

问题单:学生亚文化消解学校主流文化

学生文化建设常常依赖于老师的引导和管理。但现实中,学生群体里有一种东西,在有意无意地抵消着老师对学生的教育和引领。这种东西就是活跃在学生中间的和学校主流文化相对抗的亚文化。例如,学生中间的读书无用思想,贪图享乐思想,崇尚暴力意识,盲目地追星意识,盲目地追求时尚意识,不辨是非的"哥们儿义气",以低俗为荣、以放纵为乐的错误观念……在不少学生和各种各样的非正式学生群体中严重存在。这些和学校主流文化相背离的学生亚文化,在教室里、在课堂上、在学校组织的各种正式活动中是发现不了的,它以隐蔽的状态存在着。到了寝室里,它便公开地、肆无忌惮地表现出来。这些消极落后的学生亚文化是对学校主流文化的消解。

解决路径:坚持开展以寝室竞争为载体、以建设寝室文化为核心的寝室创优争先活动,引导学生自主管理。

寝室竞争下的学生自主管理

为破解学生亚文化难题,新安二高开展了以寝室竞争为载体、以建设寝室文化为核心的寝室创优争先活动。其具体做法是:

在引导教育的基础上,让学生共同给寝室命取一个昂扬向上且内涵深刻的名字,如大鹏阁、志士屋、潜龙居、感恩斋等,并在班会上宣读寝室名字的含义。

按照学校要求,每个寝室的每一个成员都要制订自己的人生规划和阶段奋斗目标,包括人生目标、高考目标、学年目标、学期目标等,还要填写表格,张贴在宿舍,并交班主任保存。各寝室要拟订寝室宣言和公约,作为大家相互激励和相互约束的一种措施,在全班公布。

学校定期对寝室文化建设情况进行考核评比,主要看卫生、纪律状况和学习成绩的进退状况。评比结果要在教室公布,对优秀的用红旗标出,对有问题的用黄旗标出。每次考试结束,都以寝室为单位进行总结表彰,全寝室成员都有进步的被树为标兵宿舍，大多数成员进步的被评为模范宿舍，进步人数少的寝室要受到警示。

据了解，在这种管理机制下，在同一寝室里，谁偷懒马上就能得到大家的提醒，谁放纵马上就能得到大家的批评；谁心里有苦恼马上就能得到大家的开导，谁情绪低落马上就能得到大家的鼓励。晚上睡觉前的时间，是大家的小型拼搏进取鼓劲会、学习方法交流会、错误行为批评会、心理迷雾疏导会、健康新闻发布会。整个寝室里形成一种氛围，人人积极上进，个个奋勇争先，所有人都对自己负责，对家庭负责，对寝室负责。

在这种机制下，"助我成才者是我友，引我放纵者是我贼，激我奋进者是我恩人，拉我下水者是我仇寇"，很快成为广大学生共享的价值观。

寝室创优争先活动的开展取得了明显的成效：寝室卫生状况明显改善，学生午休和晚寝秩序越来越好，学生管理难度明显减小。各个寝室积极向上文化氛围的形成，促进了各个班级学习风气的进一步优化，学生们的学习积极性更高了，学习自觉性更强了，学习态度更认真了，学习效率也大大提高了。该校近几年高考成绩持续稳定地向上攀升，与其开展的寝室创优争先活动分不开。

在这个唯一不变的就是变化的时代，教育的深度转型呼唤管理的持续创新。变革的敏捷性正在成为新的关键。

以上案例只是提供了一个参考。学习他人的经验，为己所用，这是好事，但校长和老师要清楚：榜样应该学习，但成功不可复制。要发展、要成功，还得靠自己去认清变革的坐标点，寻找变革的突破点，把握变革的支撑点，占领变革的制高点。

延伸阅读：

重塑师生关系的全员包教

全员包教是孟津县第一高级中学（以下简称"孟津一高"）的一项创新。

全员包教就是让每一位教师都包十个八个学生，通过观察分析、个别谈心等方式，分析研究、帮助指导学生，使他们不断增强信心，不断增强自律、自控能力，找到比较合适的学习方法，乐学善学，健康成长，在学习上不断取得进步。

在孟津一高，包教是教师业务考核的一项重要内容。每学期结束时，每位教师都要写一篇包教工作总结，每位学生都要写出自己被包教的过程与感受，每位班主任都要对每位教师所包教学生的学习态度、纪律状况及学习成绩进退情况写出总结，并对本班所有学生的包教情况划分等级交年级主任审阅，每位年级主任审阅把关后将结果交到学校。

每位学生都要填写的《包教保学情况调查表》主要包括五项内容：第一，你的包教老师是谁？第二，你的包教老师对你做了哪些方面的工作？（比如谈心情况，作业、辅导情况，周记批阅情况，等等。）第三，你认为包教老师对你的帮助效果如何？第四，你期望包教老师对你有哪些方面的帮助？第五，你对学校实施的包教保学活动有哪些建议？

孟津一高郑世杰校长给全员包教工作的定位是："孟津一高作为省级示范性高中应该做的开创性工作"。他认为，3年来的实践表明，全员包教的意义重大：可以使全体学生都能得到关爱，得到指导和帮助，都能健康成长；有利于从根本上进一步改善校风和学风；有利于达到学校教育"高进优出，中进高出，低进中出"的目标；有利于全体教师，尤其是没有做班主任工作的教师，都能和学生交朋友，体验到教书育人的职业幸福。

纪律和卫生评比的创新

纪律和卫生是学校常规管理的两项重要内容，几乎每个学校都有班级纪律卫生检查评比的制度：由政教处每周对各班的纪律和卫生情况进行检查，然后在每个年级中评出一个纪律红旗班级和一个卫生红旗班级，在下周一升旗仪式上予以公布表扬；期末统计出获得纪律、卫生红旗次数多的班级，作为文明班级和优秀班集体及优秀班主任的评比条件之一。这个制度实行多年，政教处做了不少努力，但学校的纪律和卫生状况仍是问题不断，不能令人满意。

这样的班级纪律、卫生流动红旗的评比办法，是一种选拔性的评比，实行的结果是不管整个学校、年级的纪律卫生状况是好是坏，每周一总要评出一个红旗，而且只能评出一个，久而久之，使班主任和学生丧失了提高纪律卫生水平的积极性。

如何改变这种状况，最大可能地将班主任和学生为提高纪律卫生水平而努力的积极性调动和发挥出来呢？三门峡二中采用达标式的评比办法，即由政教处根据学校的情况拟订班级纪律、卫生红旗检查评比的基本条件和检查办法，规定凡是达到条件的班级都可授予纪律、卫生红旗，期末统计各班获得纪律、卫生红旗的数量，并将其作为文明班级、优秀班集体、优秀班主任的评选条件之一。为了保证达标评选的质量，该校建立了班级学生值周制度，让各班学生轮流值周，专门负责纪律、卫生的检查督导，学生值周的检查结果与政教处的检查结果合起来评出红旗班级。

三个学期做下来，新的评比方案已经取得了明显成效，班级纪律、卫生达标率已由开始时的30%左右上升到85%左右，个别周甚至达到了100%的最高标准。

纪律、卫生红旗达标评比不但给整个校园的秩序和面貌带来了很大改善，而且有力地促进了全体学生良好行为规范的养成，学生的违纪行为大幅度减少，校园、教室的卫生得到了认真清理和良好保持，受到了社会各方面的充分肯定。更为可喜的是，学生良好行为习惯的形成，正在转化成学习自主性和积极性的提高，老师普遍反映课比以前好上了，不爱学习、不想学习的学生明显减少了。

重新设置学校管理机构

为更好地更新观念，强化管理职能，江苏省常州市勤业中学重新设置了管理机构。

学校发展策划部：将校办公室更名为学校发展策划部，根据学校要求负责全校人力资源的配置、管理与使用；负责管理学生；全面负责学校的形象策划和宣传工作。

课程研发部：将教导处更名为课程研发部。根据学校要求，全面负责学校课程等方面的开发、实施、管理、指导和协调工作；全面策划与管理学校教学、教科研等工作；全面负责信息技术与学科整合指导和项目开发工作。

学生工作部：将德育管理、关工委、团委及学生社团等机构集中办公，全面规划和组织实施共青团及学生社团工作，全面负责德育工作、学校文化建设。

后勤保障部：将总务处更名为后勤保障部。根据学校要求全面负责各室（图书室、资料室、阅览室、理化生实验室、演播室、微机室、电子阅览室、多媒体制作室、医务室、仓库等）的人、财、物的配置、维护、使用、管理等，全面负责规划与管理校舍、校产、绿化、教育教学设施、校园环境等。

在运作过程中，学校实施权责相等为核心的分权管理，即以责任状为形式的分级管理制；实行参与式管理，即以学校理事会为形式的民主管理制；实行自立组织管理，即以师生为主体的团队合作的自主性管理制；实行以人为本的管理，即以注重师生的发展和素质的提高为宗旨的人本管理制。

以自主为魂的学校文化

"强化自主意识，提高自主能力，培养自主精神"是郑州一中的育人特色，也是该校文化建设的核心。

多年前，郑州一中就提出"增加学生自由度"的口号。在这一思想的指导下，课程选修成了该校教学体系的重要组成部分。在郑州一中，在教育部规定的学科课时总量不变的前提下，大部分课采取在本班同步学习的形式，小部分由学生自己决定，想听哪个学科的课就走进哪个课堂。

高中课改启动后，该校在一年级开始了三类选修：跨科选修、导师选修、兴趣特长选修。三类选修分别侧重学生对学习时间的自主把握、对教师资源的自主选择、对特长爱好的自主发展。

郑州一中认为，课程选修尊重学生的学习意志，让学生根据学习情况调控学习分配时间，对发展学生学科特长、提高学习效能有非常积极的意义。学生在学习上自由和意志的实现，使学生的学习主动性空前提高，培养了质疑、独立、自主的科学精神，克服了拼时间、压作业、打疲劳战的功利化的应试教育弊端，避免了因只张不弛的学校生活而造成的厌学情绪，增加了学生的校园幸福感。

郑州一中管理文化中有一个重要内容：让教师感到无形的压力，而不是有形的压力。据介绍，学校有学生评教制度，有教学质量分析会，有科研讨论会，有教学恳谈会。教师有声誉和面子，有强烈的被尊重的需要，有竞争合作的团队氛围，有批评和自我批评的文化……有无形的压力。同时，学校没有签到制度，没有自习和周末时间教师站在教室讲课的现象，没有学校、家中的工作地点之分，没有白天、黑夜之分，没有有形的压力。

郑州一中"自主精神"的教育理念和当代大学精神有着最大的相通性，学生到大学后适应转换快，深受高校好评。

（原载2009年12月27日《教育时报》，综合整理：王占伟）

德育新象：以生活实践塑造时代君子

德育从来都是教育工作者最为关注的话题，而在2004年，《中共中央国务院关于进一步加强和改进未成年人思想道德建设的若干意见》的出台更是将德育工作提升到整个社会的高度。这在表明党对青少年思想道德问题高度关注的同时，也显现出承担重要使命的学校德育的"疲态"。

有教育专家提出，在新形势下，德育首先应该转变视角，从学生的实际生活出发，关注人的现实生命的需要，让学生通过生活的体验来理解社会的道德要求。

2001年，我国启动的基础教育课程改革，旨在推动学校教育的立足点真正从传递知识调整到促进人的全面发展，而且在各学科课程标准中都强调实现道德及价值观教育目标，强调培养学生积极情感体验的态度目标，要求尽可能全面、深入地挖掘和展示不同学科在德育中的价值。全国教育科学规划领导小组办公室主任朱小蔓说："新课程改革'生活德育'的理念将大大改变传统的专设德育课程的学校德育状况，为解决以往学校教育中存在的智德分离、知情分离、道德与生活相分离等二元现象提供了一个实践平台。"

事实的确如此，一些学校随着课程改革的深入推进，德育工作也出现了前所未有的新气象，学生思想道德、行为习惯的改善促进了学习成绩的提高；同时，学校也因此彰显出与众不同的气质或特色。

在活动中获得道德体验

榜样学校：开封市求实中学、新安县第二高级中学、新安县第三高级中学开封市求实中学被人誉为"中国的帕夫雷什中学",就因为它能够像苏霍姆林斯基创办的帕夫雷什中学一样,把校园变乐园,把自然当课堂,把社会做教材,让学生在校内外丰富多彩的活动中,在社会实践中求得发展。

谈起求实中学,人们津津乐道的是学校的活动——泼水节、野外宿营、黄河远足、外地一日生存、郊野趣味运动会、富有新意的开学典礼、多元化的"校园明星评选",等等。这些活动为学生提供了展现自我、张扬个性、发展特长的自由空间。学校的活动周周都有,而且件件有新意,对学生很有吸引力。学生在潜移默化中受到熏陶、教益。学生的团体意识、协作意识、进取意识、爱国意识、环保意识得到增强,学生的创新能力、综合实践能力也得到明显提高。

无独有偶,新安县第二高级中学、第三高级中学(以下分别简称"新安二高"、"新安三高")同样重视让学生在活动中获得体验,增长道德智慧。

每到高三学生离校的日子,一些学校的学生会出现烧书甚至破坏校舍的行为,但在新安三高,几年来从没有出现过这种情况,而且学生们还不约而同在离校前自发地将宿舍打扫得干干净净。培养"学识高、修养高、品位高"的"三高"学生,为学生的终身发展奠基,是新安三高人才培养的目标。为此,新安三高在学生人格的塑造上狠下工夫,挖掘学生身上潜在的人性之美。

感恩教育、理想教育、责任教育,是新安二高根据高中生发展的客观需求精心策划的德育活动,每年重点开展一项,班会则是德育活动的主阵地之一。

综观这些德育主题活动,都旨在强调学生自己去实践,在一定的情境中获得情感体验,学生在活动中能进行选择,能实现自我教育,它的成效是以往道德说教、道德知识灌输无法比拟的。

做实、做细、做深就是创新

榜样学校:原阳县南街中学、济源市沁园中心学校

原阳县南街中学(以下简称"南街中学")有一系列着眼于为学生一生的健康发展奠基的德育举措,可是细观之,这些内容并没有像求实中学的活动那样,件件富有新意,不过他们以"日学一语,日行一善"的细心、耐心、恒心,同样换来了德育的成功。

南街中学要求全体学生争取每天学一句激励人的名言，做一件力所能及的好事。这本身就是对其毅力的一种考验和促进。为使"日行一善"活动进一步深入，2002年年初，南街中学又发出了"手拉手、心连心"活动倡议，全体学生积极行动，生活上结贫富对子，学习上结优差对子，思想上结交流对子，送温暖和讲奉献成为学校的主流，非课堂教育显现出巨大的潜力。

每年入校的新生中，都有相当一部分学生缺乏自理能力和合作意识。为了让学生真正地"学会认知，学会做事，学会生存，学会共同生活"，把学生培养成为素质全面、个性鲜明、适应社会、适应未来的人才，南街中学从学生宿舍管理入手，通过学校德育办公室、班主任、宿舍管理老师及学生骨干的综合作用，引导学生规范行为、养成习惯、自理自立。

济源市沁园中心学校则针对当前学生心理复杂、行为叛逆等诸多特点，全面推广寓教于乐的德育工作新模式——德育养成作业：感恩行动、文明礼仪、公益行为、行为习惯、身心健康。德育养成作业结合重大节日及学校团队活动对学生进行潜移默化的教育，收到了意想不到的教育效果。

比如，郑州市金水区黄河路小学的行为习惯养成作业从学生刷牙抓起，从学生起床后整理床铺做起，由点到面使全体学生养成了终生受益的好习惯。学校分年级、分阶段为学生布置行为习惯养成作业，让学生到实践中去感受生活并培养习惯。学校根据学生不同的年龄特点和接受能力，设计了低、中、高不同年级段不同侧重点的德育养成作业。

由此可见，德育工作的重心并非是殚精竭虑地在形式、口号上出新、出奇，关键还在于内容切合学生需要、喜闻乐见，实施中做实、做细、做深，潜移默化。德育能做到这个境界，相对于一阵风似的活动，何尝不是一种创新呢？

从学校文化的高度重建德育体系

榜样学校： 林州市第二实验小学、孟津县第一高级中学

不管是不是可以感知到，其实每一所学校都有自己独特的文化现象。而优秀、积极、向上的学校文化蕴涵着丰富的道德教育资源，可以陶冶师生的情操，规范师生的行为，统一师生的认识，凝聚师生的力量，形成历久弥新的精神力量。

有一些学校在实施德育的过程中,确立了大德育观,从学校文化的视角来思考德育的深度与广度,显示了文化育人的力量。比如,林州市第二实验小学把"红旗渠精神"作为学校的文化特点,从建设高品位的学校文化入手构建了全新的立体化的德育体系。学生认识学校文化特色的过程,增加了知识,增加了自豪感,增加了自律意识,增加了自强意识。

在校园文化活动中,他们始终坚持以爱国主义、红旗渠精神等民族精神教育为重点,以科技、文娱、体育和社会实践活动为基础,弘扬优秀民族文化,让健康、高雅、生动的文化活动占领校园文化阵地。

再如孟津县第一高级中学(以下简称"孟津一高"),他们把"攀登文化"作为学校的精神修炼,激励人人向上。"抬起头来走路,埋下头去读书,朝气蓬勃生活",是孟津一高对学生提出的行动口号。学校要求学生具备五种精神:敢为天下先、脚踏实地、团结互助、艰苦奋斗、经得起挫折。另外,学校还要求学生具备四种自我调控能力:形成良好的生活和学习习惯、与人友好相处、始终保持良好心态、始终保持强烈进取心。与此同时,学校倡导学生要关心天下事,不做书呆子。

德育有"人":成就最佳的"我"

榜样学校: 安阳市人民大道小学、林州市第一中学

南京师范大学的鲁洁教授曾在一次德育会议上提出,从具有独立形态的教育出现起,教育就是把人的自身发展作为其主要目的,然而,在向现代化社会的转型中,教育发生了变异,它转变为对客观世界的征服和占有。鲁洁认为,传统的道德教育不是从"人"出发的,更多的是一种社会规范、外在规定。道德教育从"人"出发的话,就涉及"人"的本质到底是什么、怎么来设定所谓的"人"等问题。如果不把这个问题解决掉,那就不知道道德教育到底建立在什么样的基础上。道德教育可能从政治出发,从经济出发,从社会需要出发,但只要是教育就躲不开"人"的问题。中国教育,特别是改革开放以后的教育,要改变原来"无人"的状态。中国教育走过了这么一个过程:开始是从政治出发,慢慢地从经济出发、教育是生产力,现在的教育应向"人"回归。

德育就其本义而言主要职能是导之以成人之道、做人之理,使人成为一个

真正意义上的"人"。教育家陶行知先生也说,"千教万教,教人求真;千学万学,学做真人"。从这样的高度认识德育,其教育也就是在一个高的层次或境界中运转。安阳市人民大道小学就是这样一所学校。

安阳市人民大道小学在德育实践方面一直走在全国前列,其倡导的"主体性"教育抓住了素质教育的灵魂,已经超越了德育的概念,促进了学生的全面可持续发展。"主体性"是人的最本质的特征。心理科学认为,人的主体性是个性核心,也称自我意识,是指能够自觉、主动地认识和调控自己的心理和行为。主体性越鲜明,越清楚地知道自己在做什么、为什么而做、该怎样去做,而主体性不强,也称自我意识不成熟,他们往往被动、机械地适应环境。现代社会需要的是具有自主精神、创造精神,主体性鲜明的人,这正是教育应承担的培养任务。主体性教育的目的就是"发展学生的整体素质,培养学生的主体型人格"。主体型人格是一种独特的、整体的、有利于弘扬人的主体精神,其基本特点包括:自觉、自主、独立、自信(自我意识特征)、乐群、合作、友爱、责任、爱国(社会性特征)、进取、有恒、聪慧、创造、科学(智能性特征)等方面。

成就最佳的"我",这是真正的教育精神。现在,已经有越来越多的学校开始重新审视教育,认识教育的本质,在教育的新启蒙运动中实现自我的超越。比如,林州市第一中学的"精致教育",就是把"主体性"融入了学校工作的方方面面,引导学生自主、自信、自律、自理、自立。

传统文化与时代精神完美融合

榜样学校: 原阳县南街中学、濮阳市油田第十九中学

改革开放30年,我国经济建设突飞猛进,随着国力增强,国人急需在精神上获得自信、自立,文化形象的更新、民族身份的认同变得十分迫切,"国学"持续升温就是对这种心态最好的诠释。在教育领域,尽管关于"读经"的争议不断,但是学习经典已成星火燎原之势。从传统文化经典中汲取精华,赋予其时代内涵,培养新时代的谦谦君子,成为很多学校不约而同的选择。

比如,原阳县南街中学建立了由全校语文、政治教师参加的中华美德教育科研组,对学生开展美德教育,他们根据"由浅入深,由远及近,古今结合"的原则,定期举办传统美德专题讲座,如"礼貌待人"、"尊老敬贤"、"锲而

不舍"、"信义为本"、"精忠报国"等,使学生"知荣辱,明是非,辨善恶"。在此基础上,南街中学还长期坚持开展传统美德主题演讲比赛,每月确定一个主题,每班推选学生代表参加全校比赛,为学生的自我教育营造良好的氛围。

"百善孝为先",辉县市南姚固小学的德育是从"新孝道"教育入手的。他们根据学生年龄的不同,每个年级各有教育标准:一、二年级,听父母话;三、四年级,帮助父母;五、六年级,理解父母。最终要努力学习,不辜负父母的期望,长大后报效祖国。

学校还将新孝道教育与新课改结合起来,开发校本课程,充分挖掘当地的孝道教育资源,因此学校成为了村庄先进文化的中心和辐射源。新孝道教育为实现学校、家庭、社会三结合的教育网络提供了一个成功的模式。在新孝道教育活动中,学校既重视孝敬教育理念的传输,又重视学生身体力行的道德实践;既重视学校教育实效,又兼顾了社会效益。学校以其显著的德育特色把教育的链条延伸到了家庭和社会,把家庭和社会变成了学校教育的一部分。同时,家长和社会在参与教育的同时,又反过来受到了教育,对弘扬家庭美德和建设社会精神文明起到了潜移默化的作用。

新孝道教育为正在进行的新课程改革提供了参考。学生养成了良好的敬老爱老的好习惯,更重要的是他们逐渐把这些良好的习惯内化为尊老爱老、勤奋有为、立志报国的道德素养。实施新孝道教育不仅没有影响学生的学习成绩,而且还调动了学生的学习积极性,走出了许多教育工作者"抓德育误智育"的误区,为全面实施素质教育开辟了一条崭新的道路。

濮阳市油田第十九中学(以下简称"油田十九中")则是从传统文化中汲取了丰富的"修身"精华,以"三省教育"开创了德育新路。"省吾身、成小事、善为人。"这是油田十九中的校训,也是"三省教育"的内容所在。他们针对学生日常生活和学习中最突出的问题,每天提醒学生做好三件小事。初一年级侧重行为习惯;初二年级侧重学习习惯;初三年级侧重意志品质。

每天清晨,在班主任的引导下,开"三省晨会"。由学生就近段"三省"内容进行批评与自我批评、表扬与自我表扬,老师点评,并填写"三省晨会"记录。他们要求学生坚持写"三省"日记,班主任每天批阅日记,并注意从日记中发现学生们的亮点和问题。学校有专人负责拍摄学生在校园的日常生活,如主动捡垃圾、主动关水阀等文明举止,以及乱吐、乱丢等不文明的行为,让学生每月看一次日常行为录像,让学生观察自己、认识自己,进而达到自己教育自己的目的。

中央教育科学研究所学术委员会委员、德育研究中心原主任詹万生说:

"'三省教育'凸显了'育人为本、德育为先'的办学理念,从油田十九中我看到的是一个普通中学奋发图强的历程,看到了真实的教育、一个平凡而富有生命力的教育。"

改革开放30年,我国已经步入全新的历史发展时期,我们的教育也正发生深刻的变化,以国家为主导的新一轮的基础教育课程改革正在向纵深推进。另外,以民间形式存在的新教育实验、生命化教育等教育实践也都在试图让教育变得美好,尽管这些方式不同,但是主旨却都是相通的。学生只有在校园里获得成长和快乐,德育才有可能正本清源。审视各种形式的德育创新,我们发现,有效的德育或者说美好的德育都是从生活实际出发,触动了学生的心灵;快乐不是目的,道德能够进入学生的生活、改变学生的生活才是最关键的。学生在改变自己生活的过程中,他的思想、道德意识发生了改变,他的德行也就在这个过程中开始成长。"道德的意义就在于实践。我们学习道德知识不是为了提高认识,成为理论家、演说家,而是为了能够过上有道德的生活。"鲁洁教授的这段话可以为德育创新的目的下个结语:培养时代君子。

延伸阅读:

美国品格教育的六大支柱

"品格教育"是美国公立中小学传统的道德教育形式,它的主体框架由所谓"六大支柱"组成:

信赖教育 "信赖"包括诚实,不欺骗,不偷窃,说到做到,坚持真理,建立声誉,忠于家庭、朋友和国家。美国一直以来推崇守信者,"言行不一"、"不守信用"、"表里不一"是大家深恶痛绝的。做到"一诺千金"、"言必信,行必果"的人在美国这个讲究诚信的社会才能立身处世,否则,就连银行的借贷也会受到限制,你就会失去生存的根基!我们漫步在尔湾的马路,发现所有的司机,不管有没有人监视,都自觉服从交通灯的管制。当地人告诉我们,如果胆敢挑战"信赖",那后果是一辈子别想开车了。诚信,几乎成了美国公民道德的一个基本规范,是美利坚民族生存的灵魂,是美国公民立足的基石!在一所名为"Sierra Intermediate"的小学校,我们发现美国小学语言的第一课是《华盛顿与樱桃树的故事》,内容大意是:在院里,华盛顿砍了他爸爸心爱的樱桃树,当他爸爸问谁砍了樱桃树时,华盛顿没承认,爸爸严厉地批评并告诫他:"砍樱桃树并不严重,严重的是你撒了谎。诚实是一个人最起码的品德,只有一个诚实的人才能在社会上立足,才能取得别人的信任,诚信比1000棵樱桃树还要重要。"为了培养值得信赖的小公民,美国的学校让学生每天在国旗下宣誓对祖国效忠,还经常布置一种以收集事例、引语、格言或写伦理观点评价为主的德育实践作业,让学生带回家,与家长一起完成。家长在与孩子协同完成的过程中还可以起监督帮助的作用。在学校,送达家长手中的校讯也大胆写学生诚信方面的轶事,并公开社区、家长对学生在这方面严肃的评价。许多学校唱的校歌,在学校建筑物显要地方标榜的信条、格言或誓词,无不体现对诚信、维护真理等精神的弘扬与歌颂。可见,美国学校对诚信教育是非常重视的。正因为如此,美国才造就出千千万万诚实守信的公民。

尊重教育 "尊重"包括尊敬别人,宽容别人,举止礼貌,语言文明,照顾别人的感情,不威胁、伤害别人,用和平方式处理愤怒、污辱和争执。尊重,是美国儿童教育中的重要方式和特殊营养。比如,美国人讲究对孩子说话的口气和方法,不但大人要认真倾听孩子的话,而且有时还要蹲下来同孩子对话,使孩子感到你在尊重他,避免他有"低一等"的感觉。孩子吃饭时不能硬逼,孩子做错了事不得横加训斥,要孩子换衣服也不可用命令的口吻。否则,父母的做法就是一种犯罪,会给孩子的心理上留下自卑的阴影。家长带孩子外出做客时,孩子想要什么或是想看什么都是合理的,因为孩子有这个需要,任何人都没有理由来指责,只能根据情况适时适当地作出解释、说明和引导。在学校,绝不允许教师当着人面斥责孩子"不争气"、"笨蛋"、"没出息",因为这会深深伤害孩子的自尊心。难怪我们走进美国的课堂,发现孩子普遍遇事积极乐观、好奇欲强、敢尝试、能吃苦、肯动脑。而我国的孩子则有遇事等待观望、缺乏兴趣、不敢尝试、不能吃苦、不肯动脑之毛病,原因就在于不同的教育方式。第一,美国人对孩子鼓励多于呵护,让孩子做各种尝试,在做中学、做中练,培养了能力、兴趣,最重要的是树立了自信心。我们往往过分地保护,造成孩子对父母的依赖,使孩子怀疑自己或失去自我,一切要等父母。家长怕孩子受伤、受欺、危险、脏等便剥夺孩子玩的权利。第二,美国人对孩子引导多于灌输。"我觉得……会好些。我的建议是……你愿意听听我的看法吗?"这是美国老师或家长常对孩子说话的方式。美国人这样尊重孩子,不仅仅是因为他们年龄小,需要爱护、关心和培养,还在于他们从出生起就被当做一个独立的个体,自己是自己的主人,有自己独立的意愿和个性。无论父母还是老师都没有特权去支配或限制他们的行为。在家里,父母帮助孩子接受一整套他们赖以立身处世的牢固的社会准则——尊重和守纪;在学校,教师总是与学生一道定规则,一起商量制度的可行性,直到全体学生接受,老师才会把它挂到墙上，这就是尊重！也许你会怀疑美国人对孩子的尊重是否太过分了，但事实证明，受到父母良好尊重的孩子同父母大多非常合作，他们待人友善，懂礼貌，同大人谈话没有一点局促感，自我独立意识强。在美国的学校和公共社区，很少发生争吵的现象。儿童心理学家认为，这些都是孩子们受到应有尊重的良好反映。

责任教育 "责任"包括做自己应该做的事，坚持不懈，自控、自律，谨慎、可靠。谈到美国的责任教育，得追索中美不同的父母观。在我国，毋庸置疑子女是属于父母的，就像家中的其他东西一样是父母的私有财产，一切得听父母的；父母对子女照顾是无限责任：从孩子出生到孩子成年，家长几乎把孩子的一切都包了下来，做饭、洗衣服、打扫房间、陪读（各种辅导班、学琴等），有时甚至把作业都包了。双休日都搭在里面，陪孩子上各种辅导班。还得想着如何攒钱供孩子读大学、出国、结婚、养儿育女等。在美国，子女是独立的个体，他们属于自己，他们有自己的喜好、选择、隐私、交际圈。父母对子女是有限责任，父母不会把孩子的事情全部包下来，反而孩子还必须承担一些家务劳动，如摆餐桌、扫地、洗自己的衣服、剪草坪等。想外出旅游的费用很简单，孩子可以自己打工挣（在学校、在社会），也可以在家里干活，父母给记工钱。等到18岁成人读大学，出学费的当然是父母，但父母和孩子都明白这不是父母必须给的，只是帮助的责任。这种父母观教育孩子什么呢？就是让孩子懂得自身的价值，从小懂得自立、责任与义务。在学校里，也经常听到老师布置的课外作业：让学生回家，到社区参加清理环境、清扫落叶等公益劳动。细心听美国老师对学生的讲话，会发现他们的习惯用语有很多"我有责任……我的疏忽导致……"等充满责任心的词句。校长和教师多半会在学生面前捡起垃圾以作示范。下一节课是别的老师，则前者会主动擦好黑板表示尊重。

在我们传统的观念中，认为美国是个很讲民主的地方，学生上课时必定是自由散漫的。而我看到的却和我们想象的不完全一样，学校有非常严格的纪律要求，每个学校都有一个"学生行为与服装规范"。在新学期开学初，学校要组织家长和学生学习"学生行为规范"，并和学生、家长签订一份落实"学生行为规范"的协议，一旦学生和家长在协议上签字，表明学生和家长同意学校对学生的各项要求，并愿意承担违反规定可能带来的后果。例如，周六到学校上课、请家长、停课一周、转学等。这也是责任！

美国人非常重视对孩子的责任教育，但并不像我们搞什么"成年宣誓仪式"，而是非常重视一些小事、一些小节。诸如孩子的毕业典礼，他们认为这是孩子成人、走向社会的标志和起点,所以毕业典礼非常隆重,家长和亲友都会来参加,目的是让孩子明白和记住:他成人了,要对自己完全负责了。在孩子学会对自己负责后,才谈得上实现对家庭、社会、国家负责。

公平教育 "公平"包括照章办事,不存偏见,倾听别人意见,不利用他人,不推诿过失。美国孩子从小就有一颗公正、公平的心,原因是它的教育灌输给孩子的就是那种比本领、比本事而不是比父辈给予自己的财富,同时美国教育界致力推行公平均衡的教育理念。布什总统2002年签署《不让一个孩子掉队法》(*No Child Left Behind Act*)提出学校必须缩小富人和穷人、白人和少数民族的差别,就是公平的最好体现。每一所学校,首先提倡的是教师与学生在人格上的平等,因此校园的公告栏展示优点和成绩,左边是老师,右边是学生,各占一半、平分秋色。在教师的眼光里,当官的、有钱人的孩子在学校享受不到任何特权,恰恰相反,这些孩子不敢奢求获得偏心。大家知道,"股神"巴菲特的子女们不能从父母那里继承到哪怕是一美分;世界首富盖茨的三个孩子每人也只能得到住宅,除了房子什么都没有,因为他的财富已经决定全部捐赠给公益事业。富豪们的这种做法是不是有些不近人情?巴菲特的回答是:"那种以为只要投对娘胎便可一世衣食无忧的想法,损害了我心中的公平观念。"在美国,像巴菲特和盖茨这样不愿给孩子留下巨额遗产的富翁大有人在。美国富翁不愿子女不劳而获,他们认为依附于父母是可耻的,每一个公民都应该自觉接受平等的授予。我在南加州一所简称"KvE"的学校参观时,校长告诉我,这里有很多残疾的学生,他们同样坐在教室里,与其他孩子一样接受同等的学习待遇,除非他们自愿提出到特殊教育的学校,否则学校无权把有生理缺陷的孩子拒之门外。在另一所学校"El Rancho Charter School",我们了解到,学校为来自背景不良的家庭或后进生免费开设提前入学课程和补习过渡课,目的是帮助这些条件不佳的学生赶上那些条件优越的学生,使他们同时站在一条起跑线上。

关怀教育 "关怀"包括善良、热情、感恩、宽恕、助人。美国的关怀教育渗透在日常的教育当中,贯穿于整个学校教育的全过程。在学校里工作的传达员、维修工、食堂工人和志愿者(volunteer)等"无名英雄"都会得到师生的关心和重视。随便一节课,你会看到温雅的笑容总是呈现在老师的脸上。课堂上,我们最常听到的用语是"好,非常棒,聪明……"。哪怕是学生答错了,听到的也总是鼓励的话语,甚少听到批评。学校每年花费一定的钱在奖品上,学生即使取得了最微小的进步,一支铅笔、一粒糖果也使他们信心倍加,孩子们受表扬时的喜悦心情不言而喻。由此,美国的师生之间的关系非常融洽，老师总是和学生一起完成大扫除任务。在一个普通的小学课堂上，我看见老师和同学们席地围圈而坐，无半点架子。学生可自由发问，自由表达；巡逻检查的校长轻轻地抚摸一下学生头发，那种温馨的场面让我感受到关怀环境下凝聚的爱何等真挚深厚。在一所美国的学校——Gahr High School，我们了解到，班级多半没有固定的班主任，而是实行教师兼做学生的"导师"和"朋友"。学校不能简单给有心理障碍的学生下结论的，而是做得非常细心。当学生碰到任何困惑或不快，可找学校倾诉和寻求帮助。虽然没有心理咨询师，但学校中的校医兼任心理工作者，或由几名挂牌的教师兼任心理辅导工作。校外很多社会组织和热心人士也提供大量心理咨询网站、热线电话为学生们服务。在一所名叫"Holly Woal"的学校听课，我还看到家长当义工，主动帮助学校干活或布置教室、辅导后进生的。还有一些大个子的学生结对帮助弱小的学生。社会也参与学校的关怀教育圈当中。社区各俱乐部、科学馆、图书馆总是提供优惠或免费场所给学生活动。当得知生物课讲授自然知识时，便有一些流动的服务车辆开进校园，车上装满了实物和道具，为孩子展示真实的动植物世界。老师还让学生轮流把教室的种（养）的动植物带回家，亲身体验关怀生灵的乐趣。真是处处体现出关怀！

美国的私立学校还开设宗教课，教育孩子要关心他人，行善积德，助人为乐。教师时常给学生展示图片并讲述各国的饥荒、灾难，希望孩子捐献零花钱，帮助灾民渡过难关。据我们了解，美国学校每年都有一次帮贫助灾的募捐活动，而且主张学生学会写感谢条，结交一个贫困的笔友，在寒冷的冬季探望一名老人或生病的邻居，以培养孩子关怀之心。

公德或公民教育 "公德"或"公民意识"包括对学校和社区尽到自己的本分，合作、参与，遵纪守法，尊重上级，保护环境。在美国，公民意识主要指公民对于自身享有法定权利和义务的自觉，它包含着主体意识、权利意识、道德意识、社会责任意识等多方面的内容。重视和保障个人的权利和自由的前提是公民必须要有强烈的主体意识。美国的中小学都很重视规则意识教育。他们认为目标要求过高、内容脱离现实生活和效果缺乏实际意义的价值导向，造成了德育实效的低下。教育必须建立在学生最基本的社会规则意识的基础之上，才能促成他律向自律内化的转变。美国公民意识的培养，是让学生首先从做好一个公民的角度去理解和领会教学内容的，让学生在"润物细无声"的状态下，由说教命令式为主转变为以引导体验式、自主参与式为主。在加州，学校的教育管理必须是学生充分理解和认可的。有关学生的规定要通过一定的途径听取、吸收学生的意见。教育者认为听取学生意见的过程，实际上也是教育引导学生、给予学生责任的过程，因此在教室的墙上我们可以随处看到教师与学生一起订立的规章制度。在美国，学生社团等学生组织活动非常活跃，加州的一所学校 Snuuy Hill 就有听证会、学生议事会，学生经常被学校派去参加校董会、乡镇、城市等事务会议。在一所名字叫"Sonora"的学校，校长告诉我们，学校的装饰摆设都要过问学生代表的；供我们参观的"学校的剪贴本"是由学校所有员工加上学生、学生家长一起收集有关学校发展历史的照片、成就等汇编而成。在事关学生利益的事项出台前，要通过召开学生会议以及公告公示等形式广泛听取学生意见。美国教育工作者主张构建开放式的社会教育体系，积极地组织学生接触社会、了解社会，建立经常性的学生社会参与机制。例如他们提倡社区为本的教育，其目的是要使学生回到非学校的社区中，使学生在真实的世界中体验公民身份，感受到信任和责任。学校经常开设一些社区论坛，邀请当地的雇主、成功企业家向学生谈谈公民意识或公德心等在工作中的重要作用。

如今在美国"PACT 道德规范模式"非常流行，即关于渴望 P（Privacy, 隐私权）、A（Autonomy, 自主力）、C（Caring, 关怀力）、T（Trust, 信任感）等公民意识的培养的研究模式，显示了美国公民教育的广泛性和普及性。

美国对青少年的品格教育其实就是美国的国民素质教育，其目的是迎接 21 世纪信息时代的挑战，培养一大批高素质的竞争人才，培养一大批效忠美利坚的、品格高尚的公民。这种对提高现代人的思想素养有针对意义的教育策略非常值得我们借鉴。某些教育方法更值得我们探讨和移用，诸如品格教育立法，设学校"蓝带奖"、"少年品格奖"、"荣誉墙"（Wall of Fame）等。有的学校还设立各种主题活动周（勇气周、诚实周、友爱周等）。美国波士顿大学教授瑞恩总结出品格教育的 6E 法，恰好这些方法的英文单词都以"E"开头。他认为，在学生的理智作用下，教师与学生进行有关的对话，向学生解释（Explanation）某些规则，给予学生某种启示（Enlightenment）；教师鼓励学生自我评价和评价（Evaluation）各种价值观，并且提供各种评价机会；学生应该参加各种活动，亲身体验（Experience）；为学生创设良好的道德氛围，发挥环境期待（Enviroment Expectation）的作用，这些方法都有利于培养学生的责任意识、合作行为、道德反省意识、关心世界的心态等，都是培养品格的有效途径。

（赵卫雄，作者单位：深圳小学）

拔高的道德教育将失去有效性

从伦理学来看，道德境界分为利他主义的最高境界、已他两利的基本境界和利己主义的最低境界。就大多数人而言，只能达到已他两利的基本境界，而我们的传统道德教育却推崇最高的利他主义境界，且不论所宣传的榜样与实际情况有何差距，仅就实现可能性而言，这些目标对大多数人来说是达不到的。

人为拔高的道德教育至少会带来三方面的不良后果：

一是强化形式主义。道德教育本应是一种渗透于日常生活的潜移默化和长期的教化，而把道德教育当做政治运动来操作，已经把道德教育蜕变为一种形式主义的说教，教育者和受教育者都学会了形式主义的观念、方法和策略，这恰恰与道德教育的初衷背道而驰。

二是助长虚伪意识。当利他主义的道德境界成为教育的核心价值时，强大的宣传和舆论压制了人们的真实想法，无人敢于支持和承认基本的道德境界，只有言不由衷地高唱利他主义的赞歌，导致人们在公共场合与私下场合中的行为上的巨大差别，从而造就了言行不一、人格分裂的个体。

三是无法培养自律的主体。道德责任始终与道德的自由选择联系在一起，一个人的道德自由度越大，他所承担的道德责任越大；反之，一个人失去了道德的选择自由，他也就失去了责任感。当人们在道德教育的利他主义宣传中被迫称赞利他主义的口号和选择利他主义的行为时，由于这不是个体的真实意愿和自由选择，也就无从培养个体的自律精神和责任感，从而造就的只有服从他律而缺乏自律的个体，一旦环境允许，什么样的事情都可能做出来，形成了个体的双面人格。

活动之于德育的意义

我国传统德育在目标上注重社会性，忽视个体性，即忽视德育在促进个人发展和自我完善方面的重要作用，没有把道德素质作为个人生存的基础，造成目标过高而不切合学生思想品德发展实际，缺乏时代性、层次性和生动性；德育内容偏重政治教育，忽视学生生活中基础性的道德知识、道德能力和道德智慧的培养；德育方式主要是强迫式、灌输式，用说教的方式传授既定的道德价值。这种德育方式已经不适应当今青少年主体意识觉醒的要求。

当代认知主义道德教育虽然克服了传统道德教育忽视道德主体精神的弊

端，肯定知识和认知能力在个体道德发展中的作用，把提高道德认知能力作为道德教育的首要任务，把儿童的思维与探究引入道德发展和道德教育领域，但是它自身也存在忽视道德实际、脱离学生发展状况、缺少情感体验和实践等不足。现今一些青少年"知道纪律而不守纪，明白道理却不讲理，享受真情却不动情"的行为表现，正是这种"知行分离"的道德教育留下的"后遗症"。

  现代德育理论认为，活动在道德发展和道德教育方面具有决定性意义：第一，活动是个体道德形成和发展的根源与动力；第二，活动是个体自我教育的真正基础，只有通过活动体验，个体才能真正理解人与社会、人与自然、人与自我的关系，才能产生德行，最终养成德性。面向现实生活，注重实践体验，已经成为时代对中国德育乃至教育的强烈呼唤。

（原载2008年12月27日《教育时报》，综合整理：吴松超）

课程创新：让教材回归"教学材料"

长期以来，由于受计划经济体制和课程统一管理以及师范教育人才培养模式等因素的影响，中小学教师在课程实施中始终处于"忠实执行者"的地位，缺乏必要的课程意识和课程生成能力。全国统一的课程设置、统一的"国标"教材，甚至统一的教学进度，剥夺了教师的课程权利，于是，教材就成了教学的"圣经"，教学大纲以外的领域就成了教学的"雷池"。

2002年，新课改给教师带来了新的课程理念，赋予了教师更多的课程权利，丰富和刷新了"课程"的定义。在这种改革背景下，具备课程生成能力，具有课程意识，成为人们对新型教师的基本要求。

河南省在新课改推进以来，教师的课程意识得到了加强，其最直观的体现就是让教材从"圣经"回归"教学材料"，变"教教材"为"用教材教"。不少学校结合自身的优势和办学定位开发出了多样化、有特色的校本课程，综合实践活动也开展得有声有色。

国家课程的校本化实施

核心提示：校本课程开发常常有两种解释："校本课程的开发"和"校本的课程开发"。前者指学校自主开发自己的独特课程，可称为狭义的理解。后者不仅包含前者，也包括了对国家课程进行校本化实施，可称为广义的理解。这两者无所谓孰优孰劣，它们所针对的不过是不同的教育管理体制。河南省很多学校对国家课程进行了有针对性的深度开发和实施。

榜样学校： 民权县程庄镇第一中学、新乡市第十中学、济源市五龙口镇实验小学。

民权县程庄镇第一中学早在 2004 年就开始了一项对抗语文教学异化的实验，即叙事语文课改实验，并推出了四种新课型：日记展示课、自主阅读课、自主探究课、综合实践课。针对学生讨厌语文、作文存在着严重的"假、大、空"的情况，学校把日记引入语文课堂，让学生用自己的笔记述自己的真实生活。为了开好自主阅读课，学校取消了语文学科抽考，在每个班级设了一个图书柜，每个柜中有各类图书 200 余册，供学生课外阅读；同时，学校每天安排了一节自由阅读课。学校还组织了"语文故事盒"活动，目的是改变以前语文教育以考试为单一评价方式的积弊，让学生在做中而不是在考试中接受语文；用语文记录学生的生活，改变学生的生活；借助语文故事盒，使学生养成自省自励的生活习惯。故事盒平时由学生自己存放，每周被拿到学校展示一次，参加班级和学校的评选。在民权县程庄镇第一中学，语文故事盒是语文学习的一项重要内容，在学生的个人语文学习成绩中占 10%。

新乡市第十中学通过校本课程开发带动校本研修，通过校本研修带动教师专业水平的提升，走可持续发展的道路。2004 年，该校在确保国家课程计划严格实施的前提下，缩短课时，减时增效，把 45 分钟一节课改为 40 分钟，每天安排一个课时上校本课程。该校科研处出台的《校本课程建设及管理条例》充分调动了广大师生的积极性和创造性。学校通过赋予各任课教师课程权利，鼓励教师对国家课程进行校本化地实施。为确保校本课程实效性，该校科研处还出台了校本课程成果展示及效果评估制度，每学期期末由学校专家评审组对所有校本课程进行综合评估。如今，学校各学科组都有自己的校本教材。现代部的"机器人智能训练"课题，在 2004 年和 2006 年参加了河南省和全国机器人灭火大赛，分别取得全省一等奖和全国三等奖的佳绩。外语组开展的"英语口语伴我行"已经探索出来的比较成熟的课题模式，有英语圣诞 party、口语风采大赛、电影场景配音、全英情景对话活动等，使学生彻底走出了哑巴英语、聋子英语、语法英语、考试英语的误区。体育组、历史组等也都结合自己的学科特点对国家课程进行了校本化的开发和实施。

济源市五龙口镇实验小学对数学课程的深度开发足可以说得上是"另类"，这种改革甚至可以说是"颠覆性"的，因为，学校开设的"优因数学"改变了数学学科的思维方式！1998 年，学校将珠心算引入了数学课程。2002 年，学校得到中国珠算协会副会长、世界珠算心算联合会理事、河南财政税务高等专科学校郭启庶教授的指导,并将郭教授潜心研究的"优因数学"引入课堂。郭教授经过几十年研究实验创立的"优因数学"教学体系,就是融合了中国传统数学的优秀思想方法(如珠算符号、模型,"率思想方法"等)和西方数学的优秀思想方法(如符号化思想等)的数学教学知识结构。这种教学知识结构简化了小学数学教学,改革了现有数学课程处理方法烦琐、落后的状况和"知识点的拼盘"的现象。据学校数学老师介绍,"优因数学"用"率思想方法"加强了知识点之间的联系,使学生能够理解数学基本思想方法,以简驭繁,触类旁通。学校四年级学生的数学能力已经达到甚至超过了其他学校七年级学生的水平,而且,达到这样的教学效果,并不需要增加数学课时。2004年,学校立项的省级课题"珠心算在小学数学教学中的问题研究"已经顺利结题,并通过省科技厅的成果鉴定。专家委员会认为:"该课题研究在国内具有创新性,在国际上具有领先地位。"

校本课程的开发

核心提示:校本课程开发的价值就在于它自下而上地弥补了国家课程的不足,有助于学生个性的发展、教师专业水平的提高,有助于学校实现教育目标并形成自己的办学特色。多年来,河南省很多学校从提升学生的素质、为学生提供多样化的学习机会着眼,开发出了各具特色的校本课程。

榜样学校:林州市第二实验小学、辉县市南姚固小学、郑州市第二十三中学、河南油田第五小学、栾川县实验中学、郑州市第七中学。

林州市第二实验小学充分利用红旗渠资源,动员师生开发了《走近红旗渠》校本课程,并编写了校本教材。校本教材有五个章节:《了不起的红旗渠》《修渠前的吃水史》《太行壮歌》《红旗渠畔》《红旗渠凯歌震天响》,从不同方面挖掘了林州的历史和文化,在广大师生中传承了红旗渠精神。

新孝道教育是辉县市南姚固小学开发的校本课程。2003年,每周一节的新孝道教育列入了课程表。多年来,师生共同参与开发的这一课程已形成了一套相对完整的体系。之所以将课程命名为"新孝道教育",就是因为课程内容对传统的孝道教育进行了扬弃,比如,古代的"愚孝"是学校坚决予以摈弃的。新孝道教育提倡不仅要孝父母,更要孝亲人、孝众人、孝社会,让学生在具体的敬老活动中,用感恩的心去努力学习。每周六,学校的学生都会有一项特殊的家庭作业：为父母尽一份孝心，做一些力所能及的事。在新一周的班会上，学生们要相互交流，三年级以上的学生每周还要写两篇"敬老日记"。为充分挖掘当地的孝道教育资源，学校经常举办专题报告，邀请一些当地的"孝子"、"好媳妇"到学校现身说法，讲述自己在现实生活中孝敬老人的感人事迹。与此同时，学校还注重老师的言传身教，要求老师更要敬老、爱老，坚持写孝道心得和教学反思。

评选"小孝星"是新孝道教育中的重要内容之一。在实践中，学校还专门制定了一套评价制度，通过自评、班评和校评，每月评出优秀者，并授予班级或校级"小孝星"，在教室或校园的显著位置公布。"小孝星"作为新孝道教育的活教材，成了学生学习的榜样。作为学校的特色课程，新孝道教育正在引起人们的关注。2003年，在无锡举办的全国德育年会上，该校作为优秀代表作了典型发言，受到了与会专家的高度评价；同时，该校承担的"整体构建小学孝道教育体系"的研究报告被中央教育科学研究所评为优秀成果一等奖。

郑州市第二十三中学针对不少学生热衷于追求时尚、只爱看日韩漫画的现象，开发了"名著影视化导读"的校本课程，从"影视"这个学生感兴趣的形式入手，引领学生去阅读原著。从2004年开始，学校将中国的四大古典名著列入课程计划，中间穿插《鲁滨逊漂流记》等学生感兴趣的其他名著。七年级以导读《西游记》为主，设置了16个课时；八年级以导读《水浒传》为主，设置了20个课时；九年级以导读《三国演义》《红楼梦》为主，各设置了16个课时。自此，校本课程"名著影视化导读"的开发逐步走上了科学化的道路。这门课程实施以来，受到了学生的欢迎，学生开始喜欢读名著了。不少学生体会到了名著语言的精妙，手捧名著，欲罢不能，而且悄悄开始了文学创作。

河南油田第五小学从诵读经典做起，开发了"经典诵读"的校本课程，并组织老师们结合学生的实际编写了校本教材。语文教师在每周的语文课中抽出一堂课，指导学生诵读经典和欣赏美文。在教学方法上，学校老师琢磨出了许多行之有效的方法，如故事法、画演法、猜译法、视像法、巧用法等，引导学生去"触摸"语言，使他们开心地学、有趣地读、多多地记，而不给学生施加过多压力。为防止学生学习的"虎头蛇尾"，学校专门制定了一套"阅读考级制"的考评体系，给测评合格者颁发相应的"经典诵读等级证书"。这是保障诵读效果的一个重大举措。

栾川县实验中学根据"关注差异、多元发展，创造适合学生的教育"的办学理念，出台了《校本课程开发实施方案》，对校本课程开设的目标、原则、课程结构、课程分类、组织形式、课程安排、课程评价、课程管理等作了详细的规划。在开足开好国家规定课程的基础上，学校还开发了网页制作、摄影、球类、田径、声乐、器乐、素描、国画、剪纸、演讲与辩论等16门校本课程，由专任教师分类授课，学生根据科目菜单，自愿选择，实行走班上课。同时，学校本着"先开发，后规范；边开发，边规范"的原则，制定考核细则，对校本课程开设进行全程监控。校本课程的开发与实施，为师生共同发展提供了有力的平台，构建了学校的办学特色，促进了学生的全面发展。

从2003年暑假开始，郑州市第七中学的教师就认真学习了校本课程开发的理念和重要意义，根据自己的专业知识结构以及学生的兴趣，自主开发了"中学生人际交往"、"野外生存"等20多门课程。学生可以按照兴趣和需要自主选择1门~2门校本课程，也可以跨班、跨年级上课。这样，学校就最大限度地满足了不同学生的求知欲望。

综合实践活动的开展

核心提示：综合实践活动是新课程的亮点，对学生和教师的成长具有不可替代的作用。有专家这样说过："如果你能指导学生有效地开展综合实践活动，那么你的课程意识就会大大提高，再教其他学科就不成问题了。"综合实践活动是考核学校课程建设能力的尺子，也是检验校长、教师教育良知的试金石。

榜样学校：偃师高级中学、睢县回族高级中学、宜阳县三乡乡第二中学。

偃师高级中学在2001年已将研究性学习排进了课程表，现在正进行常态化实施。学校先后被确定为中央教育科学研究所研究性学习教学实施课题的成员学校、河南省研究性学习重点实验学校。学校设置了"研习"教研室，配备两名专职教师，负责和协助指导全校师生的教学活动，特别是加强指导一年级的教学活动。学校的整体思路是：通过让高一年级学生学习研究性学习课程的基础知识、基本理论以及操作实施方法等，教师先将学生引入研究性学习的大门，并指导他们开始确定课题，开展研究性学习；高二年级结合学科的特点来促使研究性学习进一步深入与提高；高三年级研究性学习的实施与高考复习接轨，结合重点、热点问题开展多种形式的专题性研究。华东师范大学课程与教学研究所副所长崔允漷教授给予学校这样的评价："能在三个年级都开设研究性学习课程，并且有意识地进行整体规划，配备专职教师，且面向全体学生，这需要相当大的气魄与智慧。他们为我国普通高中研究性学习课程的发展树立了一面旗帜。"

睢县回族高级中学一向重视学生综合素质的提高，从 2006 年至今连续举行的三届课本剧大赛在学校的课程体系中拥有特殊的地位，深化了课堂教学改革，给学生带来了更多的展示平台，发挥了不可替代的育人功能。学校的课本剧不光是语文学科的，也有历史、英语、化学等学科的课本剧。从 2006 年开始，课本剧大赛就以一种综合实践活动课程的形式确定了下来，在每年的 6 月份举行。这是学生每年学习生活中的一件大事，每到这个时候，一些有编剧兴趣、有表演特长的学生会提早考虑课本剧大赛的事情。为了使课本剧大赛顺利、持续地开展，学校形成了一套具体的组织形式：每年在课本剧大赛之前成立专门的组委会，组委会人员有明确的分工，如会场布置、化妆、剧务、新闻报道等；组委会每年四五月份以通知的形式将大赛事宜发至各学科教研组组长和备课组组长，由各个学科教研组组长和备课组组长发动、组织学生编演本学科的课本剧；音乐组教师负责艺术指导和初评筛选工作。在正式比赛时，学校每个教室里的闭路电视保证了每个学生实时收看现场直播。大赛的评委除了校委会成员、年级组负责人、有艺术特长的教师，还有学校的每一位学生。学校派专人给每个班发了 30 份评分表，学生看过后现场打分，并由专人收回统计，评选出一、二、三等奖和"最佳演员奖"等单项奖，并给编演的学生发放证书。学生在编演课本剧的过程中，展现了丰富的创造力，确立了自己在实践活动中的主体地位，学到了课堂上学不到的东西，改变了以往以教师为中心的教学模式。

不少老师认为，开展综合实践活动的优势在城市，农村受课程资源、教育科研、师资力量等条件的限制，综合实践活动难以实施。其实，农村特有的自然资源和乡土风俗资源是开展综合实践活动的天然资源库。曾任宜阳县三乡乡第二中学校长的王红顺，认为"综合实践活动是农村教育药"。学校结合当地实际，开展了"三车三机"（"三车"指机动三轮车、手扶车、摩托车，"三机"指洗衣机、彩色电视机、录像机或 VCD）教育，聘请有一定实践经验的老师傅当兼职教师，租赁"三车"，购置"三机"，让学生能进行驾驶、操作，并能排除简单故障。为了探索综合实践活动与勤工俭学活动相结合的路子，学校经过慎重考察，选择了周期短、效益好的饲养獭兔项目，并与商户签订了收购合同，接着从外地购进种兔，每生承包一组獭兔，分散饲养。在饲养过程中,他们聘请宜阳县畜牧局的专家作技术指导。学生将学到的养殖理论和技术运用到自己的家庭中,不少家庭由此成为开放性的实验室。综合实践活动的开展使农村教师的课程意识也得到了加强,正如一位农村教师所说:"现在,我们不仅认识到我们所运用的教材是资源,认识到我们所难以企及的图书馆、科技馆、博物馆、网络是资源,认识到花很多钱买的资料、仪器、教具、音像制品是资源,更深刻地认识到我们身边有无数的、不花钱的资源:一草一木、一言一行、一人一事,都是我们的课程资源。"

当教材回归到"教学材料",当"一草一木、一言一行、一人一事"都成为了课程资源,教育共同体中的每一个成员都可以很自豪地说:在我们这个时代,结束了全国统一课程、统一教材甚至是统一教学进度的历史,一种符合时代精神的全新的课程文化正在形成!

延伸阅读:

教学改革需要强化课程意识

改革开放30年来的教学改革,经验很多,教训也不少。其中很重要的一点就是,仅仅站在教学的立场谋划教学改革,往往看不出问题的本质,难以找到有意义的突破口和生长点,从而迫切需要有一个更开阔的视野。这就是教学改革需要强化课程意识,多从课程的角度来审视。

那么,什么是课程意识呢?简单地讲,就是人们在考虑教育教学问题时对于课程意义的敏感性和自觉性程度。比如,有机构和学校根据调查发现,小学二年级学生在4个学期内共识汉字1080个左右,平均1节语文课识字约1.3个,识字教学的效率不能令人满意。于是,提出一项识字教学改革目标,即在小学二年级结束时学生能够会认会写2500个常用汉字。通过教学改革实验,证明这个目标能够实现,所以有专家建议大面积推广这项教学改革成果,把会认会写2500个常用汉字作为小学二年级学生的统一教学目标。

而对此持反对意见者则认为,如果站在教学的立场看,这项改革成果是很有效的,因为教学改革实验确实实现了会认会写2500个常用汉字的教学目标,是有效的。这样看问题时,表现出较强的教学意识。

但如果站在课程的立场看,这项改革成果恐怕就有问题了,因为我们不能确定这样的教学改革目标本身是否有必要、是否合理。比如《毛泽东选集》(五卷本)和《孙中山全集》,据有人统计,分别用字2553个和2673个。也就是说，伟人的一生表达他们的思想所需要的汉字量大约在两千五六百个，其中还包括一些不常用的汉字。那么，对于未来的一个普通国民来讲，要在小学二年级会认会写2500个常用汉字，有这个必要吗？在某种意义上讲，对于那些确有潜力且有兴趣的学生来说，这个目标可能是可行的，但如果作为一个统一的目标来要求所有的学生，那就值得怀疑了。

这的确是一个必须认真对待的问题。因为学生学习语文不等于仅仅是会认会写汉字，我们必须确定识字教学在语文教学中的地位和作用。同样，学生不只需要学语文，还要学习很多东西，我们必须确定语文教学与其他教学活动之间的关系以及在学生整个学习活动中的地位和作用。而且，学生不只需要学习，还需要运动、需要娱乐、需要休息、需要睡眠，等等，这些都是需要时间保证的。我们所实现的识字教学改革目标，很可能是以牺牲学生其他学习时间、活动兴趣乃至休息睡眠时间为代价的，很可能伤害学生的学习意愿和健康成长，这种教学改革的合理性就需要认真分析和充分论证了。当我们这样看问题时，就表现出较强的课程意识。

我国基础教育中长期存在的课业负担过重和课程内容"难繁偏旧"的现象，除了课程设计上的问题之外，应该说与教学改革中课程意识的缺乏也有一定的关系。

大致说来，教学意识与课程意识所关注的重点是有所区别的，这种区别至少体现在以下三个方面：

第一，在看待教学目标方面。教学意识的重点在于确定一个目标，然后通过各种途径去实现这个目标，这就是有效教学。课程意识则更为关注目标本身是否合理，如果这个目标本身不合理，那么即使通过各种教学手段和途径实现了这个目标，也没有什么意义，是低效或无效的，甚至是负效的。例如用一些错误的观点和方法得出或记住正确的知识结论以及公开课教学中的"表演"和"造假"等现象，就很值得从课程的立场上去进行反思。

第二，在看待某项教学活动的意义方面。教学意识可能关注把这项活动尽可能做到最好，而课程意识关注的重点可能在于这项活动做到什么程度才是合理的，即要恰到好处，要和整个教学活动的结构联系起来，要恰如其分地发挥它应该发挥的作用，与学生的其他各项活动之间保持一种动态的平衡。

第三，在看待学生的学习结果方面。教学意识可能更为关注掌握"双基"的程度，特别是考试的分数，而课程意识则可能更为关注学生的继续发展，特别是学习的意愿、能力以及情感态度价值观方面的健全发展。

当然，必须指出，课程意识与教学意识的划分，主要是基于说明问题的需要，目的是要丰富我们的视野，开阔我们的思路，多一个看问题的角度。但这种划分并不是绝对的，而且在教育实践中课程意识与教学意识往往是融合在一起的，构成一个有机整体，因此随意地贴上"这是教学意识"和"那是课程意识"的标签是不恰当的。

（原载 2008 年 12 月 27 日《教育时报》，综合整理：杨磊、吴刚平）

教学创新：让课堂焕发生命活力

无论是素质教育的全面推进这一总任务，还是课程改革这一具体任务的真正落实，都不能不进入到学校活动的最基本场域——课堂教学。新课程对传统的课堂教学提出了严峻挑战，新的课程理念客观上要求教师更新教学思维方式，在教学改革上实现新的突破。在河南省近几年的教学实践中，不少学校在教学组织形式、教学方法、教学模式等方面探索出了可贵的经验。

教学组织形式灵活多样

随着新课程的深入推进，学生在教学中的主体地位越来越受到人们的关注。新课改倡导自主、合作、探究的教学方式，它呼唤与之相适应的新教学组织形式的诞生。河南省一些学校积极探索多样、灵活的教学组织形式，改革单一的同步教学形式，改变教师对课堂的垄断地位，实现了同步教学、小组教学和个别教学的最优组合，构建了气氛民主、便于交流的开放性课堂。

★**样本学校**：鹤壁市淇滨中学
变革内容："走班制"
关键词：分层教学　自主选择

"走班制"是大学教学常采用的教学组织形式，学生可以根据自己的知识基础自主选课。在鹤壁市淇滨中学，初中生也有了这种选择权。在数学和英语学科教学中，学校实行了"走班制"。对于学生的分层，学校坚持"教师指导，学生自愿"的原则，根据学生数学、英语基础知识和基本技能以及学生的学习品质，由学生、学生家长、科任教师和班主任客观合理地将学生分成A、B两个层次。在学习过程中，根据学生情况变化，教师指导学生自愿再进行分层，以激励学生不断向高一层次迈进。

在"走班制"的基础上，学校还实行了"复式教案"和"分层作业"制度。学校的数学和英语教师，每上一节课都要备两份教案，实施分层讲授、分层练习、分层矫正。"复式教案"增加了教师工作量，但使教学的针对性更强了。淇滨中学曾将七年级实行"走班制"的A班和B班的考试成绩进行了统计，分析显示，实行"走班制"的班级，尤其是选择B班的学生，不但学习成绩有了明显提高，而且增加了自信心，练就了坚韧和协作的良好品格。

★**样本学校：**荥阳市实验高级中学
变革内容："调控导学"
关键词：导学案　学生主体

荥阳市实验高级中学围绕培养学生的学习能力这一关键"素质"，从改变课堂教学的组织形式入手，提出了"调控导学"的教学组织形式。所谓"调控导学"，就是教师在课堂教学过程中根据学生学习效果适时调节、控制、引导，充分调动学生的积极性、主动性，以学生的自主、合作、探究学习为主，从而达到最佳学习效果。

有效的课堂调控，要求教师在课堂调控中以学生为中心，时时考虑学生的需求，使学生积极主动地参与学习活动，形成一种有序的氛围，从而促进学生有意义地学习。导学是合理实施课堂调控的一种探索性教学方式，它要求教师将课堂调控能力在一节课诸环节中进行文本化，也就是要写出导学案。"课前检测—自学预习—精讲释疑—当堂检测"是"调控导学"教学组织形式的路线图。

为推动"调控导学"在全校的推广，该校制定了教师达标课的标准：是否关注学生听课的情绪，并据此调整自己的教学内容和进度；是否关注学生的学习习惯，并适时进行引导；是否注重学法指导、知识规律的总结指导；是否注重学生的自主学习和知识的自然生成；是否关注高考能力的培养；是否做到多媒体与常规教学的有机结合；是否体现学科的德育功能；等等。

如今，荥阳市实验高级中学的课堂教学真正凸显了学生学习的主体地位，学生成绩大面积提高。2008年，荥阳市教育局先后两次在该校召开了课堂教学改革现场会，推广该校的经验，在当地引起了广泛的反响。

教学方法的变革

长期的教学实践告诉我们，以"满堂灌"为代表的传统的"注入式"课堂教学方法必须改革，必须改变课堂教学只关注教案的片面观念，树立课堂教学应成为师生共同参与、相互作用、创造性地实现教学目标过程的新观念。但是，在改革过程中，由于认识上的局限，不少人仍从"教"的角度去设计课堂教学，结果，课堂教学效果还是不够理想。其实，教学的实质就是教学生学，不是为"教"而教，而是为"学"而教。中小学课堂教学方法的改革只有从学生如何学的角度入手，方能开辟出新的天地。

★样本学校：濮阳市油田第十三中学
变革内容："真假学习大讨论"
关键词：有效学习

濮阳市油田第十三中学（以下简称"油田十三中"）以"真假学习大讨论"拉开了有效学习的序幕。而有效学习的落脚点，就在于改变学生的学习方式，真正把课堂还给学生。

"真假学习大讨论"席卷了油田十三中的每一位领导、教师、学生和家长。按照学校要求，在教师的帮助下，学生分解、细化学习全过程，发现学习过程中存在的假学习现象，并一一列举出来。经过共同研究，油田十三中的学生和教师把假学习归结为以下几个方面：死记硬背、被动听课、应付作业、拖延时间、没有目的的预习、单纯以记忆为目的的复习等。

"真假学习大讨论"深入开展后，学生对学习有了重新认识，学习态度得到了根本性的转变，学习成绩的提高是不言而喻的，更重要的是学习又开始成为孩子快乐的源泉。他们认识到"假学习痛苦，真学习快乐"。学校领导和教师引导学生重新定义学习，建立真学习的标准，针对学习的各环节如预习、复习、作业、阅读、听课等进行研究，帮助学生总结出最有效的方法；对"听讲、阅读、独立思考、合作学习、反思、实验、活动、讨论、观察、应用"等学习方式进行研究，并逐渐把它们贯彻到学生的学习中去。

现在，学校学生的学习方式正在由个人独立学习向合作学习转变，由听讲模式向讨论探究模式转变，由被动学习向主动学习转变。

★**样本学校**：濮阳市第四中学
变革内容："三段式开放性教学法"
关键词：生生互动　师生互动　反馈练习

濮阳市第四中学通过课堂教学模式的改革来带动整体教育教学的发展，在密切结合新课改理念的基础上，"三段式开放性教学法"成了他们教学改革的重点。"三段式开放性教学法"的基本环节是"生生互动—师生互动—反馈练习"，每一个环节都注重自主探究知识和自主解决问题的学习能力的培养。

"生生互动"的宗旨是"三自"和"三有"。"三自"是学生自主发现问题、自主提出问题、自主解决问题，"三有"是课堂有争论、有发现、有创新。"师生互动"这一环节中，教师主要是引导而非大量讲解，体现了解决疑难、清除障碍、促进思维、构建知识体系的作用。

为了避免学生对"双基"掌握不扎实的现象发生，这种教学法强调"反馈练习"，要求学生通过一定量的练习来反馈对教学目标的掌握情况，以便教师及时发现问题并补救。同时，学生经过练习可以把所学知识内化为分析问题和解决问题的能力。

这种教学法的教学目标不再受"知识中心"的束缚，而是让学生充分联系既有知识和新知识，大胆展开思维；教学内容不再受教材的束缚，而是用教材教，使教学内容成为能适应全体学生灵活主动发展的"良田沃土"；学生学习不再单一化，而是充分调动小组协作的力量；教师指导不再以知识讲解为主，而是有的放矢地点拨和激发；教学过程不再教条化，而是充满了讨论、探究、质疑、争论；作业不再以考核学生为主，而是通过开放性作业，允许学生在自主思考的基础上群体探索，在培养解决问题能力的同时培养合作互助意识。

★**样本学校**：濮阳市油田第十九中学
变革内容："四阶教学法"
关键词：教学案　不欠"学习账"

濮阳市油田第十九中学在多年探索的基础上形成了"四阶教学法"。这种教学法是因把一个教学法周期分为四个阶段而得名的，这四个阶段是：堂堂清楚、日日完结、周周检测、月月考评。

"堂堂清楚"包含两层意识：一是教师教学清楚。比如，一节课的教学法目标是什么，教学重点、难点是什么，学生学习中的学习障碍可能会有哪些，这节课的学习需要哪些知识铺垫，如何作好分层教学，课堂上如何作好互动、交流、反馈，等等。二是学生学得清楚。这主要是针对学习基础比较差的学生，让他们清楚掌握每个需要掌握的知识点，不欠"学习账"。堂堂清楚是通过教师备"教学案"来落实的。"教学案"就是由教师的教案加上指导学生预习、学习的学案构成的。教师在备"教学案"时除了要研究教材、研究教法，还需要花费更多的时间来研究如何为学生的新知识学习作铺垫，研究学生可能会在哪些地方出现学习障碍、怎么化解。

"日日完结"就是要求学生顺利、正确地完成当天的作业。学习困难的学生可以降低要求，在同学、教师的帮助下完成作业，清除所有的学习障碍。

"周周检测"就是把学生在本周学习中出现的疑难问题、作业及练习中出现的错题集合起来进行检测，检查学生是否真正清除了这些学习障碍。

"月月考评"是对学生在本月学习中反复做错的习题及本月所学的重点知识进行总结性检测，对学生在本月中的学习态度、行为习惯等进行总结。学校的教学方法改革受到不少教育专家的关注与肯定。

天津市教育科学研究院副院长王敏勤这样评价："'四阶教学法'理念很朴实，但做得非常扎实，形成了自己的特色，实施效果也非常好。更可贵的是，学校没有仅仅把目光盯在成绩上，而是不放弃一个学生，努力促进每一个学生的发展。"

教学模式注重"以学定教"

教学模式是在一定教学思想和教学理论指导下建立起来的，在教学过程中比较稳定的教学程序及其方法、策略体系。教学模式将教学程序、教学方法、教学手段、教学组织形式融为一体，把抽象的理论转化为具体的操作程序，因此，它在教学理论和教学实践之间起着承上启下的作用，是理论与实践的中介。任何教学模式都是在一定的教育理论或教育思想指导下构建的。在新课程理念的指导下，河南省的一些学校正在形成"以生为本、以学评教"的课堂教学新模式。

★**样本学校**：济源市济水一中
变革内容："三环自主"教学模式
关键词：自主　互动　反馈

"三环自主"教学模式是济源市济水一中课堂教学新秩序的特色和核心。自主是"三环自主"教学模式的核心，也是一个环节。自主就是把教学改革的主动权还给教师，把学习的主动权还给学生。课堂上，学生自主预习、自主探究、自主交流、自主展示、自主反馈。互动是课堂活动生成的载体，无论是教师的导学还是学生小组的讨论探究，课堂交流是多向的，评价是多元的。反馈是教学方法与自主学习效果的调控机制：在小组内部交流的基础上形成初级反馈，发现的问题力争在小组内解决；在小组发言的基础上建立中级反馈，小组内解决不了的问题力争在组际间得到解决；在集体讨论、质疑探究的基础上建立高级反馈，一些难度较大的问题在教师指导下集中解决。此外，学校还建立了以学科科代表为核心的学习小组，成为对课前问题的收集、课后作业检查的第二反馈系统。

这种授课改变了满堂灌，结束了一言堂，学生作业少了，教师备课活了，大家的负担减轻了，学习效率提高了，教学成绩上去了，学生由学会变成了会学，教师由教会变成了会教。在这样的课堂氛围里，学生真正成了学习的主人。

★**样本学校**：沁阳市第一中学
变革内容："35＋15"课堂模式
关键词：学生主体　"六好"标准

沁阳市第一中学在学习江苏洋思中学、河北衡水中学等校的先进教学理念的基础上，结合自己学校的实际确定了"先学后教，当堂训练"的教学理念和"35＋15"的大、小课模式，即每节课的前35分钟用于教师授课，后15分钟必须用于训练。同时，加强教学反馈，用"六好"课堂标准对每一节课进行评价。"六好"即学生主体地位发挥得好、教师主导原则把握得好、训练主线落实得好、多媒体手段运用得好、尊重性原则体现得好、反馈原则运用得好。

课堂模式的变革，从根本上推动了教师教学方式和学生学习方式的变革。

★**样本学校**：鹤壁市第十八中学
变革内容："立体学案　自主学习"教学模式
关键词：自主学习　教学合一

鹤壁市第十八中学将江苏东庐中学的"讲学稿"、山东杜郎口中学的"三三六模式"巧妙结合在一起，融会贯通，取长补短，于2006年8月正式推行"立体学案、自主学习"的课堂教学新模式。

立体学案是新模式的一个重要载体，它集预习、导学、讲授、练习、作业于一体，既是教师的教案，也是学生的学案。自主学习是目标，即通过立体学案的巧妙设计及其在课堂上的灵活运用，最终实现学生的自主学习。

立体学案设计的合理性、有效性是决定这种新模式能否实现教学合一、促进学生自主学习的关键。因此，一个立体学案的设计往往要经过集体备课、二次备课形成。

学校在多年实践的基础上确定了三种课型——预导课、探究展示课、反馈课，每个学案的具体环节可根据学科特点自行设计，以突出每一课时的学习重点。另外，针对小学科课时有限的情况，学校开发了三层次课，将预导、探究展示和反馈融合为一体，一节课内完成三个层面的要求。最近一年，学校正在全面建构"学科典型课"研究制度，要求教师根据所教学科的实际情况，设计适合本学科特点的经典学案、经典课例。

新模式的推进为教师专业成长搭建了一个很好的平台，点燃了他们对教学改革的激情。2008年11月，河南省教育教学改革成果推广会在鹤壁举行，鹤壁市第十八中学作为教学改革的先进典型之一被予以推介。

从以上河南省学校教学改革的探索中我们可以看出，生命、自主、互动、生成、有效等成为课堂教学变革的关键词和共同趋势，传统意义上的教师教和学生学，不断让位于师生互教互学，彼此正在形成一个真正的"学习共同体"。在这些教学实践中，教学过程成为了师生交往、共同发展的互动过程，课堂因生命的涌动而充满了内在的活力。

延伸阅读：

为什么要提倡和强调对话教学

简单地说，对话是师生基于互相尊重、信任和平等的立场，通过言谈和倾听而进行的双向沟通、共同学习的过程。

对话作为一种教育精神，它强调师生人格的平等，即师生之间只有价值的平等，而没有高低、强弱之分。在对话中，教师与学生作为有生命的、具有平等地位的人相遇，相互尊重彼此的独特个性，自由而持久地交换意见，共享不同的个人经历、人生体验。在对话中，教师与学生共同学习民主和平等的观念，学习尊重差异、尊重生命。由此，教师与学生之间就形成了真正的人与人的关系，我们相信，在这样的师生关系中，学生会体验到平等、自由、民主、尊重、信任、友善、理解、宽容、亲情与关爱，同时受到激励、鞭策、鼓舞、感化、召唤、指导和建议，形成积极的、丰富的人生态度与情感体验。

对话作为一种认识方式，它强调师生间、学生间动态的信息交流，通过信息交流实现师生互动，相互沟通，相互影响，相互补充，从而达到共识、共享、共进。对话的认识意义表现在：第一，促使知识增值。师生通过对话分享彼此的思考、经验和知识，丰富学习内容，求得新的发现。教学过程因此成为课程内容持续生成与转化、课程意义不断建构与提升的过程。第二，活跃师生思维。古人言：独学而无友，则孤陋寡闻。缺少交往和对话很难产生思维的碰撞和创造的火花。有些观点是想出来的，有些观点则是"讲出来"的。引用一句哲人的话："一个苹果跟一个苹果交换，得到的是一个；一个思想跟一个思想交换，得到的是两个，甚至更多。"对话教学有助于激发灵感，产生新颖的观点、奇特的思路，从而增强思维的灵活性和广阔性。

总之，对教学而言，对话意味着互动，意味着参与，意味着相互建构，彼此将形成一个真正的"学习共同体"。在这个共同体当中，学生的教师和教师的学生不复存在，代之而起的是新的术语：教师式学生和学生式教师。教师不再仅仅去教，而且也通过对话被教；学生在被教的同时，也同时在教。他们共同对整个成长负责。对学生而言，对话意味着心态的开放、主体性的凸显、个性的彰显、创造性的解放。对教师而言，对话意味着上课不是传授知识，而是一起分享理解；上课不是无谓的牺牲和时光的耗费，而是生命活动、专业成长和自我实现的过程。

在实践中，对话教学要注意以下几点：（1）对话不是简单的问答。一提到师生对话，许多人就自然而然联想到课堂上的师生问答，以为那就是师生对话。但作为教学状态的师生对话，并不能简单地理解为课堂上的师生问答。发生在课堂上的有些师生问答，其实并非真正的教学对话。真正的师生对话，指的是蕴涵教育性的相互倾听和言说，它需要师生彼此敞开自己的精神世界，从而获得精神的交流和价值的分享。它不仅表现为提问与回答，还表现为交流与探讨、独白与倾听、欣赏与评价。这是对话在质方面的要求。（2）对话并非越多越好。教学中的对话无论是作为一条原则，还是作为一种方法，它的使用都必须服从服务于教学的目的，不能为对话而对话，对话的滥用必然导致形式主义。总之，对话并非越多越好，这是对话在量的方面的要求。（3）对话的目的并不是要达成一致。对话不是为了消除差异、排除异己，而是为了更好地理解和珍视差异。观点的不同正说明问题的复杂性，说明有对话的必要与可能。学生之间、师生之间的思想碰撞，应该是对话的主旋律。

（原载2008年12月27日《教育时报》，作者：杨磊、余文森）

后记

见证本土教改新势力的崛起

深度转型的中国教育需要什么？需要思想变革，需要文化重建，需要榜样引领。

为推动中原教育变革走向新的辉煌，2008年《教育时报》在纪念中国改革开放30年之际，策划了"寻找河南教育变革榜样力量"大型主题系列活动。

此次活动历时一年，共评选出56所本土"最具变革价值的榜样学校"，涵盖从基础教育到幼儿教育、从公办学校到民办学校、从高职院校到职业学校，旨在为本土各级各类学校寻找榜样力量。《推动教育变革榜样力量》这本书集结了我们从当选学校中选出的范本，共19所学校，其中小学、初中、高中分别为6所、7所、6所。《教育时报》记者以分析性报道的形式，为读者解读这些榜样学校的特色经验，分析其教育变革成功的要素，给更多的学校提供教育变革的新工具。

这些学校只是中原教育的一个缩影，但从中不难看出河南教改的符号正在增多，本土教改势力已在全国初露峥嵘。

在中原大地上，我们看到了更多薄弱学校的成功突围，目睹了更多教育品牌的快速成长，见证了一批教育变革领军人物的借势崛起，我们同样见证了原创性教育思想的崭露头角。我们欣喜地看到，越来越多的学校开始把变革的重点从简单学习别人的方法与模式转为构建自己的思想与文化，一批学校已经在管理体制变革层面率先破题。这些本土教育变革的新势力正激起强劲的改革热浪，助推着中原教育、乃至中国教育的健康发展。

无论是区域层面的智慧教育、全课程教育，还是学校层面的大才教育、适度教育、新君子教育；无论是区域教改的领军人物韩经权、张欣，还是靠教育思想挺立的赵彬渊，靠变革实践行走的王红顺，以及数位影响全国的名校长……层出不穷的新势力正使本土教改共同体发展壮大。

毫不夸张地说，中国教改的河南本土势力正在经历前所未有的复兴与崛起。

实力日益强大，差距正在缩小。我们在欢欣鼓舞的同时，更应清醒地看到，品牌仍是河南教育的短板。虽然本土教育品牌的影响力正在全国扩大，但名师、名校、名校长仍是本土教育同仁的梦与痛；与江苏、山东相比，河南之于中国教育地理板块的相对低落，仍是不争的事实，教育人口大省急需新的突围。

新突围需要新战略，新战略需要新智慧，新智慧明晰新趋势。没有人是趋势的对手，我们只能做趋势的朋友。观势，借势，顺势而为，是智者的选择。时势造英雄。那些在变革中适时崛起的区域、学校和人物，常常是教育变革的借势者。

我们擎起寻找河南教育变革榜样力量的旗帜，其目的就是通过对河南教育变革榜样力量的评选、梳理和提炼，树立教改标杆，褒扬行业翘楚，彰显变革趋势。

我们相信，把这些教育变革的榜样置于聚光灯下，是对变革精神的一种召唤，是对教育变革理念的一种普及，是对教育转型的一种推动。这正是本报的情怀皈依与使命担当。

当前，中国教育正行走在一个新的历史阶段：义务教育阶段的办学经费有了法律保障，教育发展的主要矛盾正在由数量满足转向质量提高，基础教育正在经历从"一个也不少"到"一个也不落后"的转型。

在全新的教改背景下，中国的教育如何走？河南的教育该向何处去？如何借势发展？如何避免"旧的体制在新的改革场域中不断被复制"？如何避免"改革轰轰烈烈，但学校教育的底色却变化不大，甚至基本没有变化"？如何避免"剥开种种以改革的名义包裹的华丽外壳，看到的核心还是原来的核心，看到的基础还是多年前的那个基础"？

抛掷问题、把脉求解都是媒体的责任。教育媒体和教育变革者永远是一个共同体。

身处"千年未遇"之节点，置身深度转型的年代，做行业格局变动的借势者，做行业变革的领跑者，不做被历史抛弃的既得利益者，理应成为变革者新的共识。

只有主动应变、积极转型，河南本土教改势力才能更好地担当使命、实现崛起。

通过本书，我们画下河南教育变革榜样力量的标尺线，以供后来者借鉴、参照和超越。榜样需要学习，但成功不可复制。

教改豫剧，我们期待更多。

编　者
2011 年 11 月

出版人　所广一
项目统筹　闫　景
责任编辑　郑　莉
责任校对　曲凤玲
责任印制　曲凤玲

图书在版编目（CIP）数据

推动教育变革榜样力量／教育时报社编著．—北京：教育科学出版社，2011.12
（中原教育崛起丛书／刘肖主编）
ISBN 978-7-5041-6124-6

Ⅰ.①推… Ⅱ.①教… Ⅲ.①中小学教育—教学研究—河南省 Ⅳ.①G632.0

中国版本图书馆 CIP 数据核字（2011）第 230196 号
图审字〔2011〕第 2077 号

中原教育崛起丛书
推动教育变革榜样力量
TUIDONG JIAOYU BIANGE BANGYANG LILIANG

出版发行	教育科学出版社			
社　　址	北京·朝阳区安慧北里安园甲9号	市场部电话	010-64989009
邮　　编	100101	编辑部电话	010-64989593
传　　真	010-64891796	网　　址	http://www.esph.com.cn
经　　销	各地新华书店		
制　　作	北京金奥都图文制作中心		
印　　刷	保定市中画美凯印刷有限公司	版　次	2011年12月第1版
开　　本	169毫米×239毫米　16开	印　次	2011年12月第1次印刷
印　　张	13.5	印　数	1—5 000册
字　　数	232千	定　价	25.00元

如有印装质量问题，请到所购图书销售部门联系调换。